小学館文庫

もう時効だから、すべて話そうか

重大事件ここだけの話

一橋文哉

小学館

はじめに――文庫化にあたって

事件に関する記事を書くことは、非常に難しい。

事件の真相解明は言うに及ばず、犯行にまつわる裏事情や社会的背景、加害者や被害者、目撃者などの事件関係者、捜査員たちの人間ドラマ……など、どれをとっても描くことはなかなか大変である。

登場人物それぞれの感情や思惑、相互の利害関係を十分に考え、人権などに配慮しながら書くこともさることながら、何よりも真実の見極めが難しいからだ。

百人の事件関係者（犯人を含む）がいて、百人全員がシロと口を揃《そろ》えても、本当はクロだったなんてことがよくあるから恐ろしい。本当の取材とはまさに、すべてを疑うことから始まるのだ。

＊

その事件取材を、私はこれまで四十年余も続けてきた。

もともと心温まる街の話題や、ほんの小さな市井の出来事が社会に鳴らす警鐘などを探し出して記事にする仕事をやりたいと思って、全国紙の新聞記者になった。市有地に立つ栗《くり》の木から落ちて近くを走る県道に転がった栗の実は、市の所有物から県のものになる――という、学生時代にどこかの新聞で読んだ記事に興味を覚え、単純に誰も気づかない些細《ささい》な出来事が持つ面白さや重大な意味を、風刺の効いた、あるいは文化の香りが漂う文章で紹介することを目指したのだ。

実際、西日本の県庁所在地にある小さな支局を振り出しに京都、大阪、東京……と独自の文化や産業を持つ街の支局や本社に配属され、それらしい特ダネ記事も幾つか書いたが、なぜか行く先々で大きな事件や注目される出来事に遭遇し、好むと好まざるとにかかわらず、気がついたら事件記者の端くれになっていた。

それもグリコ森永事件や朝日新聞阪神支局襲撃（赤報隊）事件、イトマン事件、オウム真理教事件、酒鬼薔薇《さかきばら》事件、世田谷一家惨殺事件……など、ほとんどの重大事件を現場で取材し、たまたま事件発生時に別の仕事などがあり現場取材できなかった事件でも、三億円事件や宮﨑勤《みやざきつとむ》事件、豊田商事事件、和歌山毒カレー事件などのように裁判担当（司法記者）や雑誌記者として、後に取材する機会に恵まれた。

事件以外でも阪神・淡路大震災や米軍機墜落などの災害・事故をはじめ、古都税問題や昭和天皇崩御《ほうぎょ》など国内の出来事、ソ連邦崩壊や利根川進博士のノーベル賞受賞など、歴史的な場面にも何回か遭遇した。

ジャーナリストとしては運がいいが、私人としては家族旅行どころか、転勤に伴う十数回の引っ越し作業など重要行事にも一切参加せず家人と業者任せだったため、未《いま》だに家庭内のどこに何があるか全く分からない体たらくである。これは運が悪いというより人間失格であり、いつ退場処分を食らっても仕方ないと覚悟している。

京都に移って一か月後。事件に追われる暮らしを改め、文化人として生きようと三大祭の一つ、葵《あおい》祭の取材を志願して京の街に飛び出した。ところが、あと少しで行列が見えるところまで来た時、京都地裁に日本刀を持った男が乱入したとの一報があり、現場に急行する羽目になり、それ以降、再び事件取材に走り回る生活に戻ってしまった。

しかし、「転んでもタダでは起きない」のが私のモットー。捜査員や検事、弁護士、裁判官、暴力団幹部など事件関係者はもちろん、他のさまざまな取材で知り合った企業経営者から医師や学者、作家、伝統技能継承者、市民活動家、スポーツ選手、一般市民まで多彩な人々と交流し、各専門知識や技術を学び、人脈を広げることができた。

毎晩ネオン街を飲み歩き家計と健康はかなり損ねたが、特ダネは書いたつもりだ。

ただ、常にストレート勝負を求められ、事件なら真相や背景・裏事情、他の出来事でも事実関係や影響などニュースの本筋だけを書くことが多かった私は、取材対象への意見や感想を語ったり、さまざまなエピソードを披露することはなかった。いや、そうした〝余計な話〟を書くことを上司や先輩から厳しく禁じられていたと言っていい。

しかし世の中は「負けるが勝ち」と言うし、失敗談こそ面白くて役に立つのが常だ。若い頃に関西の集中豪雨の被災地を取材した際、超低空飛行でホバリングしたヘリから「濁流と化した河川敷に飛び降りろ」という、今なら絶対あり得ないような無茶苦茶な指示が出て、我々は次々と命懸けで川に飛び込んだ記憶がある。

そして、現場の様子や救出作業を写した大事なフィルムを、小舟で回収に来た先輩記者に渡そうとしたが、濁流で近寄れない。どうすればいいかと悩んだ末に思いついた奇策が、自販機で買ったコンドームを膨らませ、その中に紙で包んだフィルムを入れ、竿《さお》の先に括《くく》り付けて舟に向かって突き出す作戦だった。竿の先が舟まで届かなくても、膨らましたコンドームは川面に浮くのでうまく引っ掛けて拾い上げることができたという、今だから笑えるエピソードである。

そんな話を小学館の月刊誌『本の窓』の岡靖司編集長に話したら、「面白い。本邦初の事件エッセイとして連載しよう」と話がまとまり、『本の窓』二〇一三年三・四月合併号から一九年九・十月合併号まで七年間、計六十六回も連載することができた。

事件の容疑者に直撃インタビューし、犯行現場を目の当たりにするなど〝生の迫力〟に衝撃を受け、怒りや悲しみがほとばしって止まらなくなったり、恥ずかしい思いや危ない目もあった。今でも書けない話があるのは残念だが、事件の意外な真相や取材を巡る〝とっておきのここだけの話〟をできる限り綴《つづ》ったつもりだ。今となっては半ば公の事実となった話もあるが、執筆時はすべて〝とっておきの話〟だった。

因《ちな》みにここで言う「時効」とは法律上の言葉ではなく、「遠い昔の話」の意味である。

事件を巡るエピソードを語ればいくらでも出てくるのに、いざエッセイとして書くとなるとうまく行かない。当初は内容や文章が真面目で堅過ぎるきらいがあったが、編集長の助言や読者の後押しで、何と偉そうにスクープのコツまで書いてしまった。

本書は、連載三十六回分をまとめて一六年十一月に出版した同名の単行本の内容を中心に、連載の残り三十回分から厳選し、大幅に加筆修正したうえに新たな書き下ろしを加えてテーマ別に編纂《へんさん》し直したもので、質量ともにグレードアップしていると思う。

連載を加筆修正した原稿は執筆時の社会的状況や人々の気持ちを尊重するため、できるだけ連載時の原稿を生かした形で掲載した。年齢は事件発生時など記述内容当時のものとし、逮捕された犯人が裁判で判決を受けるなど、執筆後に動きがあったものは必要に応じて、末尾や文中に付記してある。

また、エッセイに登場する人物は初出にだけ肩書をつけ、以降は敬称略とした。

拙い文章はひたすら恥じ入るしかないが、皆様に昭和から平成、令和に至る時代や社会、そして重大事件を生んだ世相とその意味を思い出して頂けたら望外の喜びである。

二〇二一年四月

一橋　文哉

もう時効だから、すべて話そうか

重大事件ここだけの話

目次

第1章
未解決に陥るには理由がある

人間がやることだから、
努力しても
実らぬこともある。
だが、十年以上、
延べ数万人の刑事を投入し
解決できないのは、
どこかに問題がある。

教祖死刑執行で不可解な犯罪増

二〇二一年は序盤から、国会での新型コロナ対策の特別措置法・感染症法改正案の審議に加え政府の緊急事態宣言延長・解除を巡る判断の揺れや、ワクチン確保の見込みが立っていないのに、医療関係者らへの接種を開始する綱渡り政策推進で混乱を極めた。

官僚らが作成した答弁書を読み上げるだけの菅義偉首相をはじめ、閣僚の多くにやる気は見られず、与党の国会議員も政府・与党の要請や規律を無視して深夜の酒場通いを強行し、元首相の大物OBに至っては女性蔑視発言で東京五輪の要職を辞任するなど、タガが緩んでいるとしか言いようがない有り様だ。

そんな中で総務省上級官僚の接待疑惑という汚点はあったものの、法案作成や省庁間や政治家への根回しなど裏で〝大活躍〟していたのが官僚たち。中でも密《ひそ》かに目立たぬように活動していた一人が、警察庁出身の杉田和博・官房副長官である。

杉田は同庁で警備局長などを歴任し、一二年の第二次安倍政権発足時に官僚トップの官房副長官に就き、八年を超す在職期間は歴代二位の長さである。一七年八月からは中央省庁の幹部人事を一元管理する内閣人事局の局長も兼務しており、霞が関を掌握して安倍、菅両政権を支えてきた〝大黒柱〟だ。

杉田が一九九三年三月から一年半余、神奈川県警本部長に就いていた時、私は本部長室で杉田に会ったことがある。オウム真理教の犯行と断定される前の坂本堤弁護士一家失踪事件について取材したと思うが、杉田の明確な言動は剛腕の警察官というよりも、やり手の警察官僚の印象が強かったと記憶している。

警察庁警備局長に転じた杉田は松本、地下鉄サリン事件など一連のオウム真理教事件にかかわったほか、九六年のペルー日本大使公邸人質事件にも対応、日本版の特殊部隊（SAT）強化策を打ち出し、存在感を示した。

また、二〇〇一年九月の米同時多発テロ事件への日本政府の対応の遅れを懸念した杉田は、内閣危機管理監として直ちに官邸連絡室（後の官邸対策室）設置に動いている。

今や順風満帆な杉田にとって唯一の心残りはオウム真理教事件だろう。

一連の事件は教団幹部が逮捕・起訴され、死刑執行も済んで一応解決済みの事件と言えよう。が、彼らの真の動機や黒幕、協力者の存在など未解明に終わった部分も多い。

私そして恐らく杉田にとっても、オウム事件は未解決との意識が高いはず。それゆえ麻原ら教団幹部の死刑執行とその後の状況を、文庫化にあたって最初に持ってきた。

＊

私は今まで数多くの凶悪犯罪を取材してきたが、その中でも最も印象に残っているのは、一九九五年三月にオウム真理教によって強行された地下鉄サリン事件である。

私もよく利用する路線などの地下鉄車両でサリンがまかれ、十三人が死亡し六千人以上が負傷したことも衝撃だったが、警官隊の異様な防毒マスク姿を見てテロの悪辣さに憤り、日本の未来を真剣に憂えたことを覚えている。

その地下鉄サリン事件をはじめ、計十三件の凶悪犯罪で殺人罪などに問われ、死刑が確定したオウム真理教元代表の麻原彰晃（本名・松本智津夫《ちづお》）ら七人の元教団幹部に対して二〇一八年七月六日、東京など四拘置所で死刑が執行された。

また残る元教団幹部六人の死刑囚に対しても同月二十六日、刑が執行された。

どんなに豪胆な人物でも、あるいは死を覚悟して悟りを開いた者でも、絞首刑用のロープを首に巻かれた瞬間は全身がブルブルッと震え、無意識のうちに手足を突っ張って抵抗しようとしたり、泣き喚《わめ》かないまでもゴクッと音を立てて生ツバを飲み込むことがあるらしい。

まず、六日の執行に立ち会った刑務官ら関係者の話に基づき、麻原ら七人の様子を再現しよう。

麻原は午前七時、いつものように独房で眼を覚まし、朝食を残さず平らげた。約四十分後に突然、刑務官から「出房だ」と促されると、運命を悟ったのか思わず「チクショー」という叫び声を上げた。

麻原は刑務官に両腕を抱えられ警備責任者たちに囲まれて、長くて薄暗い死刑囚舎房の通路を歩く。そして何の表示も出ていない部屋に入ると、背中を押されるように急な階段を上がった。

上の部屋（教誨室《きようかい》）には拘置所長や検事らがいて、祭壇の前には教誨師の僧侶も控えていた。

「松本智津夫君。残念ですが、法務大臣から刑の執行命令が来ました。お別れです」

拘置所長がそう伝えると、呆然《ぼうぜん》と立ち尽くしていた麻原の全身が激しく震え出した。

刑務官の「教誨はどうする」とか「何か言い残したことはないか」「遺体や遺品を誰に渡す？」の問い掛けに、何も答えなかった。

そこで刑務官が「妻、次女、三女、四女……」と言うと、麻原は小声で「あぁ四女」と答え、その名前も口にした。

報道によると、麻原は午前八時過ぎ、静かに抵抗することなく執行されたというが、実際はどうだったのか。

遺体の引き取り先は無関係の四女に

「何をする。バカやろう」と泣き叫ぶなど動揺著しい麻原の身体《からだ》を、刑務官が後ろから羽交い締めにしてアイマスクで目隠しし、後ろ手に手錠をかけた。四人がかりで抱え上げるように死刑台の上に立たせ、ロープを首に巻き付け、足をひざ下で縛る。刑執行責任者の合図で別の場所にいた刑務官三人がスイッチを押すと、麻原が立っていた踏み板が外れ、バンという物凄《ものすご》い音と「ギャッ」という断末魔の叫びと共に身体が落下した。

穴の中央でロープがバウンドし、大きく揺れた後、ピーンと張った。約三十分後、心臓停止を確認した医官が立ち会い検事らに報告し、死刑執行は終了した。

麻原の遺体は三日後、東京都府中市の葬祭場で火葬された。麻原自身が遺骨の引き取り先として、オウム真理教の後継団体「アレフ」から離れ親子関係も絶っていた四女を指定したため、妻や三女らが上川陽子法相に遺骨の引き渡しを要求。教団内の勢力争いも加わり、新たにトラブルとなる危険もあり、予断を許さない情勢だ。

「身体に触れないで。自分で歩いていく」

ところでこの日、麻原と共に刑を執行された元幹部六人は刑を待つ間、どんな思いに駆られていたのか。

一八年三月、東京から大阪の拘置所に移送された井上嘉浩《よしひろ》・元教団「諜報省大臣」は支援者への手紙で、護送車内から見た故郷・京都の風景に触れ、《被害者の方々は故郷を見ることもできないと思い、改めて命を奪うことがどれほど罪深いのかじっと噛《か》みしめるばかりでした》と綴《つづ》った。そして、《いったい何をやってきたのかと、遠くの青空を見つめるばかり……》とも記した。

井上の執行は午前八時過ぎ。刑務官に遺言を聞かれ、「お父さん、お母さん、有難うございました。心配しないで」と述べた後、つい「こんなことになるとは思っていなかった」と戸惑いの言葉を漏らしている。最期の言葉は「まずは、よし！」で、自分に言い聞かせるように気合いを入れたが、本当の意味は分からない。

「井上君は全く抵抗せず、厳粛な面持ちで執行された」

刑務官はそう言うが、執行三日前に綴られた支援者への手紙には再審に向けた証拠収集を要望し、《生きて罪を償うことができますように、これからもどうか宜しくお願いします》と書かれ、生への執念を見せていた。

遺体は両親に引き取られ、京都市内の寺で営まれた葬儀の席で、父親は「被害者の遺族にこういう苦しい思いをさせてきたんだろうな」と号泣したという。

サリンを製造した中川智正《ともまさ》・元教団「法皇内庁長官」は執行を告げられても取り乱さず、「誰も恨まず自分のしたことの結果と考えている」と遺言し、広島拘置所の刑場に消えた。その際、両腕を抱えようとした刑務官を「身体に触れないで。自分で歩いていく」と制した。

控室では「実家の宗派と異なる」と教誨師を断り、用意された菓子には手を付けず、お茶を二杯飲み支援者や弁護士への感謝と「被害者の方々に心よりお詫《わ》び申し上げます」と謝罪の言葉を残したという。死亡確認は八時五十七分で、遺体は翌七日遺族に引き取られた。

医師だった中川は、教団武装化を研究した米コロラド州立大学のアンソニー・トゥー名誉教授と共に、一七年マレーシアで起きた北朝鮮の金正男《キムジョンナム》氏殺害事件を分析していた。同事件や教団で使われた猛毒のVXガスについて共同執筆した論文は一八年五月、学術誌オンライン版に掲載された。中川は「二度と事件が起きてはいけないと思った。書き残せて良かった」と、接見した弁護士に語っている。

最後まで中川の身を案じていた母親は後に、認知症を患っており、「何があったの」と尋ねる姿は涙を誘った。

同じくサリン製造に関与した土谷正実《まさみ》・元教団「第二厚生省大臣」は「自分がいたから大勢の人が亡くなり、自分が生まれたのは間違いだった」と泣いて散った。

「もうなるようにしかならん」

麻原の片腕としてサリン製造プラントを建設した早川紀代秀《きよひで》・元教団「建設省大臣」も六月、《救済のためと思って戦い、テロを実行して得られたのは苦しみと悲しみだった》と手記に残し、盛んに「私はいつ執行されるのか」と語って不安を隠さず、進んで死刑廃止の市民団体に接近した。

私はオウム真理教の凶暴性が明らかになるよりかなり前から、入信した若者たちの保護者から弁護士を通じて相談を受けていたこともあり、教団や麻原彰晃こと松本智津夫（以下、麻原とする）を取材していた。従って、その恐ろしさや不気味さは誰よりも分かっていたつもりである。

何しろ、教団は地図に載っている私のオフィスの位置に×印を付け、そこを中心に四方八方から個人中傷満載のビラをまく〝十字砲火攻撃〟を繰り返し、外出時には複数の信者が付いて回るなど嫌がらせを行ってきた。

こんなおぞましい体験をしたのは、私と反オウムキャンペーンを展開した週刊誌の編集長ぐらいだろう。

いずれも肝が据わって周囲に気を取られず全く感情を表さないような教団幹部が多い中で、欲望も野心も見栄もあり、いかにも人間臭い印象を抱いたのが、早川紀代秀元死刑囚であった。

そうは言っても教団最高幹部の一人なので簡単に声は掛けられなかったが、教団創設期の頃はロシアンパブに入り浸り、鬱憤ばらしに大酒を飲み、時には教祖批判の軽口を叩くなど、どこかの中年サラリーマンのように愚かさや悲哀を感じさせる人物であったと記憶している。

早川は幹部の中では高年齢で学歴もあるし、本も著した。

そんな分別盛りの中年男が、分かり易《やす》い例を挙げれば坂本弁護士一家殺害事件の公判で、「自分は（坂本氏の）足を持っていただけだ」などと、罪一等減じられるとは思えない、弁明とも言えぬ弁明を行った。思わず、「馬鹿野郎」と頭を小突きたくなるような小心な輩《やから》なのだ。

その早川が生前、私に声を掛けてきたことがあった。

「あんたはいいよ。しっかりとした信念と仕事（当時の私は新聞記者だった）を持って動いているからな。落ちこぼれ（の私）はもうなるようにしかならんからね」

あまりにストレートな物言いに驚いた私はつい、早川の苦悩と本当の気持ちを見たような気がして、励ましたくなり、

「私を信じて、すべて任せろ！　知り合いの刑事でも公安でも弁護士でも総動員して、身の安全は必ず守る。だから知っていることはすべて話してくれ……」

と叫んでしまった。

今なら相手の真意を探り、証言の裏事情などを引き出すよう心掛けるなど、じっくりと対応を考えるだろうが、当時の私は「若気の至り」というか、「誠意は通じる」「努力は報われる」と信じて猪突猛進《ちょとつもうしん》するタイプだったから、早川から〝秘密の暴露〟を引き出そうと力《りき》んでしまったのだ。

早川は私にニヤリと笑い掛け、こう言った。

「そうはいかんわな……」

私はガックリして何も言えず、早川とはそれ以上の会話はしなかった。この時、もっと良い誘い方や取材方法はなかったのか――と今も後悔する日々なのだ。

午前十時前に全員の執行終了

こうして悔恨の情を示し、猛省する元教団幹部が多い中で、最期まで麻原に帰依し続ける者もいた。

麻原の警護責任者だった新実《にいみ》智光《ともみつ》は一五年二月、信者の公判で地下鉄サリン事件を「魂の救済の一環。今もそう思っている」と明言。細菌兵器を開発した遠藤誠一《せいいち》・元教団「厚生省大臣」は遺体引き取り先に「アレフ」を指定し、処刑後に唯一、「アレフ」が引き取って火葬した。

その新実でも「真実を語れるのは教祖だけで、本人の意見を聞かないと死ねない」と懐疑心を隠さなかった。

全員の執行が終わったのは、午前十時前だった。

先立つ一月に教団による事件の全裁判が終結。天皇陛下の退位が一九年四月末に迫る中、「平成を象徴する事件は平成が終わる前に決着をつけるべき」との意見が法務省や与党内で大勢を占めたとはいえ、十三人の執行命令書に署名した上川法相の判断はいかがなものであったろうか。

一時は死刑囚たちに不公平感を抱かせないためとして十三人一斉執行も検討されたが、「国際社会からジェノサイド（大量虐殺）との批判を受けかねない」という判断が勝《まさ》り、見送られた。

ただ西日本豪雨災害の陣頭に立って対策を講じ、救助活動に尽力すべき安倍晋三首相ら自民党議員が七月五日夜、「赤坂自民亭」と称して酒盛りを楽しんでいたことが発覚し、世の批判を浴びた。その宴席で女将《おかみ》役を務めていたのが、死刑執行を翌朝に控えた上川法相だったのだ。

信者による麻原の遺骨奪還、上川法相ら要人襲撃など、この時は懸念材料が山積しており、国を導くリーダーの軽率さは言うに及ばず、法務省代表として、また人間としても信じられない思いである。

心の弱さや空虚感につけ込んで

豊かな現代の日本社会で、犯罪史上類を見ない無差別テロ事件を起こしたオウム真理教とは何だったのか。

一流大学を出たエリート層の若者たちはなぜ、カルト教団に入信し、殺人やテロ行為に手を染めたのか。

犯罪心理学者や宗教学者ら専門家が様々な見解を示しているが、私は、高度経済成長が終わりバブルが崩壊し利己主義が幅広く蔓延《まんえん》する中で、エリート層の若者たちに孤独感が増し、将来不安が広がったことに最大の原因があるのではないか、と見ている。

人間の心に巣くう弱さや空虚感こそがカルト教団、特にオウム真理教にとって〝蜜の味〟となったのだ。

人々は孤独感や社会不安とどう向き合えばいいのか。司法の厳しい判断が出た今だからこそ、我々はしっかりと見極め、さらなる解明を続けなければならない。

麻原は終盤、東京拘置所内で無言で過ごすことが多かった。沈黙の理由について、弁護団の一人はこう話す。

「自分の立場を守るためが第一。刑死への恐怖から取り乱すことがあってはならないからだ。次に、自分を崇拝する信者たちの信仰を絶やさない目的があるのではないか。後継団体の発展こそが自分の生きた証《あかし》でもある」

そうなると、教団から離れた四女の指名は不可解だ。

「宗教家として上手《うま》くいかなかったので、一個人として立派な最期を迎えたかったのではないか」と語る弁護士もいるが、教団側は遺骨の有無に関係なく、全国の麻原ゆかりの場所を聖地化することを検討しており、もはや本人の思惑とは関係ないところまで来ていたのだ。

後継三団体の資産は十二億円余

公安調査庁によると、オウム真理教が一九九五年に宗教法人解散命令を受けた後、後継団体として、「アレフ」、そこから分派した上祐史浩《じょうゆうふみひろ》・元教団外報部長が主宰する「ひかりの輪」、二〇一五年に「アレフ」に麻原の次男を復帰させようとした主流派に対し、反対派が飛び出して結成した「山田らの集団」がある。

信者数は「アレフ」が約千五百人、「ひかりの輪」が百二十人、「山田ら」が三十人の計約千六百五十人。三団体の拠点は十五都道府県に三十五施設もあり、合わせた保有資産は少なくとも十二億七千六百万円に上っているというから驚きだ。

公安調査庁によれば、「アレフ」は麻原が生前「私が逝った後も、異次元の世界から説法を説き続けましょう」と語ったという映像を流しており、「教団の危険性は全く変わりがない」と警戒を強めている。

このほか、ロシアには今でも千数百人の信者が活動しているという。オウム真理教は一九九二年九月、上祐をトップにしたモスクワ支部を設立。一時は三万人とも五万人とも言われた信者がロシア各地で活動していた。

もっともオウム真理教にとってロシアはカラシニコフ自動小銃や軍用ヘリなど軍事物資の調達先であり、麻原逮捕後はロシアでオウム禁止令が出た。が、一部の信者はウクライナなどに移り、新しい教団を設立した。

一方、麻原の遺骨や現金三百万円余を含む約百点の遺品は現在、東京拘置所で保管されたままになっている。麻原が刑の執行直前、遺体などの引き取り先を、教団と距離を置く四女に指定したとされるが麻原の妻や次女、三女らが「本人の精神状態からすればあり得ない」と主張して対立している。

四女は遺骨引き取りのため東京家裁に審判を申し立てているが、法務省は「対立が解消されない限り、保管を続ける」と語り、異例の態勢はしばらく続く見込みだ。

こうした内部分裂や勢力争いを知った麻原が、「自分の遺骨が組織の権力闘争に利用されることを嫌がって沈黙を貫いた」と見る向きもあるが、どうだろうか。

死刑執行が迫る中、そこまで冷静に考えられたかは甚だ疑問である。しかも、麻原が面会に来た三女を使って教団に指示を出していた形跡が窺《うかが》われ、組織の意向を無視したとは到底思えない。

麻原の遺骨の神格化や、遺体の埋葬場所の聖地化を懸念する四女は、遺骨を粉状にして太平洋に散骨する方針を打ち出した。海全体を聖地化しても意味がないからだ。

しかし、日本海洋散骨協会によると、散骨は近年増加傾向にあり、全国で約一万件に上っているという。通常は陸から一海里（約一・八キロ）以上離れた領海内に散骨するのだが、麻原の場合、捕れた魚が売れなくなるとの心配から漁業関係者や沿岸住民からの反発が予想され、同協会でも「一般の散骨希望者の神経を逆撫《さかな》でするうえ海全体が聖域化される危険があり、漁業や観光業に迷惑がかかる」と危惧する声が上がっている。

また、教団側から被害者への賠償は終わっておらず、約十億五千万円が未払いのままとなっている。

これまで「アレフ」が毎年数千万円、「ひかりの輪」が年数百万円を賠償金として支払い、三十八億円余あった債務が、教団資産の売却や国の被害者給付金の支給もあって十億円台にまで減ってきていたのだ。ただ、「アレフ」からの支払いは二〇〇八年以降ストップしており、「オウム真理教犯罪被害者支援機構」が「アレフ」を相手取り訴訟を起こして勝訴したが、「アレフ」は控訴するなど抵抗を続けており、教団には反省の色などない。

麻原は死してなお、信者はもとより一般市民を巻き込んでトラブルメーカーになりそうな気配が濃厚なのだ。

＊

この年は猛暑のためか世の中に信じられないような〝おバカな人間〟が現れ、不可解な事件を起こしている。

まず、茨城県警が七月十四日、勤め先の工場のコンプレッサーを使い、同僚男性の尻に空気を注入して死亡させたとして、つくば市の会社員（三十四歳）を傷害致死容疑で逮捕した。この男は同僚たちが見ている前で「悪ふざけでやった」と言うが、いい歳《とし》して何してるの？

そして、犯罪を追及すべき検察官である京都地検宮津支部の元副検事の男が同僚女性の鞄《かばん》から鍵などを盗み、二か月間に二十一回も女性宅に侵入したとして、窃盗と住居侵入罪に問われた。判決は執行猶予が付いたが、職を辞し人生をやり直すしかないことは言うまでもない。

広島市で七月六日夜、大雨による濁流から住民七人を助けるため命を落とした二人の若い警官の話に胸を熱くしていたら、大阪府警の警官二人は同月二十日、風俗店への捜査情報を教える見返りに風俗店でサービスを受け、加重収賄容疑で逮捕された。本当に情けない。

もっと酷いのが横浜市の女性看護師（三十一歳）。職場の人間関係や仕事上のストレスなどから、高齢者の患者の点滴袋に消毒液を混入し、二人を中毒死させた殺人容疑などで逮捕された。この看護師は「これまでに二十人分の点滴袋に消毒液を混入した」と自供し、大がかりな薬物殺人事件に発展してしまった。

検事が盗みを働き、警官が捜査情報を漏らす。患者の生命を救う看護師が平然と毒物を混入して患者の生命を奪うとなれば、何を信じていいか分からなくなる。

思わずゾーッとして、まさに世も末と痛感せざるを得ない。

この年一～六月に発生した刑法犯罪は四十万件を切り、前年同期から五万二千件も減少したという。ただ、殺人などの犯行手口は荒っぽくなる一方で、殺人事件の半分以上は親族間の犯行。家族の絆《きずな》や一家団欒《だんらん》はもはや死語と化し、殺伐とした時代が到来したと言える。

＊

かつて若者らを苦悩させていた孤独感や社会不安は、今も決してなくなったわけではない。むしろ、オウム真理教を生み出した社会の「病」は拡大こそすれ、消え去ることはないのだ。

決して麻原らの処刑ですべてが終わる訳ではない。逆に報復的な処罰感情は新たな差別と排除の論理を生み、終わりなき暴力連鎖にお墨付きを与えるだけである。

オウム真理教事件は真の動機や背後関係の解明が不十分であり、その意味で私にとっては未解決事件と言っていい。我々はその教訓を忘れてはなるまい。

虚実入り混じる三億円事件の影

このところ、正月は仕事場にこもり原稿書きに悪戦苦闘している。息抜きは散歩くらいだが、今冬（二〇一三〜一四年）は寒い日が続き、テレビ画面をぼんやり眺めながらのコーヒーブレイクが専らであった。と言ってもニュース、母校が登場した駅伝やラグビーの中継をちょっと観る程度だが、この年末年始は連続ドラマにドキュメンタリー、最後は民放テレビ局開局記念スペシャルドラマなど、三億円事件を扱う番組が多く、その度にモノ書き仲間や編集者から論評や思い出話を求める電話やメールが相次いで、対応に悩まされた。

「いったい、何を言ったらいいんだ？　僕は捜査員ではないし、まして犯人じゃない」

三億円事件とは一九六八年十二月十日朝、東京都府中市の府中刑務所北側の路上で、偽装した白バイに乗ったニセ警官が日本信託銀行の現金輸送車を停め、「車に爆発物が仕掛けられている」と偽って、中に積んであった現金約三億円を車ごと奪って逃走した犯罪だ。

私は犯人グループを突き止めてインタビューを行い、強奪された紙幣の一部を入手し、一味を米国やメキシコまで追いかけて事件の全容を解明した。その顛末は九九年に拙著

『三億円事件』（二〇〇二年に新潮文庫化）にまとめた。

それにしても、この時期になると決まって「三億円強奪犯を知っている」とか「背後に意外な黒幕がいる」などの情報提供が増え、中には「俺が犯人だ」と電話してくる輩もいる。「どうせガセネタ（嘘《うそ》）」と思っても、つい気になり裏付け取材に走ってしまう。

この三億円事件ほど人々の心に強く長く残っている犯罪は珍しく、拙著『三億円事件』のテレビドラマが放映された二〇〇〇年十二月三十日夜には東京・世田谷区で宮澤みきおさん一家四人が惨殺される事件が起きたこともあってか、拙著はその後も重版を続けてきた。

因みに、そのドラマはビートたけしや長瀬智也、松田龍平らが犯人グループを演じ、追跡するジャーナリスト役に渡部篤郎という豪華キャストだったが、多数来た投書の一部に《一橋は渡部のような美男ではない》という批評が含まれているのには呆《あき》れた。

内容への酷評は甘んじて受けよう。また私がイケメンでないことは認めるが、会ったこともない人からそこまで言われたくはない。まあ戯《ざ》れ言はさておき、それほど人気がある三億円事件の〝とっておきの仰天エピソード〟を紹介しよう。

事件を通報しなかった行員

いくら三億円事件が有名でも、発生から半世紀以上経《た》つので、簡単におさらいしておこう。

十二月十日は朝から激しい雨で、犯行時刻の午前九時二十分頃にはちょうど土砂降りとなっていた。府中市の東芝府中工場に従業員四千五百二十五人分のボーナスを届けるため現金輸送車は午前九時十五分、国分寺市の日本信託銀行国分寺支店から出発した。

この車は今の装甲車仕様のワゴン型車両と違う。銀行所有の黒塗り国産乗用車で専属運転手が運転、二十七〜三十五歳の行員三人が乗車していた。現金二億九千四百三十万七千五百円はジュラルミンケース三個に分けて入れられ、後部トランクに収納されていた。

現金輸送車は、赤ランプを付けた白バイに乗って後ろから走ってきた警官に停車を命じられた。

行員の証言によると、警官は年齢十八〜二十六歳、身長百六十五〜百七十センチで、マイクのようなものが付いた白色のヘルメットを目深に被《かぶ》り、黒い革マスクで鼻まで覆っていた。また、黒色の革ジャンパーを着用し、首に白いマフラー、腕には交通腕章を巻いていた。

「巣鴨《すがも》署から『支店長宅が爆破された。この車も爆弾が仕掛けられている』との緊急連絡を受けました」

そう告げた警官は車の下に頭を突っ込んで車の前部を調べ始めたが、突然立ち上がり、

「あった。ダイナマイトが爆発する。危ない。逃げろ」

と叫んだ。車外に出て車体を点検中の行員らが前を見ると、ボンネットの下から白い煙が噴き出し、車体の下を覗《のぞ》くと、煙の中に赤い炎が上がっているのが見えた。慌てた四人は車のキーを差し込んだまま、走って逃げた。

警官は行員の退避を確認すると、素早く運転席に乗り込み、車を急発進させて猛スピードで走り去った。白バイが現れてから、わずか三分間の出来事だった。

当初、何が起きたか分からず呆然としていた行員が白バイの偽装に気づき、支店を通じて警察に通報したのは事件発生から十分後。警視庁は念のため本物の警官が現金輸送車を検問していないことを確認した後で緊急配備指令を出したが、被疑者に関する情報が不十分で、逃走車のナンバーが抜け落ちるなど不手際が目立った。

これについて大半のマスコミは、大規模事件に対する広域捜査体制の不備を非難した。

何しろこの時点で過去最大の現金強奪事件は、六五年九月に青森県弘前市の青森銀行弘前支店前で発生した三千百万円入りボストンバッグの引ったくり事件であり、被害金額が一ケタ違ううえ、犯行がたまたま引ったくったバッグに予想外の大金が入っていたというだけであったからだ。三億円事件はまさに前代未聞の多額現金強奪事件であり、それまでの犯罪常識を覆す計画的犯行であったと言えよう。

ただ、捜査体制への非難は当然としても、この不手際の陰にはもう一つ、意外な裏話が隠されていた。実は、支店に一報を入れた際、ニセ警官に気づいた一人の行員以外はまだ事件の認識がなかったのだ。それで通報内容も「府中刑務所裏で爆発騒ぎがあって、検問を受けている」と言っただけで、一一〇番通報を要請しなかった。走り去る現金輸送車を見た行員の一人が「勇敢な警官が爆発物を積んだ車を危険でない場所まで退避させていると思い、感動した」と語っていたほど、まんまと騙《だま》されていたのだから無理もない。

支店側も何が起きているか分からず、警察に「我が社の現金輸送車が検問を受けているそうですが、何かありましたか」と問い合わせただけだった。それが十分後の検問確認と中途半端な緊急配備指令に繋《つな》がったわけだ。

警視庁が事件を認知したのは、支店の再通報や府中刑務所職員の通報を受けてからで、犯行から十五分経っていた。警視庁が現金輸送車のナンバー入りの詳細な緊急配備指令を出したのはさらに九分後で、偶然通りかかった警官が行員に話を聴き報告してからだ。

警視庁は約一万三百五十人の警官と六百三十一台のパトカーを動員して各地で一斉検問を行い、パトロールや張り込みを強化、隣接四県警にも協定配備を要請した。

しかし、初動捜査の遅れはいかんともし難く、手配中の現金輸送車が強奪現場の北約一キロの空き地で見つかったのは事件から一時間も経った後で、犯人や現金はおろかジュラルミンケースなどの遺留品もなかった。

その空き地に轍《わだち》を残して消えた別の小型乗用車に至っては、事件から四か月後の六九年四月にようやく発見される有り様だった。しかも、強奪現場から北東約四キロにある東京都住宅供給公社の団地駐車場に空のジュラルミンケースを積んだまま、シートカバーを被せられて停められていたことに全く気づかなかったのだ。

爆破予告とモンタージュ疑惑

この事件は現金強奪のトリックこそ奇抜だが、犯行のシナリオは単純で偽装白バイなど百五十点以上の遺留品があったうえ、犯人の目撃証言が多かったことから、スピード解決が期待された。だが、捜査は予想外に難航し、延べ約十七万二千人の捜査員と被害金額の三倍を上回る約十億円の捜査費用を投入したが、七五年十二月十日、犯人を逮捕できないまま、時効が成立してしまった。

土砂降りの雨や行員のパニックなど、幸運に恵まれただけと思われた犯行が、捜査を進めるうちに意外と周到な計画や準備を重ねた犯罪と分かってきたのは事実だ。

前述したように車の隠し場所に団地駐車場を選んだのは、隣人に無関心な団地族の盲点を突いた巧妙な戦略である。また、犯人は現金強奪を成功させるため布石を打っていた。事件四日前の六日、日本信託銀行国分寺支店長あてに脅迫状を送って三百万円を要求し、東京・巣鴨にある支店長宅をダイナマイトで爆破すると脅した。

このほか、六八年四月から七月にかけ、強奪現場の南西三キロ余にある多磨農業協同組合に対して計五回、百五十万円から四百万円を要求した脅迫状を送りつけていた。

脅迫内容は小学生誘拐や無差別殺人とエスカレートしたが、全く金を受け取りに現れず、犯人の狙いは別にあると思われた。それは多磨農協に脅迫状が届いた四月から七月の各二十五日と六月十四日が、どれも東芝府中工場の給与やボーナスの支給日に当たっていたからだ。

しかも、犯人が農協に現金を持って出発するよう指示した時刻はすべて午前九時台前半で、日本信託銀行国分寺支店から現金輸送車が出発する時刻とほぼ同じだった。

即ち、犯人は後に実行する現金強奪事件の際に警察がいかに対応し、どんな捜査や警戒活動を行うかを下見し見極める目的で行ったと見られる。さらに、犯人は警察の関心を多磨農協に集中させ農協周辺に土地勘があると思わせて捜査を攪乱《かくらん》したり、犯行当日の陽動作戦として仕掛けたとか事件の予行演習を兼ねていたとの見方を取る捜査員も多かった。

また、多磨農協への脅迫とほぼ同時期に多磨霊園周辺の西武多摩川線の駅舎や府中署交番に爆破予告の脅迫状や電話を仕掛けた。これは六八年に銃器や爆発物を使った大きな事件が頻発し、犯人がそうした社会不安を巧みに利用し爆破の信憑《しんぴょう》性を高めたと見られている。

実際、二月に暴力団員二人を射殺した金嬉老《キムヒロ》がライフル銃とダイナマイトを持って静岡県の寸又峡《すまたきょう》温泉で宿泊客十三人を人質に四日間立て籠もる事件が勃発。六月には国鉄の電車内で荷物が爆発して乗客一人が死亡、二十人以上が重傷を負った横須賀線爆破事件が起きている。

さらに十一月には名古屋などで未成年の永山則夫《のりお》元死刑囚（九七年八月、死刑執行）が四人を射殺する連続ピストル魔殺人事件も発生。これらを背景に多磨農協への脅迫事件がニセ警官の「爆発するぞ」の言葉に真実味を与えたことは間違いない。

こうした知能犯罪に対して、特捜本部は迷走し続けた。初動捜査の失敗に加え、奪われた現金のうち銀行に登録されていた五百円札の新券二千枚の通し番号をなぜか、早々に公表してしまったのだ。犯人が焼却すれば、紙幣ルートから犯人に辿《たど》り着く可能性はなくなる。

次に、モンタージュ写真の偽造疑惑がある。

モンタージュ写真は通常、前歴者カードや運転免許証など膨大な写真を目撃者に見せて、その中から目や鼻などよく似た部分を抜き出させ、それを組み合わせて〝犯人の顔〟を作成する。

ところが、特捜本部は一人の実在する人物の写真に、白いヘルメットを被せるなど杜《ず》撰《さん》な合成作業を行い、モンタージュ写真を作成してしまったのだ。

しかも、その人物は銃刀法違反容疑で逮捕された前歴を持つ元会社社長で、三億円事件の約一年半前に労災事故で死亡しており、犯行の可能性が全くない人物である。

特捜本部は行員ら四人を再聴取した結果、爆弾騒ぎで動転した彼らが、実はほとんど犯人の顔を見ていなかったことを突き止めた。

しかも、彼らが「大金を奪われたのによく見ていなかったとは言えないから」と曖昧な証言を繰り返した心情を考慮し、既に死亡していて苦情が出ない前歴者の写真を土台に四人の意見を取り入れて修正したという形にして作成したのが、あの有名なモンタージュ写真だった。

これは捜査の根底を揺るがす大問題であったが、真相はとうとう公表されなかった。それどころか時効成立一年前に、特捜本部が「今後はモンタージュ写真に拘《こだわ》らず、情報を提供して欲しい」と発表して事実上の破棄宣言を行うまで、犯人の顔として生き続けたのだ。

主犯の末路は描きたくない

三億円事件が長年、庶民の関心を集めるのは、偽装白バイなど手作り感あふれる小道具を使い、権力の象徴である警官に扮《ふん》し、発煙筒を爆弾に見せかける単純なトリックでまんまと銀行を出し抜いて大金を奪取する痛快さゆえだろう。

誰一人殺さず傷つけず、被害金も銀行は大手保険会社と損害保険契約を結び、大手保険会社は国内の損保二十社と、二十社は海外百社と再保険契約を結ぶなどリスクを回避していたため、少なくとも国内では金銭的な被害は出なかった（銀行が支払った保険料一万六千百八十七円だけが損失となる）という珍妙な結末もウケた。

当時、大学新卒社員の初任給は三万円弱であったといい、タクシーの初乗り運賃は百円だった。現在は前者が二十数万円、後者は七百円前後（二〇二一年現在はもっと高いが）だから、七～八倍の価値となる。

また、当時の定期預金の利子は五パーセント前後だから、犯人が三億円を定期預金に預けたら、利子だけで千二百万円（税引後）に上る。現在の定期預金は利率が低く、安定した生活など望むべくもないが、それでも毎年五百万円ずつ使っていっても六十年は生きられる計算になる。

そんな〝捕らぬタヌキの皮算用〟的会話が事件直後、職場や家庭で盛んに行われていたことを思い出す。

何が本当で、何が嘘か。真の被害者は誰なのか——謎だらけの三億円事件の後日談を書いてみたいが、強奪したカネを米軍基地の兵士が密かに米国に運んでいたというスクープ情報についてはいつか発表するとしても、かつてヒーローだった主犯の末路、即ち転落した人生は描きたくない。

迷宮入り生む思い込みと暗闘劇

二〇一四年六月三日、一つの事件が発生から八年半で解決した。

栃木県今市市《いまいち》（現・日光市）で〇五年十二月一日昼、小学一年の吉田有希《ゆき》ちゃん（七歳）が下校中に連れ去られ、翌二日、六十キロ余離れた茨城県の山中で全裸の刺殺体で見つかった事件だ。

連れ去り現場付近にかつて住んでいた台湾出身（〇九年に帰化）の無職、勝又拓哉容疑者（三十二歳）が殺人容疑で逮捕された。

「幼い女の子に興味があり、いたずらしようと、一人でいる子を探して車に押し込んだ。泣き止まないので口を粘着テープで塞ぎ、手足を縛ってナイフで刺した」

そう自供した勝又だが、遺体の胸には等間隔の刺し傷が幾つも列を作るように十数か所並び、死因の失血死も体内に血液がほとんど残っていない異常な状態だった。

栃木県警は一四年一月、偽ブランド品を販売目的で所持した商標法違反で逮捕した勝又宅を捜索。特殊な型のナイフ十本と、パソコンに保存された児童ポルノや猟奇的作品など数万点の画像を押収し、異常性を裏付けた。一部は消去されていたが復元・解析した結果、有希ちゃんを撮影した画像が含まれていたことが決め手となった。

歪《ゆが》んだ欲望を満たすため車で幼女を物色して拉致し手に掛ける手口は一九八八〜八九年の幼女誘拐殺人事件の宮﨑勤元死刑囚（〇八年六月に死刑執行）を想起させる。

それにしてもなぜ、勝又はすぐに捕まらなかったのか。

実は、その存在は事件の数か月後には、捜査線上に浮上していた。現場周辺の住民から「不審な引きこもり男がいる」と通報があり、①被害者と同じ小学校を卒業し現場付近に居住歴を持つなど土地勘がある②現場近くで目撃されたのと同型の白い国産車を所有③仕事が露天商手伝いで平日昼に活動が可能④刃物や幼女に興味を持つマニアなど、事件の特徴から犯人像を描くプロファイリング結果と一致——で有力視され、事情聴取を数回行った。が、頑強に否認したうえ有力な目撃情報や物的証拠がなく、逮捕には至らなかった。勝又は聴取直後に白い車を廃車処分にしており県警は証拠隠滅を許した。

その車内に置かれていたとの目撃証言もあった女児のランドセルを、彼は「ごみ収集に出した」と自供した。しかも、近所の女性から「ミッキーマウスのキーホルダー付き赤いランドセルと、キャラクター柄でピンク色の靴が捨ててある」と通報があったのに押収できず、警察は逮捕のチャンスを失していた。

「あの時は大勢いた不審者の一人でしかなく、そこまで踏み込んだ捜査はできなかった」

そう釈明した県警だが、その裏には重大な捜査ミスが隠されていた。

県警は女児の遺体から犯人のものと見られるDNA型を検出。聴取対象者や周辺住民から口腔粘膜の任意提出を受けて鑑定し、不一致なら容疑者リストから外す〝潰しの捜査〟を進めていた。勝又も提出したが一致せず、リストから外れていたのだ。

しかも、四年後、このDNA型が遺体に誤って接触した警察幹部のものと判明し、捜査は振り出しに戻らざるを得なくなったというから呆れ果てる。

思い込み初動捜査は失敗する

一部の証拠や証言を重視して思い込み捜査を進め、未解決のまま残る事件は多い。

一九九五年の八王子スーパー射殺事件は、その典型だろう。

七月三十日夜、八王子市のスーパー「ナンペイ大和田店」二階事務所で、女性パート従業員（四十七歳）と、アルバイトの女子高生二人（十六・十七歳）が頭を拳銃で撃たれて即死。大型金庫を開けようとして扉の鍵穴にキーが差し込まれていたが、ダイヤルの暗証番号が分からなかったのか中にあった売上金など五百二十万円余は無事だった。

都内では当時、外国人による強盗事件が頻発しており、警視庁が凶暴な手口から中国人強盗団の犯行との見方を示したのは悪くなかったが、やや拘り過ぎたきらいがある。

中国・大連で麻薬密輸に関与し死刑判決を受けた元暴力団幹部の日本人（六十七歳）ら二人（一〇年に死刑執行）が「八王子の事件は知り合いがやった」と漏らしたとの情報を得

ると、二〇〇九年九月に捜査員を派遣して事情聴取。カナダ在住の中国人（四十一歳）が実行犯を知っている可能性が浮上するや、犯罪人引き渡し条約のないカナダ当局に対し一三年十一月、旅券法違反で身柄を請求、強引に日本に移送して取り調べたほどだ。

ただ、犯行時間が数分間の上、粘着テープで縛り上げて殺害する必要のない女子高生を射殺したり、机の引き出しに高級腕時計など百数十万円相当の貴金属類や金庫の暗証番号を走り書きしたメモが無造作に放り込まれていたが、犯人は全く見向きもしていないなどカネ目当ての犯行としては不可解な点も多かった。

唯一縛られずに射殺された元売れっ子クラブホステスの女性従業員や、奔放過ぎる行動で知られる店長の周辺には暴力団や中国人犯罪グループの影がチラついていたのに調べ切れず捜査不足の感は免れないが、それは拙著『未解決』（新潮文庫）をお読み頂くとして、この事件には、実にさまざまな動機が秘められていることに驚きを隠せない。

思い込み捜査と言えば、一九九七年の東電ＯＬ殺人事件もその代表例であろう。

昼間は東京電力のキャリアウーマン、夜は渋谷の娼婦という被害女性（三十九歳）が話題を集めたが、絞殺体が見つかったアパートの隣のビルに住むネパール人男性（三十歳）が不法滞在者で被害者と関係があったことから逮捕され、二〇〇三年に最高裁で無期懲役とされた（一二年の再審で無罪）。

私は被害女性の交遊録を入手し、そこに政財界の若手や高級官僚らしき名前があることから取材を始めたが、警察のネパール人犯行説は揺るがず、周辺捜査をほとんどせずに瞬く間に冤罪と新たな未解決事件を生み出した。その後捜査は全く進んでいない。

極め付きは、二〇〇〇年十二月の世田谷一家惨殺事件である。犯人は三十日夜に宮澤みきおさん（四十四歳）一家四人を包丁で刺殺後、現場に長時間留まり冷蔵庫からアイスクリームを出して食べたり、トイレで大便をした痕が確認されている。また書類を散々引っかき回して調べた後、次々と浴槽に放り込み、三十一日朝までパソコンを操作してインターネットで検索していたような痕跡が残されていた。犯人は現場の宮澤さん宅に凶器の包丁や衣類、カバンなど大量の遺留品と足跡をそのまま放置し、自らの血痕と指紋まで残していたのだ。

そのため警視庁上層部は事件の早期解決を期待した。犯人を「指紋や物証を随所に残すような賢くない粗暴な若者か精神障害者」と決めつけ、右手を負傷した犯人が朝十時過ぎに師走の街を逃走したことから「不審者情報を摑《つか》んで指紋を採取し照合するか、公共交通機関か病院で網を張っていれば、簡単に逮捕できる」とタカを括っていたフシが窺える。

ところが、警察庁の指紋自動識別システムで前歴者など一千万人以上の指紋と照合したがヒットせず、宮澤家の親族や交遊関係、付近住民の指紋を片っ端から採取したが、目撃証言や不審者情報とともに有力な手掛かりは得られなかった。

延べ二十五万人余の捜査員を投入したのに、犯人逮捕どころか、未だ事件解明の糸口さえ摑めていないのが現状だ。

最大の原因は初動捜査の失敗にあるが、それは思い込み捜査に加えて、警察内部の問題も大きく影響していた。

この事件は年末年始休暇期間に入っていたこともあり、緊急招集された寄せ集め捜査員は連携と緊張感に欠けていた。さらに上層部が秘密保持を優先し、犯人が三十一日朝まで宮澤家にいた事実を一部の幹部にしか伝えなかったため、現場の捜査員は「三十日深夜に不審な三人組が現場付近でタクシーに乗った」との情報の裏付け捜査に奔走するなど無意味な行動を強いられる結果を招いた。逆に三十一日夕、東武日光駅で右手から出血した三十代の男が応急手当てを受けた後で姿を消したとの重要情報を、一年近くも放置してしまったのだ。

私は韓国人犯行説を打ち出したが、捜査本部は当初、「犯人は日本人の若者」と言って一蹴した。その根拠が犯人の着衣の好みとか、大便からインゲンのゴマ和えを検出したからと言うから呆れる。昨今の企業テロ事件では中国・韓国人など外国人男性を実行犯として雇い、真の犯行動機を持つ主犯の日本人は捜査の手が届かない安全地帯にいて、高みの見物を決め込むという黒幕型犯罪が増加。今では捜査本部も韓国や米国に捜査員を派遣するなど、外国人犯行説を視野に入れて捜査している。

公安・刑事対立で容疑者隠匿も

ほかに警察内部の問題としては都道府県警間の手柄争いや縄張り主義、警察本部と所轄署の対抗意識、警察官のサラリーマン化と出世競争などがある。一九八四年のグリコ森永事件の大阪府警対兵庫県警、九五年のオウム真理教事件の警視庁と神奈川県警間の激しい対立と秘密保持による捜査の停滞は、悪しき伝説として残っている。

ライブドアの「懐刀」野口英昭氏が二〇〇六年、那覇市のホテルで〝割腹自殺体〟で発見された怪死事件も不可解だ。内臓が飛び出すほど深く腹を切った状況、空港で複数の男と合流し偽名でチェックインした事実、凶器の入手先不明、血染めのサッカーシャツ消滅など不審点が多いのに、沖縄県警はろくに調べず司法解剖もせず、死体発見から四時間弱で自殺と断定。「事件の源や背景は沖縄と関係なく面倒な捜査から早く手を引きたい。真相解明より事件解決の実績を欲しがる体質」（司法関係者）というが、あまりに杜撰過ぎる。

さらに大きな警察内部の問題が、公安対刑事の対立だ。

グリコ森永事件では随所に公安と刑事の足の引っ張り合いが見られたが、露骨な命令無視だったのが一九八四年六月の丸大食品脅迫事件。東海道線の電車内の現金受け渡しで、車内と京都駅で捜査員が確認したのが犯人グループの「キツネ目の男」だった。

捜査一課は無線で捜査員に「捕捉（逮捕）せよ」と命令したが現場は全く動かず、「追尾（尾行）中」という報告しか返ってこなかった。それは現場で捜査を仕切っていたのが公安警察で、「キツネ目の男」が仲間と合流したところで一網打尽にすると欲を出し、結局は京都駅で見失い誰一人身柄を確保できなかった。これ以降、出世志向が強く失敗を嫌う警察上層部のエリート集団の消極性もあり、時効まで苦悩の捜査が続いたのだ。

九五年三月の國松孝次《たかじ》・警察庁長官狙撃事件は地下鉄サリン事件の十日後に発生しただけにオウム犯行説が有力だったが、公安幹部は「我々の事件じゃない」と冷たかった。過激な左・右翼思想を持つ個人・組織やテロリストの情報収集と監視が任務で、中にはカルト教団も含まれていたが、公安警察の主戦場は事件発生前と考えていたからだ。

一方、刑事警察は事件発生後の捜査が中心で、現場での証拠収集や聞き込みなど公安警察が不慣れな細かい捜査の積み重ねが重要である。この時も凶悪犯罪担当の捜査一課と組織犯罪担当の四課が応援に入ったが、公安は十分な情報を提供しなかった。

端的な例が「自分が犯人」と自供した警視庁巡査長を、半年以上も都内のウィークリーマンションに隠していたことである。これが内部告発で発覚し警視庁公安部長が更迭され、警視総監も引責辞任に追い込まれた。

実は、この巡査長がオウム信者という情報は狙撃事件発生の数日前、滋賀県警が押収した名簿によって判明していた。ただ、公安畑出身の県警本部長は警察庁警備局に報告したたけで、同局も警視庁公安部にしか伝えなかった。公安部はその情報を放置していたというから、これは起きるべくして起きた未解決事件と言っていいだろう。

新「三種の神器」より人間力

もっと酷いのは二〇一四年三月に再審が認められた袴田《はかまだ》事件のように、警察が捜査方針を守るため証拠を捏造し捜査結果をねじ曲げたケースだ。それらが原因で未解決に終わったのが、前述した一九六八年十二月の三億円事件である。

有名な偽白バイ警官のモンタージュ写真は、被害者の銀行員が爆弾騒ぎで動転し犯人の顔をほとんど見ていなかったため、事件の約一年半前に事故死し全く犯行の可能性がない人物の写真を土台に特捜本部が作成したことは前述した通りだ。

しかし、この偽造疑惑には、もう一つ裏があった。それは土台にされた人物がどうして選ばれたのか、という点である。

特捜本部はこの時、有力容疑者として一人の少年をマークしていた。だが、少年が現職の警視庁交通機動隊幹部の息子であったうえ事件五日後に謎の自殺を遂げており、それ以上は捜査を進めにくい状況にあった。そこで捜査方針の正しさをアピールする意味もあってか、少年とよく似た人物を選んで、既に死亡し苦情が出ないのをいいことに加工修正してモンタージュ写真を作成したのだ。

何も事情を知らされなかった捜査員たちは、その写真を持って聞き込み捜査に奔走し、時効成立一年前に特捜本部が「モンタージュ写真に拘らずに情報提供を」と呼びかけ事実上破棄するまで、それは犯人の顔として生き続けた。国民を愚弄するにも程があろう。

ところで、捜査の新しい「三種の神器」は防犯カメラにDNA型鑑定、携帯電話などの通信履歴照会といわれる。

六六年に大阪・あいりん地区で集中的に設置された防犯カメラは今や、コンビニを加えると数百万台に上り、犯行だけでなく逃走経路から潜伏先まで浮き彫りにしている。DNA型鑑定も九二年の本格導入時には二十二件だった鑑定数が、今や年間三十万件に迫る勢いである。データベース化した遺留物と容疑者とのDNA型情報の合致が犯人逮捕に繋がった例も九千件近くに達する。

携帯電話も通信履歴だけでなく、GPS機能で居場所や行動も確認できる。

大量生産・消費時代到来でブツから犯人を追跡するのは難しくなった。都会では核家族化、田舎では過疎化が進み、プライバシー意識もあって隣家に誰が住み何をしているかが分かり難くなっている。だが防犯カメラなどの機器はあくまで補助材料に過ぎず、聞き込みなど人的捜査と両面で行わないと、新たな冤罪を生む危険性も出ている。

二〇一〇年の改正刑事訴訟法施行で殺人事件などの時効が撤廃されたが、捜査するのはあくまで人間。捜査員の技量や執念が衰えれば、未解決事件は増える一方だ。

3D画像が映す世田谷事件の闇

警視庁管内で平成最大の未解決事件とされているのは、二〇〇〇年十二月三十日夜の世田谷一家惨殺事件である。

二十一世紀へのカウントダウンに沸く閑静な住宅街で会社員の宮澤みきおさん（四十四歳）と妻（四十一歳）、長女（八歳）、長男（六歳）の四人家族が突如、自宅に押し入った何者かによって惨殺されたのだ。

繰り返しになるが、事件について説明しよう。犯人は四人を殺害後、現場に長時間留まって冷蔵庫からアイスクリームを出して食べたり、トイレで大便するなどした痕跡が確認されている。またタンスや書棚などを散々引っかき回して書類などを調べ、床にぶちまけたり次々と引き裂いて浴槽に放り込んだほか、三十一日朝までパソコンを操作し、インターネットを検索するなど不可解な行動を取っていたとされている。犯人は現場に凶器の包丁や衣類、カバンなど大量の遺留品と足跡をそのまま放置し、右手を負傷したらしく、室内に自らの血痕と指紋まで残していた。

そのため、事件は早期解決が期待された。捜査本部が「犯人は指紋や物証を随所に残すようなあまり賢くない粗暴な若者か精神障害者」と決めつけ、「不審者情報を摑んで指紋を採取するか、病院や駅などで網を張っていれば逮捕できる」と楽観視した。その結果、初動捜査に失敗したことは前述した通りで、事件発生から二十年目を迎えたのに、未だに犯人逮捕どころか事件解決の糸口さえ摑めていないのが現状なのだ。

捜査本部の犯人像は今も《現場周辺に住み、過保護に育てられ人格障害（現・パーソナリティ障害）があり、引きこもりがちな浪人生》である。その根拠が「犯人の大便からインゲンのゴマ和えの成分を検出し、両親や祖父母と同居し母親が作った料理を食べている証拠だ。平気で便器を汚すのも、過保護に育てられ自立できていない今時の若者と考えるのが合理的」（捜査関係者）というから呆れるしかない。

そう批判したら、なぜか警察幹部がその科学的根拠として示したのが、〇八年に実験的に導入された最新の法医学鑑定システムであった。

母娘に向けた〝静かなる拷問〟

これは遺体の切創や刺創、殴打痕などを多角的に解析し、3D画像で立体的に再現するハイテク捜査技術だ。このシステムを使い、母娘の身に残された大小すべての傷や痕跡を解析した結果を正確かつ詳細に画像化。その画像を元に犯行シーンを再現すると、そこには血だらけになった母娘に平然とリンチを加え、恐怖に震える姿を冷静に見下ろし、残忍なやり方を次第にエスカレートさせていく「異常な殺人鬼」の姿があった。

犯行直後、被害者宅一階の床は血の海になっていた。

奥の階段下で普段着姿の父親がうつぶせに倒れ、愛用の縁なしメガネはかけたままだったが、後頭部には折れた柳刃包丁の刃先が突き刺さっていた。犯人は包丁を何度も振り下ろしたらしく、父親は全身メッタ刺しの状態で無数の切創もあった。直接の死因は胸部を刺され心臓横の大動脈を損傷したことによる失血死であった。

中二階の子供部屋では、二段ベッドの下段でトレーナーとジャージ姿の長男が仰向《あおむ》けに倒れていた。鼻血を出しており、首筋に数か所の鬱血が認められた。この長男の死因だけが窒息死であり、ベッドに寝ているところを左手で口を塞がれ、同時に右手で首を絞められて死んでいた。

母娘は二階に上がる途中の階段踊り場で全身血だらけで死んでいた。トレーナーとジャージ姿の長女は、まるで命乞いするかのように胸の前で手を合わせ、正座したままで前に倒れ込み、うつぶせでこと切れていた。上下スウェット姿の母親は娘を庇《かば》うように横向きになり、娘の方に両手を伸ばして覆い被さるような格好で、並んで倒れていた。犯人は三階のロフトで寝ていた母娘に襲いかかり、次々と二人を刺したと見られる。

捜査報告書には、母親の死因は《心タンポナーデ及び出血性ショック》とある。犯人は包丁を心臓に達するほど深々と突き立て、心臓から噴き出した血液が心膜腔内に充満し、心停止させてしまったのだ。

一方、娘の死因は《後頭部刺創による頸髄損傷》で、犯人は娘の後頭部から首を切り取るようにして包丁を刺し頸髄や気管を貫いたのである。

「長女はおそらく目の前で母親を惨殺されたことや、ロフトから転落して頭部を強打したショックで意識が朦朧《もうろう》とし、床に座り込んでしまったのだろう。首を垂れる格好でボーッとしていたところを、犯人は非情にも後ろから近寄って首を刺したに違いない。あの母娘の亡くなった姿を見たすべての捜査員が涙を流し、犯人逮捕を誓ったはずだ」

ベテラン刑事は、怒りを抑え切れない様子でそう語る。

ここまでなら今までの捜査資料からある程度、判明または想定できたことである。ところが刑事たちが憤りを隠さないのは、犯人が母娘に致命傷を与える前に包丁で二人の顔や全身を切り刻むなど、まるで〝なぶり殺し〟にしていたことが分かったからだ。

《母親の顔面は（略）原形を止めないほど切り刻まれ、（略）娘も身体中に切り傷や刺し傷があり……》

とは「解剖所見」の文言だが、それに基づいて母娘の傷痕を平面的に分析すると、単に犯人が無我夢中で包丁を振り回し、急所の位置も分からずやたらに突き刺しているようにしか見えない。それはいかにも素人の仕業を連想させ、捜査員の目を自己中心的な若者か精神を病んだ者による犯行へと向けてしまう。

だが、この法医学鑑定システムを使って3Dで再現すると、そこには予想と全く違うシーンが続々と現れる。そのまま再現するには憚《はばか》られるシーンの連続のため、ごく一部を伝えることにしよう。

《犯人は何度も執拗に、母親の顔を包丁で切り付けた。しかも刃を寝かせて、顔面の起伏に合わせて強く押しつけ、力を入れながらゆっくりといたぶるように切り裂いていく。既に傷が付いている箇所では、さらに刃先を強く傷口に押し入れ、力を加えながら刃をひねる。即ち、じっくりと時間をかけて、しかも何度も繰り返して、顔面を抉《えぐ》っているのである……》

《娘に対しても、犯人は包丁を水平に振って顔面を撫でるように切り裂いたり、削り取っており、何度も叩きつけては傷口を抉っていた……》

《しかも、初めの頃に2人の喉を掻き切っているため、悲鳴も嘆息も出ない。まさに、それは〝静かなる拷問〟なのである……》（母親と娘はいずれも原文は実名）

何ということであろうか。

捜査員の一人は、こう語る。

「奴の目的は、人を殺すより切り刻むことなんだ。女性に対するコンプレックスか、性的な衝動かは別にして、何か〝特殊な思い入れ〟があるような気がしてならない。心が病んでいるのかクスリのせいかは不明だが、残虐行為を楽しむ異常者の犯行と言っていいだろう」

しかし、この犯人は決して興奮して我を忘れて包丁を振るっていたわけではない。むしろ自分の行動を、どこかで冷静に見つめているフシが窺われる。

例えば犯人は三人を刺殺する前に二階居間で自分が着てきたジャンパーと帽子を脱ぎ、マフラーを外して身軽になり、それらをきちんと畳んで〝臨戦態勢〟を整えている。

後に血まみれのトレーナーやヒップバッグをその場に無造作に脱ぎ捨てたことを考えれば、逃走時のことを考えて返り血を浴びないようにしたというよりは、何かカルト殺人の「儀式」のようにも映る。

続いて犯人は、持参した二枚の黒いハンカチのうち一枚を二つに折って三角形にし、鼻や口を覆い、後頭部で両端を縛って覆面として使用している。もう一枚は事前に中央に約三センチの切れ目を入れてあり、そこにハンカチの一部を押し込んで袋状にして包丁の柄を包み込んで、返り血などで手が滑るのを防ぐ細工を施していた。

血の匂いを消すためかフランス製香水を振りかけた黒いハンカチで柄を覆った包丁を握りしめた男が、黒覆面の奥から冷たい目で見下ろした母娘を執拗《しつよう》に切り刻むシーンを想像すると、そのおぞましさが分かるはずだ。

二人を散々切り裂いた犯人はそこで致命傷を与えず、いったん二階に下りて血まみれになった柳刃包丁を文化包丁に取り替え、二人に止めを刺しに行くのだから、なおさらである。

「決して母娘二人に憐憫の情をかけたわけではない。父親の頭には柳刃包丁の刃先が突き刺さったままになっていたし、ロフトにも包丁の破片が落ちていたから、単に切れ味のいい刃物に替えただけではないか」（警察関係者）

その言葉が正しかったことは、後の非情な犯行ぶりを見れば一目瞭然である。

犯人が再び動き出した時、母と娘は犯人のすぐ近くの中二階の踊り場にいた。必死に逃げようとしたのか、あるいは血まみれの娘を少しでも治療しようとしたのか。母親は自らも大量出血しながら愛娘を抱きかかえ、あふれ出る血をティッシュペーパーで必死に止めようとしていた。

そこに現れた犯人は情け容赦なく二人に襲いかかり、最後は母親の胸と娘の首を包丁で一突きにして止めを刺したのである。

母親の遺体には死亡後に付けられた切創も多く、犯人の凄《すさ》まじい残虐性は、「人間凶器」と言わざるを得まい。このシステムを駆使した報告書を読めば、単なる《過保護に育てられた若者》とはとても思えないのではないか。

殺人請負人となった実行犯

私が事件関係者や捜査員に取材して突き止めた筋書きは、事業失敗で多額の資金を必要とした宗教団体幹部の金田秀道（仮名）が、都立祖師谷《そしがや》公園拡張に伴う土地移転補償金など宮澤家が受け取る現金一億数千万円を狙い、長男の発育支援を名目に一家に接近した。そして、金田に心酔する元韓国軍兵士・李仁恩《イインウン》を使って、自分のことをよく知る一家四人を殺害し、現金や預金通帳、自分との繋がりが分かる書類などを物色して奪った、というものだ。

主犯の金田の周囲には、宮澤家の土地を買い上げて転売を繰り返した挙げ句、東京都に高く売りつけて荒稼ぎしようとする不動産ブローカーや暴力団系の地上げ業者が存在し、応じない宮澤家に度々嫌がらせをしていたという。

また、そうした不動産ブローカーや金田を操り、不動産取引の金主として君臨した元投資顧問会社代表Xがいて、私の取材に対して金田は「世田谷事件は私がやらせたことじゃない。本当の黒幕はXだ」と打ち明けたのだ。

こうした事件の真相は、拙著『世田谷一家殺人事件　韓国マフィアの暗殺者』（角川文庫）に書いたが、李はその後、カネで殺人を請け負う「プロの殺し屋」になっていた。

李は〇九年十月、別の依頼主からXの暗殺を請け負って来日したが、Xが病気で急死したため公安当局の追跡を振り切って国外逃亡した。

それ以後しばらくは音信不通だった李が一五年五月、変装し指紋を変造テープで改ざんして極秘入国したという情報を得て接触を試みたが果たせず、それ以来、消息不明のままである。

トップ射殺で企業テロの線条痕

「仕事やからなんぼでも捜査するが、犯人がおらにゃ捕まえようない。変なヤマやで」

京都府警のベテラン刑事は突然、奇妙なことを言い出した。

変なヤマとは二〇一三年十二月十九日、「餃子の王将」を全国展開する王将フードサービス本社前で起きた大東《おおひがし》 隆行《たかゆき》社長（七十二歳）射殺事件だ。東証一部上場企業のトップがいきなり凶弾に倒れる前代未聞の企業テロは犯人どころか有力な手掛かりも掴めず、刑事がぼやくのは分かる。が、言うに事欠いて「犯人がおらん」とはどういう意味か。

　事件は朝五時四十五分頃、京都市山科《やましな》区にある本社北側駐車場で、車から降りた大東に何者かが駆け寄り至近距離から拳銃を四発発射。弾丸はすべて胸や腹に命中し、その場で倒れた大東は失血死した。

　雨天の早朝とあって目撃者はなく指紋や足跡も雨に流された。薬莢四個以外にこれといった遺留品もなく、鑑定で二十五口径自動式拳銃と判明した。

　府警は一四年六月時点で千五百人の関係者から事情を聴き、百二十二か所の防犯カメラの映像を回収してNシステムと共に解析、大東の携帯電話の通話記録を三か月前まで遡って調べた。不審者情報はあったが犯人逮捕に繋がる手掛かりは得られなかった。

こうした企業テロのほとんどが未解決のまま終わることが多いが、なぜなのか。

中国人ヒットマンか暗殺組織

「どんな老舗や優良企業でも、企業という代物はほんまにいろいろ問題があるんやな」とは京都府警のベテラン刑事が冒頭の言葉に続けて述べたもの。王将側は事件後の会見で「思い当たるトラブルはない」と語ったが、実は社内外に問題が山積していた。九三年の創業者急死後、三代目社長に就任した長男が不動産投資など経営の多角化に失敗し、一時は有利子負債が四百七十億円に膨らむなど倒産寸前に追い込まれた。中でも福岡県のゴルフ場運営会社への九十億円近い過剰融資では、同社代表が創業者時代から交流があり闇社会とも深く繋がる人物だったため、府警も注目した。

この代表は債権処理後も王将側に接近し、後任の大東に拒否されていたからだ。大東は資産売却など大胆な合理化を進め、社長就任二年で黒字化に成功。だが長時間労働や賃金カットによる労使紛争、取引業者とのトラブル、冷遇された長男ら創業家との確執、金沢進出をめぐる半グレ集団との対立など急激な業績回復の歪みが噴出した。

さらに二〇〇五年八月、中国・大連に進出した王将は地元業者と衝突。現地責任者が勝手に話を進め、仲介に乗り出したチャイニーズマフィアに約束の成功報酬を支払わなかったため、見せしめに凶行に及んだ可能性もある。

刑事はこれらの容疑を潰した後でぼやいたが、それでも犯人がいないとは何なのか。実は、冒頭の言葉に続いたセリフはもう一つあった。

「実行犯は外国人に決まっとる。そんな奴はとうに母国に逃げとっておらんやろ。日本で何を捜査すりゃええんや」

王将事件は当初から中国人ヒットマン説が出ていた。大東を殺害する動機を持つ主犯は、間に何人も介して暗殺者を雇う。犯行直前に来日した実行犯は殺害直後に帰国し二度と来日しないから、アシが付く心配はない。万一、実行犯の正体が割れても主犯とは無関係だし、主犯のアリバイは完璧で捜査しようがないからだ。

関西の暴力団関係者の話では、中国人ヒットマン派遣組織のボスは大連や上海など中国大陸にいて、在日中国人ら代理人を通じ暗殺を請け負う。彼らを介し一人当たり三、四百万円の成功報酬の半金を手付として送れば、状況に応じ暗殺者を送り込んでくる。標的の情報収集や拳銃などの準備、犯行計画立案と現場下見、逃走手引きは日本側組織が行い、残金さえ振り込めば、何の痕跡も残らないというから恐ろしい。

王将事件でも、防犯カメラの映像や出入国記録から現場にいたのは二人組で、実行犯は「至近距離からの連射を得意とし、『抱きつきのR』との異名を持つ女殺し屋とよく似た人物」という具体的な情報まで飛び出した。また九州の暴力団関係者の車が現場付近で目撃されたが、捜査を自分たちに向けさせようという作為が感じられるという。

さらに前出のゴルフ場乗っ取りを狙い運営会社のスポンサー探しを妨害する山口組系企業舎弟が、マフィアやヒットマン派遣組織と関係が深いとの情報が浮上。派遣組織の在日代理人の一人が王将金沢店をめぐり対立した半グレ集団の上層部と分かった。実際、府警は王将の反大東派役員の一部がマフィアと密かに接触するのではないかと見て、「身辺警護」名目で徹底マークしたが動きがなく、そこで糸が切れてしまった。

銃弾一発で数千億円の価値

確かに、犯行動機に繋がると見られる企業の問題点は、非常に分かりにくい。

王将同様に創業者が裸一貫で創設し、無借金経営を続ける超優良企業・江崎《えざき》グリコが標的となった一九八四年のグリコ森永事件では、江崎家の内紛や社内の労使紛争、取引業者との金銭トラブル、工場周辺住民との環境汚染騒動が次々と浮上。それぞれの問題に暴力団や右翼、過激派崩れなどが絡み、捜査線上は〝容疑者〟だらけになった。

しかも、江崎勝久《かつひさ》社長を拉致して現金十億円と金塊百キロを要求し、グリコが戦前に社内で支給していたコートを着せるなど〝芝居掛かった犯行〟で警察やマスコミ、国民までも翻弄しただけでなく、企業テロの存在と恐ろしさを世の人々に知らしめた。

政財界の不祥事や国際犯罪などを幅広く扱う朝日新聞をターゲットにした八七年の赤報隊事件は、報道に恨みを抱く相手が多過ぎて〝別格の犯罪〟の様相を呈している。

また、バブル崩壊後の金融機関を標的とした住友（現・三井住友）銀行名古屋支店長、阪和銀行（一九九八年解散）副頭取の両射殺事件も、犯行動機に関係がありそうなビジネス上のトラブルがあまりに多く、捜査当局を苦しめた。

前者は九四年九月、名古屋市千種区のマンション十階に住む畑中和文・住銀名古屋支店長が自室前で銃撃され死んでいるのが見つかったものだ。犯人は三十八口径の米国製回転式拳銃で、至近距離から一発で眉間を撃ち抜いていた。

畑中は入行後に本店総務畑を歩み、八七年四月から大阪・梅田、京都・四条、大阪・船場など暴力団絡みの融資先を多数抱える支店長を歴任。九一年から先の職に就いた。

住銀は八七年からイトマン事件に関わり、拠点の一つだった名古屋支店は約四百億円の不良債権を抱えていた。事件の中心人物で〝住銀の天皇〟と呼ばれた会長に反対した畑中がその牙城に送り込まれ、闇社会との関係を断ち切る特命を受け、恨みを買ったとの情報もある。

当時、住銀は平和相互銀行との合併に絡む金屏風《きんびょうぶ》疑惑、国際航業事件で摘発された光進や首都圏の支店長が逮捕された誠備グループへの不正融資など不祥事塗《まみ》れで、どの事件も企業テロに繋がる可能性を秘めていた。「住銀は債権回収担当の全行員に防弾チョッキを支給し、畑中は着用していなかったが犯人が頭を撃ち抜いたのは、その情報を知っていた可能性が高い」と捜査員に聞かされ、全身が震えたことを覚えている。

また一年前の九三年八月には、和歌山市の自宅で社有車に乗り込んだ小山友三郎・阪和銀行副頭取にサングラス姿の男が接近。後部ドアを開け至近距離から三十八口径のブラジル製回転式拳銃を三発発射し、胸や腹に全弾が命中し死亡した。

小山はバブル崩壊後の不良債権処理をめぐり頭取と対立していた。同族企業特有の派閥抗争に加えて、暴力団系企業への債権回収トラブルも多く、動機は今も不明のままである。

葬儀の席で一部の行員が談笑していた姿が気になったが、それ以上に関西の企業舎弟が事件後、「次は住銀の畑中の番や」と〝予告〟していたことを知って戦慄が走った。

こうした企業テロ事件の多くは、至近距離からの一発必中の銃撃で致命傷を負わせている。単に見せしめや脅しだけではなく、犯行を知れば誰もが竦《すく》み上がるという、事件が他の企業に与える〝闇のPR効果〟を狙ったものと思われる。

住銀事件後、ある企業舎弟が放った次の一言がすべてだろう。

「住銀事件はお灸を据えただけや。銀行は（不良債権回収に）腰砕けとなり、問題案件は手つかずになった。銃弾一発で数千億円の価値があった、と言うことやな」

〝懐刀〟を葬った金脈と名簿

二〇〇六年一月十八日昼、那覇市のホテルの一室でライブドア社長の「懐刀」として知られる野口英昭氏が首や腹を切り裂かれた状態で発見され、凶器の包丁は足元に放置されていた。誰もが直前の東京地検特捜部による強制捜査に追い詰められ、割腹自殺を図ったと見ていた。

ところが、彼が約二十六億円の株売却益を隠匿し、政財界や闇社会の大物が載った出資者名簿を密かに持ち出し、ライブドアを操る闇社会の面々を裏切って香港人脈に走ろうとした疑惑が表面化し、事件の見方がガラッと変わった。

野口が睡眠導入剤を大量に飲み自殺を図ったというのが沖縄県警の見立てだったが、実際は意識が混濁した状態で包丁を背中まで貫通するほど強く突き立て、それを抜いて足元に置くのは不可能であるし、包丁の入手先が特定できておらず、本人が非常ブザーを押してフロントに助けを求めるなど、自殺者の行動として不自然な点があったことが分かった。

さらに、重さ十五キロのロッカーを扉の内側に立てかけてあったホテルの部屋も外から出入りできることが分かり、野口に自殺の素振りや理由が全くなかったこともあって、未だに謀殺説が根強く囁かれている。

野口は羽田空港で三十〜四十代の男二人と一緒に歩く姿が防犯カメラに映っており、那覇空港で別の男二人と合流して、五人で黒いワゴン車に乗り出発したことも分かっている。

「野口は当時、山口組をはじめ闇社会に食いつかれたライブドアの実態と、巨額な闇資金を操っていたクレディ・スイス銀行の強引なやり方に嫌気が差し、彼らと手を切って香港の華僑《かきょう》系金融機関・東亜銀行グループの力を背景に、密かに新しい事業に乗り出そうとしていたと見られている。そんな野口を沖縄経由でフィリピンに逃がそうとするグループがいて、それを阻止しようとする連中と水面下で激しい暗闘を繰り広げていたんだ」

と公安関係者。山口組系企業舎弟もこう明かす。

「もちろん双方とも欲得ずくだ。野口がライブドアからせしめた多額の資金と、彼が香港などで新たに構築した華僑人脈と利権、そして、何より密かに持ち出したとされる投資事業組合の出資者名簿が狙いだよ」

両陣営の激突と裏切り、その間隙を縫って暗躍する金融ブローカーのハイエナ軍団まで加わった抗争に野口は翻弄され、命を落とすことになったのだ。

ここで、前述した殺人請負組織に話を戻そう。

住銀事件では、広域暴力団の武闘派組織が八九年頃から独自にプロの「暗殺部隊」を創設し、フィリピンなどで実弾射撃訓練を積んでいるという情報が流れた。そのメンバーと見られる人物のうち武闘派組織に連なる関西や東海の暴力団員と、都内の大物右翼の親族や弟子ら五人を割り出して調べたところ、暴力団員ら三人が事件二日前から当日まで名古屋市内のホテルに宿泊していたことが分かった。

しかも一人は畑中のマンション周辺で目撃された人物と酷似しており、捜査本部も一時は慌ただしい動きを見せた。

それとは別に、香港や台湾のヒットマンが送り込まれたとの情報が捜査本部に寄せられていたのも事実だ。

一方、阪和事件の捜査本部も、当初から実行犯を外国人ヒットマンではないかと睨《にら》み、大阪空港の出入国記録を調べていたし、捜査線上に釜山から船で入国した韓国人ヒットマンの存在が浮かんだこともある。阪和銀行と揉めていた暴力団組長が香港マフィアを通じて報酬二百万円で東南アジアの殺し屋と契約したとの情報もあった。

野口怪死事件でも広域暴力団に加え、そこと交流のある台湾などの暗殺請負組織の影がチラついた。九五年七月の八王子スーパー射殺事件や、二〇〇〇年十二月の世田谷一家惨殺事件など、企業テロ以外の未解決事件でも、小さな店舗や幸せそうな家庭からは想像できないほど多くの問題が表面化した。そして中国人強盗団や韓国人軍隊経験者の存在が浮上している。

新しい犯罪と闇社会を暗示

企業や社会への脅し、見せしめ、〝闇のPR効果〟を含めた多種多様な動機。主犯と実行犯を分離し仲介組織を通じて外国人に犯罪を行わせる手口が、これまで多くの企業テロを未解決に追いやってきた。

そんな現象が生まれたのは、バブル経済が崩壊し始めた九〇年代前半と見ていいだろう。バブル期には土地や株を担保に暴力団にもどんどんカネを貸していた金融機関が、バブル崩壊で一気に不良債権処理に舵を切ったのが契機だった。

金融・証券業界の不祥事や闇社会との癒着が次々と発覚して世論の批判を浴び、金融当局の厳しい指導を受けた各社は、カネ詰まりと倒産回避を図るために闇社会との関係を断ち、不良債権を回収するしか生き残る術はなかったのだ。

しかし、トラブル処理などに散々利用されてきた暴力団からすれば、それは裏切り行為以外の何者でもなかった。

一九九二年の暴力団対策法の施行で資金源を奪われ追い込まれた暴力団が、世に警告するだけでは飽き足らず、実力行使に出たのが阪和、住銀事件などの企業テロと言っていいだろう。

ただ、曲がり角を迎えた闇社会に引導を渡したのは、皮肉にも我が国最大の暴力団・山口組であった。密かに企業テロを支援し、形式上破門した企業舎弟にフロント企業を設立させるなど、硬軟両面で当局に対抗してきた宅見勝《たくみまさる》若頭が九七年八月、神戸市のホテルで同じ山口組系中野会のヒットマンに射殺されたのだ。

渡辺芳則《よしのり》・五代目組長が長い間、中野会を解散に追い込まずに放置したため、疑心暗鬼に陥った宅見若頭傘下の有能な経済ヤクザが次々と山口組を離れ、他の所属組織を求めて上京するに至った。

また、残った幹部も〇五年に六代目組長体制がクーデターで誕生するまで陰謀と抗争に明け暮れ、弱体化した。

「昔は企業のミスに付け込み、弱味を作り出しては脅し上げ、カネを引っ張ったものだ。経済ヤクザ全盛期には早々と社内に食い込み、逆に企業側の手形や小切手のトラブルを解決したり、若手社員に人脈を紹介するなど役に立ち、合法的に利益を得ていた。その路線を何とか継承できれば、今のような苦闘の時代はなかったろう」

嚙みしめるように話すのは、山口組系企業舎弟だ。

暴力団は度重なる暴対法改正や暴力団排除条例で、表社会だけでなく闇社会でも衰退しつつある。資金源は次々断たれて枯渇し、人脈はズタズタにされた。盃事はおろか葬儀もうかつに催せず、身分を明かさずゴルフしただけで詐欺容疑で逮捕される始末だ。

闇社会は半グレ集団と不良外国人が勢いを増し、多くは水面下に潜り、ますます見えにくくなっている。

そんな中で起きた王将事件は、これまでと違って闇社会と決別を図った担当者ではなく、企業のトップが標的だった。

これは「トップの暗殺は話がこじれて進まない」という日本的発想が崩れ、「周囲が怯えて言うことを聞くから」との国際犯罪的思考が普及したことを意味する。

しかも暴力団、半グレ集団、外国人組織が揃い、新しい犯罪と闇社会のあり方が暗示されているような気がしてならない。

こうした企業テロをはじめとする未解決事件は犯人を逮捕して真相を解明しない限り、永遠になくならない。

事件を貫く線条痕を根気よく辿らないと、闇の彼方に銃口が見えても、凶器を握る暗殺者、そして背後で操る黒幕は、絶対に姿を現さない。

第2章

絶対正義をうたう司法の裏切り

「法の番人」裁判官の
判断に誤りはない――
と教えられ、信じてきた。
だが司法界にも迷いがあり、
姑息な手段で
面子を守っていたのだ。

少女誘拐犯に死刑判決の裏工作

ここに、一通の分厚い手紙がある。

差出人は二〇一二年九月に病気で亡くなった関西在住の男性で、「関わった人々に迷惑かけたくない」という本人の遺志を尊重し、元裁判官のBとしておく。

文面は自分が何らかの形で関与した五人の犯罪者について書かれていた。法に携わる立場から犯罪を防げなかった慙愧《ざんき》の念や社会の責任、彼らが悔い改めたのかを懸念する心情が三十余枚の便箋に切々と綴られ、臨終間際に投函されただけに〝遺言状〟と言っていいだろう。

九〇年代にある連続殺人事件の取材で知り合い、以後は時々自宅を訪ね、手紙をやり取りして交流を深めてきた。私を信用し「了承なしに絶対に活字にしない」との約束で、さまざまな事件や死刑囚の裏話を明かして頂き、本が何冊も書けるほどになっている。

そうした中に、一三年二月二十一日に死刑を執行された男の話があった。

自画像が流す十粒の涙の意味

死刑を執行されたのは、〇四年十一月に奈良県で小学一年の女児（七歳）をわいせつ目的で誘拐、殺害した新聞配達員、小林薫元死刑囚（三十六歳）ら三人だが、小林こそが〝遺言状〟の登場人物だった。

彼は下校途中の女児を自宅に連れ込み、浴槽に沈めて窒息死させた後、遺体を田園地帯の道路側溝に捨てた。しかも、深夜に遺体が見つかるまでに、女児の携帯電話から母親の携帯に《娘はもらった》などのメールを送りつけた。

さらに約一か月後、再び女児の携帯から母親に女児の悲惨な遺体画像数枚と脅迫メールを送付し、脅迫文には女児の妹（二歳）の実名を挙げて、《次は妹を狙う》と書き込むなど、捜査の攪乱を謀っている。

事件は一九八八年から八九年にかけ首都圏で四人の幼女を誘拐し殺害した宮﨑勤元死刑囚の事件と似ているが、その悪質な手口に、女児の両親が「被告に極刑以上の刑を（死刑では足りない）」と訴えたのは当然だろう。

小林は成育が遅く、幼稚園児の頃から「ウンコ垂れ」と呼ばれ、常にいじめの標的とされてきた。そんな彼を父親は金属バットやゴルフクラブで殴り虐待した。

小学四年で、唯一応援してくれていた母親が急死すると、彼は女児の下着姿に異常に興味を示すようになる。中学時代には幼女を泣かせてはその姿に興奮し、学校や警察で何回も指導を受けた末に、引きこもり状態となった。

この家庭環境は、掌の障害が原因で周囲からいじめに遭い、厳格な父親や生活がバラバラな「解離性家族」（精神鑑定書）に反発して自室に逃げ込み、唯一の理解者である祖父の死を境に犯行を始めた宮﨑の姿を彷彿《ほうふつ》とさせる。ポルノ雑誌やビデオが室内に山積みにされていたところもそっくりである。

また、小林がGPSによる探索機能が付いた女児の携帯を使い、居場所を特定される危険を顧みず母親の心を傷つけた行為は、犯行声明文を被害者宅に送りつけた宮﨑と同様に強い自己顕示欲の表れで、性的関心に加え自分にはない親子の情愛への嫉妬が犯行の背景に潜んでいるというのが、精神科医の概《おお》ね一致した見解だ。二人の精神・情状鑑定報告書には《小児性愛》《性的サディズム》など同じような語句が並ぶ。

こんな精神状態と少ない被害者数から司法界で極刑はないとの観測も流れたが、奈良地裁は〇六年九月、「被害者が一人であることは死刑回避の理由にはならない」と死刑判決を言い渡した。弁護人は即日控訴したが、本人が取り下げて死刑が確定。その後、控訴取り下げ無効の訴えや二度の再審請求、恩赦出願をすべて退けられ、本人の《もう一度再審請求を》という手紙を受け、弁護人が大阪拘置所を訪ねた日の朝に刑が執行された。

Bも私も判決が妥当か否かを論じるつもりはない。ただ〝遺言状〟は小林が「死刑になることでしか罪を償えない」と判決に納得し、法相に「（被害者の）命日の十一月十七日までに刑を執行してほしい」と要望書を提出する一方で、死への恐怖に怯える姿を紹介。彼が《私のような人間が死んだところで、世の中に何の影響もない》とか《私が無期懲役になりいずれ社会に出た時には、また犯罪を起こす。自分では止められないから、死刑でなくてはならない》と必死に自分に言い聞かせていたことを伝えている。

反面、彼は福島瑞穂・社民党参院議員が一二年秋に全死刑囚を対象に行ったアンケート調査に、《日本の刑法は「目には目を」の復讐法ではない》（要旨）と婉曲的な言い方で死刑制度反対を綴っており、心中複雑なようである。

この〝遺言状〟には、小林が小学校の卒業文集に寄せた「悲しかったこと」と題する作文のコピーが同封されていた。最愛の母親が三番目の弟を出産した際、出血多量で死んだ思い出を綴ったもので、《ぼくは、五時間以上ないた》と書いている。

驚くのは天国で母親との再会を期する締めくくり部分。《お母さんとこんどあうときは人をいじめないようになってあおうと思う》と事実とは逆の思いを綴った横に、自画像と見られる少年の顔を描き、世を見据えたような両目から五粒ずつ涙を垂れ流させたのだ。

Bは「遺言」として、こう語っている。

「人間には、あの時に戻れればと思う瞬間がある。この一文と自画像に託した彼の『心の叫びを聞いて』のメッセージに周囲の大人が応えられなかったのが残念だ」

家庭や学校でいかに虐待やいじめを受けたからと言って、人を殺していいということはない。辛い生い立ちを持つ人が皆、犯罪者になるわけでもない。Bも《涙を流した自画像が忘れられない。一足先にあの世に行き、奴（小林）が来たら、二度と犯罪を起こさないように説諭してやろう》と言っているだけで、別に情状を酌量し罪を軽減すべきだと主張していない。

ただ、彼が綴った逸話の中に気になることがあった。そこで捜査・裁判資料を収集したり、一三年一月に関西を訪れた際も、小林を知る人物や事件関係者らに取材し始めた矢先の死刑執行であった。

裁判所ぐるみの〝修正判決〟

気になったのは、小林の前科・前歴だ。

高校入学直後に幼女にわいせつ行為を働いて逮捕され、二十歳の時に大阪府箕面《みのお》市と大阪市で五歳の女児に立て続けにいたずらし、強制わいせつ罪で起訴された。執行猶予付き判決を受け、保護観察処分となっている。

問題は二年後の九一年七月、幼稚園に通う五歳の女児を大阪市の団地に連れ込み、いたずらしようとした事件である。抵抗した女児を押し倒し、馬乗りになって首を絞め殺害しようとし、殺人未遂容疑で逮捕されたのだ。

しかし、裁判で「殺意はなかった」として殺人未遂罪が認定されず、弁護側の奔走でお決まりの「反省している」として刑が軽減され、判決はわずか懲役三年だった。

彼が強制わいせつ常習犯であることは、きちんと調べれば分かるはずだ。それに二年前に連続して幼女わいせつ事件を起こし、執行猶予と保護観察処分中だった男のいったいどこに「反省している」様子が窺える、と言うのか。

しかも、女児が殺されずに済んだのは、たまたま近くに住む会社員が帰宅して犯行に気づき、小林を捕らえたからだった。そのどこをどう見れば「殺意はなかった」となるのか。裁判官の見識を疑わざるを得ない。

実際、それから十三年後に発生した奈良少女誘拐殺人事件は、「殺意はなかった」とされた大阪の事件とほぼ同じ手口であり、皮肉な見方をすれば、たまたま通りかかった人がいなかったために殺されてしまったことになる。

また、刑法は前の懲役刑を終えてから五年以上過ぎていれば、再犯による刑罰の加重をしないと定めている。もし小林が裁判で争っていれば、彼の犯行は再犯と見なされず死刑回避の可能性も十分にあったのである。

さらに司法関係者に取材する中で、一人の元裁判官がトンでもないことを言い出した。

「奈良地裁の死刑判決は、過去の殺人未遂事件に対する判断ミスを帳消しにするため、裁判所の総意で判決を修正したと言っていい。判決は裁判官の心証主義だし、誰も表立ってそんな話を認める者はいないが、それに関して私は裁判所内で『司法の良識が働いた』という声を耳にした。裏工作だよ。上級審で修正されると安心していたせいか、控訴取り下げで多少の混乱があったと聞いている」

裁判所が自らの都合で判決を修正することなどあるのか。刑事裁判で最高裁判決を基準に一、二審判決が出ることは普通だ。一二年の衆院選をめぐる「一票の格差」訴訟で、一三年三月に言い渡された十六件の高裁判決がすべて違憲・違憲状態と判断し、うち二件が選挙無効としたことは、最高裁判決が強く改善を迫った制度で選挙を行った政治に対する「司法の怒り」と言っていい。ただ、判例に関係ない判決で「司法の良識が働いた」話は聞いたことがない。

だが、この元裁判官はもう一例挙げた。

一九九〇年十一月、二十八歳の男が新潟県三条市で下校途中の女児（九歳）を拉致、九年二か月間も自宅二階の自室で監禁し、二〇〇〇年一月に逮捕された事件だ。

逮捕監禁致傷罪は最高刑が懲役十年だが、新潟地検は犯行の悪質性を検討し窃盗罪と併合する〝超拡大解釈〟で懲役十五年を求刑した。一審は同十四年、二審は同十一年と判断が分かれたが、最高裁は一審判決を支持した。

実は、これも裁判所ぐるみの〝修正判決〟だという。

問題はやはり監禁男の強制わいせつ罪の前科・前歴だった。

八九年六月、新潟県柏崎市で下校途中の小学四年生の女児（九歳）を空き地に連れ込みいたずらしようとして捕まった犯行で、後の少女監禁事件と同じ手口だ。

新潟地裁長岡支部は同年九月、男に懲役一年、執行猶予三年の判決を言い渡した。この時裁判官が何を根拠にしたかは不明だが、「更生が期待できる」と保護観察処分を付けず、母親に指導・監督を一任してしまったのだ。

この母親は中年の息子を「ボクちゃん」と呼んで溺愛し、彼に叱られるからと部屋に近づかず長期間の監禁を許した張本人で、明らかに裁判所の判断ミスだった。

私は裁判官経験者十人に判決修正の有無を問うた。すると、そのうち八人は否定せず、何と五人は奈良の裏工作話を知っていたのだ。

ここで死刑の是非を論じることはしない。安易に人道的見地で「国家権力による合法的殺人」と非難したり、犯罪の抑止効果を訴えて刑の厳罰化を力説したくない。

小林と同じ日に死刑を執行された男で、〇八年に茨城県土浦市で通行人ら九人を殺傷した若者は「死刑になるため多くの人を殺したかった」と自供。被害者への謝罪を迫られ、「ライオンがシマウマを襲う時に何か考えますか」と言い放った。弁護人が行った控訴を取り下げて自ら死刑を確定させ、法相が交代する度に「とっとと執行しろ」と要望書を出したと聞けば、死刑の見せしめ論や犯罪抑止効果も根底から考え直さなければなるまい。

簡単には完治しない前歴者

刑罰を更生のためと考えれば死刑は矛盾する。しかし、懲役の長期化は必ずしも有効ではなく、性的ないたずらを目的とした犯罪の再犯率も高い。

刑務所の実態に詳しい法務省幹部は、こう明かす。

「不景気なうえ高齢化が進む社会の状況が刑務所に反映し、雨露を凌げて三度の飯にありつける服役生活を望む不埒《ふらち》者が増えている。長期刑の老人も多く、囚人同士の老老介護は最早、当たり前になっていると言っていい。税金を使い更生させるなら汚い、きつい、危険の三K仕事を課すなど、二度と刑務所に戻りたくないと思わせるような処遇を講じていくべきだ」

また、日本には精神障害のある犯罪者や性犯罪者を治療し、独自の矯正教育を行う専門の施設がない。常習犯でも刑務所を出れば追跡できない。奈良、新潟県警とも性犯罪者の動向を把握していなかったのが実情だ。

九七年に神戸連続児童殺傷事件を起こした「酒鬼薔薇聖斗《さかきばらせいと》」は関東医療少年院に送致され、「六年五か月にわたる精神医療と矯正教育で、事件の要因となった性的サディズムが改善され、贖罪意識も芽生え、再犯のおそれはなくなった」（関東地方更生保護委員会）として、二〇〇四年三月に同少年院を仮退院した。このことは、第3章で詳述する。

だが、法務省がいくら「我が国を代表する専門家集団による国家プロジェクト的矯正教育」と胸を張っても、仮退院者の四、五人に一人は再び犯罪に走っているのが現実。

法務省内部から「酒鬼薔薇が少年院内で暴発した」という確かな証言を得ているし、《病理診断では完治したと言えない》という内部文書も入手した。骨をしゃぶった形跡がある島根・女子大生バラバラ殺人など猟奇事件が起きる度に、警察当局は慌てて酒鬼薔薇の所在を確認している有り様だ。

二〇〇〇年五月にバスを乗っ取った佐賀県の少年（十七歳）は酒鬼薔薇を崇拝し、精神鑑定で統合失調症の疑いを指摘され、医療少年院で矯正教育を受けた。〇六年一月に仮退院したが、実は、〇一年の大阪教育大附属池田小乱入事件の報道に接して興奮して暴れ、教育成果には疑問が出ていた。

新潟少女監禁事件の男も一五年に出所し、病院に入院した後、一七年に自室で病死したが、その生活ぶりはいつも落ち着かない様子だったという。

司法や法務行政はミスを糊塗するのではなく、矯正教育やスタッフの充実、性犯罪者へのGPSチップ埋め込みなど根本的な改革に取り組む時期が来ている。あなたの隣に名前も顔も、更生したか否かも分からない彼らが座っているのだ。

もし、次に〝修正判決〟で済ますことがあれば、いよいよ〝遺言状〟の中身を暴露するしかない。

判決を変える深謀遠慮と赤報隊

気がついた時、男は室内深くに入り込んでいた。

身長百六十五センチ前後。痩せた身体を黒ずくめの服で包み黒縁メガネをかけ、黒っぽい目出し帽で覆面しており、顔の特徴はよく分からなかった。が、身体つきから年齢が二十代半ばから三十代の若い男に見えた。

日曜日と祝日が重なった一九八七年五月三日の夜八時十五分頃。兵庫県西宮市の朝日新聞阪神支局二階にある編集室では、三人の男性が応接ソファに陣取り、夕食のすき焼きをつつきながら談笑していた。

男は一言も発せずに近づくと、いきなり正面のソファにいたI記者（四十二歳）に向け、右腋《わき》の下に抱えた散弾銃を発射した。「バン」という轟音《ごうおん》とともに飛び出したカプセル弾から約四百発の散弾粒が飛び散り、Iの全身を突き破る。タバコを吸っていた右手の指先が吹っ飛び、ホースで放水したように血が噴出した。

男は銃身を短く切った散弾銃を腰だめにし、数歩前に出た。そして、手前側のソファに男に背を向ける格好で座っていたK記者（二十九歳）に、一メートル弱の至近距離から発砲した。弾丸は左脇腹に直径十センチの穴を空け、カプセルごと体内に入って炸裂《さくれつ》。

飛散した鉛粒が内臓や大動脈をズタズタに損傷したため、「手の施しようがなく」（医師）五時間後に死亡が確認された。窓側の席にいたT記者（二十五歳）はとっさに机の陰に隠れて、奇跡的に一発の散弾粒も浴びなかった。周囲を見回した男と目が合って銃口を向けられた瞬間、思わず《私も殺られる！》と覚悟した。ところが、男は何も言わずに、両手で銃を構えたままドアから外に出ていった。あまりの惨劇に時間がとても長く感じられたが、男が室内にいたのはわずか一分足らずであった……。

これは記者二人の証言や捜査資料から再現した朝日新聞阪神支局襲撃（阪神）事件の様子だ。私はその場にいたわけではないが、Kと同時期に同じ仕事に就き同じ関西で事件を追いかけており、面識はないが妙な連帯意識があった。またこの事件の取材で生々しい現場写真を見たり不気味な犯人像を知るうちに、そこにいたような錯覚に陥った。それから五月になると決まって、阪神事件の悪夢にうなされるようになったのだ。

前述の〝修正判決〟を明かした元裁判官の真意は、司法の現状を内部告発することより、生命の重さを訴えたい一心だったと思う。昨今の「誰でもいいから人を殺したかった」という人を人とも思わぬ犯罪の急増に、彼は強い憤りと危機感を抱いていたのだ。「生命の重み」と聞いて真っ先に思い浮かべるのが、この阪神事件である。

その事件の前後に三年にわたり朝日新聞東京本社や名古屋本社単身寮への銃撃、静岡支局での爆破未遂、竹下登首相と中曾根康弘前首相（いずれも当時）に対する脅迫状送付など八件の犯罪に拡大。《赤報隊　一同》と名乗った犯行声明文が出され、記者に対する初の殺人テロとして警察庁広域重要指定一一六号事件に指定されたが、真相も犯人像も解明されないまま、二〇〇三年三月に全事件の時効が成立した。

救急車で搬送中、何度も「ちくしょう」と無念そうに呟いたKは、病院到着時には心肺停止となり、やがて呻き声さえ上げなくなった。また、上半身だけで百発以上の散弾粒を浴びたIも、腹腔が随所で出血するなど一時は危篤状態に陥った。

彼が一命を取り留めたのは、たまたまブルゾン左胸の内ポケットに入れていた二つ折りの革製財布と、取材用ボールペンが楯となり、心臓を守ったからだ。

縦九センチ、横十九センチの財布には十数発の散弾粒が突き刺さり、粉々になったボールペンとともに銃撃の凄まじさを物語っていた。散弾粒の一つは心臓の二ミリ手前で止まっており、まさに危機一髪だった。

後に、紙幣十四枚、カード類九枚、名刺八枚を入れた財布が三センチの厚さになっていたことが彼に幸いしたと知って、金欠の私もしばしば小銭や請求書の束を詰めた財布を内ポケットに入れ、取材に走り回った記憶がある。

ただ、Iは利き手の指二本を失い、体内には摘出できなかった散弾粒が四十発以上も残ったままだ。時々鉛粒が神経や関節に触れて全身に激痛が走り、退院後も不自由な記者生活を送らざるを得なかった（因みにIは一八年一月十六日に死去した）。

また、無傷だったTも事件の衝撃から脱け出せず長年、トラウマに苦しんだ。一瞬して生死が分かれた三人にもそれぞれ無念の思いがあり、我々はこの事件から生命の不思議な力を学ぶべきであろう。

三文芝居と化した裁判員法廷

元裁判官が取材に答えたのは、昨今の「人の心を失った凶悪犯罪」が増えたせいばかりではない。〇九年五月に始まった裁判員制度は一二年には見直す時期を迎え、法務省が一三年六月の報告書取りまとめに向け、改定作業を進めていたことにも関係がある。

論点は①審理が長期間に及ぶ事件は制度の対象から外すが、多くの裁判員が負担に感じている死刑求刑事件や性犯罪は除外しない②裁判員の守秘義務は現状維持とする——など大してない。が、最高裁をはじめ司法界が真に心配しているのは、裁判員の判決がどうしても情緒的になり、厳罰化に向かう傾向を示していることだ。

裁判官経験者の一人は、こう打ち明ける。

「裁判員制度を導入後、検事は被告の印象悪化を狙い、凄惨な事件現場や無残な遺体の映像・写真資料を駆使して裁判員の視覚に訴え、被告の罪状や動機をエキセントリックに追及することが多くなっています。逆に弁護人は役者以上に過剰な演技で被告の情状酌量を願うなど、神聖な法廷は三文芝居の舞台と化してしまった……」

一三年三月に死刑判決が出た福島地裁郡山支部の強盗殺人公判では、裁判員を務めた六十代女性が遺体写真などが原因で不眠症や食欲不振に悩み、急性ストレス障害と診断されており、もはや放置できなくなりつつある。

こうした裁判員への悪影響や制度自体の問題点を懸念した最高裁の司法研修所は一二年度、過去三十年間に死刑か無期懲役が確定した殺人・強盗殺人事件三百四十六件の判決を調査・研究した報告書をまとめた。

それが裁判員の情緒的な量刑選択を戒め、暗に死刑の抑制を求める内容だったため、元裁判官は、最高裁の介入で裁判への市民参加という裁判員制度の意義が失われ、裁判官の心証主義による判決など「司法の独立」を脅かすという危機感を募らせたのだ。

報告書は《生命は刑法上、最も重要な利益で、これが侵された個数が多いほど刑事責任が重いのは当然》（要旨）などと被害者数を死刑の判断基準として優先するように明確に進言している。

そして、①被害者が一人なら、無期懲役の仮釈放中（百パーセント）と身代金目的誘拐（五十パーセント）以外は死刑が少ない②二人の場合、殺害の計画性が低いと死刑になりにくい③三人以上は強盗殺人なら百パーセント、殺人でも七十二パーセントが死刑だが、殺害を積極的に意図していないと死刑回避もある——などと裁判員に死刑抑制を示唆している。

さらに報告書は、量刑を《犯罪行為に相応した刑事責任を明らかにすること》と定義。被告が反省していないとか、逆に同情に値する理由があるなどの情緒的な評価で、裁判員が刑を決めることを強く戒めている。

また報告書は、裁判官が評議の場で裁判員に「過去の裁判官裁判で引き継がれてきた量刑の考え方に捕らわれる必要はない」と話すのは誤りで、自由に意見を言わせる前に刑罰の考え方を丁寧に説明すべきだ、とも説く。

「こうした最高裁の方針では、奈良少女誘拐殺人で死刑判決は出なかったろうし、小林薫元死刑囚が控訴、上告すれば無期懲役が確定したはずだ。だからこそ、あの判決は〝司法の良識〟が働いていたと言えるし、元裁判官は法曹界に一石を投じたことになるわけだ」

とは別の裁判官OB。さらに、こう続ける。

「裁判員制度が始まる前に長崎市長射殺事件など複数の地裁で死刑判決が出た。被害者は一人でも社会不安を訴える市民感情に配慮した判決だったが、高裁で次々と無期懲役に変わり、最高裁で減刑が確定した。今後、首都圏や尼崎の連続変死など難事件が目白押しの中で、従来の量刑を尊重する姿勢だけで、果たして的確な司法判断が下せるのか大いに疑問かつ不安だ」

裁判員による死刑判決は一〇年十一月に横浜地裁で第一号が出て以来、二〇年末現在で三十七件に達している。また同年十二月二十七日現在で、百九人の確定死刑囚が犇《ひしめ》いている現実を司法界はどう見ているのか。

生命の尊さが伝わらぬ苦悩

ここで、確定死刑囚の生活ぶりを刑務官らの証言に基づき辿ってみる。

彼らは東京、大阪など七か所にある拘置所の四畳（トイレ・洗面所を含む）の独房で生活する。懲役囚のように労役はなく、毎日三回の食事と朝昼二回の房内体操、金網で囲まれた鳥籠のような運動場で一日三十分身体を動かす以外は何もすることがなく、ひたすら死刑の執行を待つだけの日々を送っている。

肉親や支援者から資金提供があれば、刑務官に頼んで菓子や缶詰、書籍などを買ってもらえるし、月に数回、一回二時間前後はビデオ鑑賞することも許される。そのため被害者に写経や祈りを捧げ、時給数十円の仕事に志願し報酬を謝罪の手紙とともに被害者遺族に送る者と、だらけた生活を送る者とにはっきりと二分される。

かつて肉親と弁護人しか認めなかった面会は、〇七年の法改正で支援者らも許されるようになったが、死刑囚に生への希望が芽生え、心を乱すおそれがあるという。

死刑執行は平日の午前九時頃に行われるため、朝食後の八時前後は死刑囚が最も緊張感に包まれる時間帯だ。一九八三年に再審無罪を勝ち取った元死刑囚の免田《めんだ》栄《さかえ》（二〇年十二月五日に死去）は、「毎朝、刑務官が近づく足音にじっと耳を澄ませ、奥歯がボロボロになるほど噛《か》みしめ、全身汗だくで金縛り状態だった。刑務官が房の前を通過すると、また一日生き延びられたとホッとするんだ」と述懐する。

死刑執行は当日、執行一時間前に本人に通告される。いつもと違う刑務官が房の扉を開け、外に出るように命じた瞬間、死刑囚たちは運命を悟る。

控室で通告される際には和菓子や熱い日本茶、タバコ一本などが提供される。本人が希望すれば、遺書を書いたり仏教やキリスト教の教誨師《きょうかいし》から宗教的な講話を聞くことも認められる。

刑場はカーテンで半分に仕切られ、手前に阿弥陀如来像と十字架が安置された祭壇があり、奥には天井から太さ三センチのロープが吊《つ》り下がる。床の中央に、ボタン操作で下に開く約一メートル四方の踏み板がある。

目隠しされ手足を縛られた死刑囚がその上に立ち、首にロープがかけられる。数秒後、別室で三人ないしは五人の刑務官が一斉に執行ボタンを押すと、その中の一つと連動した踏み板が開き、死刑囚が大きな音を立てて落下する。

踏み板から下の床まで四メートルある。十数分後、医師が脚立を上って死刑囚の左手首の脈と心音を確認し、心停止を宣告して刑の執行が終了する。刑事収容施設・被収容者処遇法の規定で、遺体はそのまま五分間置かれた後、刑務官たちが下ろして清拭し、白装束姿にする。医師が死亡診断書に《刑死》と記し、すべてが終わる。

執行に立ち会った経験のある医師は、こう語る。

「絞首刑は一瞬にして体の重みで脊髄まで切断されるので、死刑囚は苦痛を感じないはずだが、ロープが強く食い込んで索条痕《さくじようこん》がくっきりと残る首や、鬱血《うつけつ》で紫色に変色した顔を見ると、仕事とはいえ生命を助けるはずの医師が何をしているのか複雑な心境になる」

深刻に悩んでいるのは、教誨師を務める僧侶も同じだ。

「死刑囚の未来には〝死〟しかない。罪を悔いて信仰に目覚めた彼らを刑場に送らざるを得ない苦悩は、言葉では表せません。最後の時に、助けを求めるような目でじっと見つめられると、日頃は生命の尊さを説いておきながら、何もできない無力感に苛《さいな》まれるんです。カーテンの奥から聞こえる『ガタン』という衝撃音が、いつまでも耳に残って離れません」

その時、誰よりも生命の重さを体感するのは刑務官であろう。

「よく執行ボタンを押す刑務官は罪の意識に苛まれると言うが、首にロープをかける者や、落下の衝撃で回転するロープを上から押さえる者、落下した死刑囚が飛び跳ねないように下で受け止める者など、つらいのは皆同じ。土壇場で死刑囚は暴れたりしないと言うのは、あくまで表向きの話で、そりゃいろいろあるよ。覚悟を決めた死刑囚でも、ロープを首に巻かれた時には顔面が蒼白《そうはく》となり、身体が小刻みに震え出し、思わず唾を飲み込む。その時の『ゴクッ』という音は死ぬまで忘れられないだろう。何しろ、彼らにとって最後の〝生の証〟だからね」（死刑執行担当だった元刑務官）

なぜ、ここで死刑執行の様子を詳述したかと言うと、「死刑になりたいから人を殺す」と無差別に殺戮した犯罪者や、彼らに憧れて同じような事件を起こしかねない犯罪予備軍に、死刑の実態と生命の大切さや儚《はかな》さを知り、人命を簡単に奪うような凶悪犯罪を思い止まって欲しいからである。

ここで阪神事件について書いたのも、それを考えるきっかけにして欲しかったからにほかならない。

〇一年六月に大阪教育大附属池田小に乱入して、児童八人を殺害し、十五人に重軽傷を負わせた宅間守元死刑囚（〇四年九月に死刑執行）は「死ぬことは快楽だ」と嘯《うそぶ》き、多くの犯罪者が憧れるカリスマ的存在となった。

自ら控訴を取り下げて死刑を確定させ、法相に刑の早期執行を要求したが、いざ刑場に向かう時には「腰が抜けて一人では歩けず、大勢の刑務官に腕を抱えられ、引きずられて行った」（元大阪拘置所幹部）と言われる。

決して死刑を廃止せよというのではない。裁判官や裁判員となる市民はそれぞれ、生命の重さを噛みしめて欲しいと願って止まない。

裁判員の死刑判決を操る司法界

二〇一三年十月下旬は、親子や家族とは何かを考えさせられる出来事が相次いだ。

まず、和歌山市のアパートで二十三日、二歳の長男を虐待し死亡させたとして、父親の引っ越し作業員（二十六歳）が和歌山県警に傷害致死容疑で逮捕された。

父親は七月二十三日夜、長男の頭を何度も殴る暴行を働き、外傷性くも膜下出血で未明に死亡させた。父親は調べに対し「暴力は振るっていない。長男は自分で転倒した」と否認したが、負傷は頭頂部が中心で外から物凄《ものすご》い力を加えたことは明らかだった。

しかも、父親は一一年十一月と十二月の二回、長男の右足を踏みつけるなどして骨折させ、傷害容疑で逮捕されていた。和歌山地検は「常習的に行った証拠がない」と起訴猶予処分にしたが、県児童相談所（児相）は虐待のおそれがあると長男を保護し乳児院に収容した。だが事件の約二週間前、親子関係が改善されたと判断し家庭復帰させており、判断ミスが悔やまれてならない。事件当時、母親（二十三歳）と長女（四歳）は外出中で、自宅には一歳の次男がいたが、幸いにも無事だった。

同じ二十三日、群馬県警は「育児に疲れ、三歳の長男を自宅で殺した」と自供した高崎市の母親（三十七歳）を殺人容疑で逮捕。二十九日には都内の病院職員（二十八歳）が長

野県茅野《ちの》市の実家で出産した生後五日の長女の胸や腹部を包丁で数回突き刺して殺害し、八日後に殺人容疑で逮捕されている。犯行直後に自殺を図った職員は「いろいろ不安で、育てていく自信がなかった。ダメな母親です」と自供したという。

そして、止めとも言える凶行は二十九日、都内有数の高級住宅地・田園調布で発覚した乳児三人遺棄事件である。

警視庁は同日、生後間もない次女を公園に放置したとして大田区田園調布本町の無職男（三十二歳）と妻のホステス（三十一歳）を保護責任者遺棄容疑で逮捕した。直接の容疑は、妻が一一年三月六日、当時住んでいた同区大森西のアパートで出産した直後の次女を衣服に包んで近くの公園のベンチに置き去りにした、というもの。次女は同夜、付近住民に発見され無事保護された。

妻は「生活費がなくて育てられず、夫と相談して遺棄した」と供述。ほかに〇二年二月に長男を、一〇年一月に長女を「出産直後に捨てた」と告白した。

長女は同区の民家前で発見され児相に保護されていたが、長男については逮捕後に「生まれてすぐに死んだので、埼玉県上尾市の自宅近くに遺体を捨てた」と自供しており、その安否は今も不明のままである。

実は、児相は九年前に長男の消息不明を摑んでいた。〇四年十二月、この夫婦が東京都北区の自宅で生後四か月の次男を虐待していると通報があり児相が保護。その際、住

民票に名前がある長男の所在を尋ねたが、「親戚に預けた」という二人の説明を鵜呑《うの》みにして確認を怠った。

夫婦とは〇五年一月に連絡が取れなくなり、親戚に預けた事実もないと判明。児相は四月、警視庁に相談したが、それも「署の相談受理記録は保管期間切れで廃棄され、署員の記憶もない」（警視庁）と、うやむやになった。

結局、妻が一三年八月に大田区に転入届を出して所在が判明するまで、問題は見過ごされた。後に保護された娘二人も戸籍登録されておらず、逮捕した夫婦をＤＮＡ型鑑定し、ようやく実子と確認される有り様だった。

東京都家庭支援課は「両親失踪後も定期的に住民登録を確認するなど、やれることはやった」と釈明するが、児童虐待問題の専門家は「一人が虐待に遭えば、その兄弟姉妹も危ないと考えるのが当然。直ちに長男の安否を確認すべきだった。両親が音信不通になった時点で対応すれば、娘たちの遺棄は防げた可能性が高い」と批判する。

警視庁が家宅捜索した時、室内に子供用品はなく、住民も「子供がいない家庭と思っていた」と証言したが、何とか〝異変〟を見抜けなかったのか残念でならない。

子供殺しは罪が軽くなる!?

貧困や育児放棄を理由に住民登録地で所在が一年以上確認されていない小・中学生は、

文部科学省によると、事件時の一三年五月で、全国に七百五人もいた。

厚生労働省の調べでは、児童養護施設や乳児院などに預けられた子供は一一年度末で約三万六千七百人に上り、半数以上は明らかに虐待を受けていた。また、全国の児相が一一年度、虐待を受けた子を保護した事例は約二万件もあり、路上などに放置され親が分からない子供は、児相対応分だけでも〇九年度の二十五人から一二年度は四十四人に急増し、三歳未満児が半分を占めていたのが、この当時の実情だった。

「昔は育てるつもりで産んだが、経済的事情や育児疲れで遺棄する例が多かった。今は望まない妊娠、即ち避妊具を使わず性行為に耽り、人工中絶する金もないと放置する行き当たりばったりの若者が目立つ」（厚労省幹部）

最高裁は一三年三月、大阪市西区のマンションで一〇年六月に三歳の長女と一歳の長男を放置して餓死させ殺人罪に問われた母親（二十五歳）側の上告棄却を決定。母親を懲役三十年とした一、二審判決が確定した。

育児放棄に殺意を認めるかが最大の争点であったが、裁判員裁判となった大阪地裁の一審判決は「衰弱した子供を見ながら部屋に施錠し長期間外出したのは、死に至る危険性を認識していた」と未必の殺意を認定。「二人は母親を待ち続け、空腹に苛まれながら命を絶たれた。刑事責任は極めて重い」と、有期刑の上限となる懲役三十年を言い渡し、大阪高裁、最高裁もこれを支持した。

母親が複雑な家庭環境に育ち、離婚後は風俗店で働いていたことから、インターネット掲示板には厳しい批判や厳罰を望む声が殺到。逆に若い母親から「誰も子育てを助けてくれず、自分も孤独でイラついた」など事件の背景を問う声も寄せられ、事件を基に母子家庭の苦悩を描いた映画が一三年十一月から公開されるなど注目を集めた。

だが「現代の親子・家族関係に疑問と不安を感じる世論を反映した見せしめ判決」（刑法学者）が出ても、〇八年四月から児相に保護者宅への強制的な立ち入り調査を認め、市区町村との連携会議設置などの対策を講じても、児童虐待は一向に減っていない。

私はここで、親子や家族のあるべき姿を論じるつもりはない。司法界の市民感覚や社会常識へのズレとブレを感じるので、裁判員裁判の是非と合わせて論じたい。

もともと親子間、特に母子間の殺人事件は、他の殺人事件と比べて刑罰が意外に軽い傾向があるように思えてならない。

愛人と共謀し一九九二年九月に夫、九八年十月に高校一年生の次男を殺害し、約一億円の生命保険金を騙し取った「鬼の母」（四十歳）は、一審の死刑判決が二審で減刑され、二〇〇五年に無期懲役刑が確定した。

夫の浮気相手の亭主に乱暴され、二年以上も性的関係を強要された。その窮地を助けた男（後の愛人）に見返りとして保険金殺人を迫られ、暴力と恫喝で正常な思考能力を失うなど考慮すべき事情はあった。

だが、憎い夫殺しの手伝いはともかく、何の罪もない息子にまで生命保険を掛け、睡眠薬を飲ませて殺害した行為に酌量の余地はない。愛人が佐賀県内の海に息子を沈めて殺した際、断末魔の声を聞きながら足を押さえ、犯行後は事故死を通報する偽装工作を行うなど、主犯と遜色ない重要な役割を果たしている。

長男が「僕ら兄弟は優しい母が大好きだった」と涙の減刑嘆願をしたことが影響したかも知れないが、いかにも甘い判決ではないか。

秋田県で愛娘を含む二人の児童を殺害した母親（一審当時三十五歳）に、秋田地裁は〇八年三月、無期懲役の判決を言い渡した。二審も支持し、刑は確定している。

本人は娘を橋から突き落とした犯行を「覚えていない」と主張し、精神鑑定も「解離性健忘」との結論を出したが、裁判所は両事件の殺意を認定し、弁護側の過失致死説を退けた。

ところが、判決は死刑ではなかった。マスコミや刑法学者、一般市民から「落ち度のない二人の子を殺して死刑判決以外のケースはほとんどない。裁判員制度なら間違いなく死刑である」という激しい憤りと被害者遺族の無念を慮《おもんぱか》った声が噴出したことは言うまでもない。

判決文では、死刑回避の根拠は犯行計画性の否定と読み取れるが、藤井俊郎裁判長は最高裁の判例を挙げ、常套句《じょうとうく》の「極刑がやむを得ず、死刑の選択をするほかないと断じるには、なお躊躇《ちゆうちよ》を覚えざるを得ず……」と述べただけで、どう見ても先例重視としか思えない判決であった。

因みに一九九四年のつくば母子殺人事件で、妻と二人の実子を殺害し横浜港から海に投げ捨てたエリート医師も、同じ理由で死刑を回避され無期懲役刑であった。

善悪の判断ができない大人

こうした司法判断と市民感情や社会常識とのズレは、逆に子供が親を殺した事件においてもしばしば見て取れる。

一九九六年から九八年にかけて内縁の夫（三十七歳、死刑確定）と共謀、北九州市のマンションで監禁状態だった男女六人を殺害し男性一人を死亡させた女性（四十歳）に対し、最高裁は一一年十二月、検察側の上告を棄却し、無期懲役とした二審判決が確定した。

自分の両親や五歳と十歳の子供を含む妹一家などの大量殺人に直接関与しながら、死刑以外の判決が確定するのは極めて異例である。

最高裁は「いずれの犯行も重要な役割を果たした」と死刑の選択を考慮しながらも、①内縁の夫から電気ショックなど長時間の暴行や虐待を受け、指示に従わないのが困難な心理状態だった②証拠が乏しい犯行を積極的に自白し事件解明に大きく寄与した——などから、死刑は重過ぎると結論付けている。

だが、いくら脅されるなどの事情があっても、大勢の人間、それも家族を皆殺しにして「死刑は重過ぎる」はないだろう。わずかでも金品を奪取したり、性欲を満たす目的を達していたとすれば、許すわけにはいくまい。

同様な犯罪として後述する尼崎連続変死（殺人）事件があり、その中の最後の事件として発覚した大江和子さん傷害致死事件の裁判員裁判が一三年十月三十一日、神戸地裁で開かれた。そこで、自殺した角田美代子元被告と共謀し暴行に加わった和子さんの長女に懲役三年・執行猶予四年、次女に同二年・同三年、次女の元夫に懲役三年六月の実刑判決が言い渡された。

精神鑑定で「美代子元被告の強い支配下にあり、正常な善悪の判断ができない状態（学習性無力感）だった」とされた三人だが、判決は全員の責任能力を認めた。そのうえで長女は自首行為を、次女は苛烈な虐待を受けたことを考慮し、執行猶予刑となったのだ。

これに対し、「冗談やない。やくざに脅され怖かったのは分かるが、年老いた実の母を自分らの手で死なせ、ドラム缶詰めにして埋めて刑務所にも行かんなんて信じられんわ。洗脳されとったから無罪やと言いたいらしいが、自分の罪を軽くすることばかり言って、娘に殺された母親の気持ちを考えたことあるんかい」（大江さんの長年の友人）と非難の声が上がったのも無理はあるまい。三人は直ちに控訴し、裁判の行方が注目されたが、既に三人の有罪判決は確定している。

危険を訴える声に耳を傾ける

肉親を殺した場合、かつては刑法第二〇〇条に尊属殺人罪の規定があり、無期懲役か死刑に値する重罰を科していた。一九六八年十月、栃木県で二十九歳の娘が五十二歳の父親を絞殺した事件をきっかけに、「尊属殺人は法の下の平等をうたった憲法十四条違反である」との見方が強まり、事実上〝削除〟されることになった。

中学二年の娘が実父に乱暴された後、性的関係を強要され、五人を出産（二人は死産）させられた。この鬼畜の父は娘に恋人ができると「子供を殺す」と脅したため娘はついに凶行に及んだのだ。世間から娘への情状酌量を求める声が沸き上がり、法学界からもこんな親に尊属殺人罪は充当しないと批判が出て、宇都宮地裁は尊属殺人罪を違憲解釈したうえで、一般殺人罪を適用し過剰防衛を認定。さらに情状酌量し事実上の無罪判決を言い渡した。

東京高裁は正当防衛を認めず、懲役三年六月の実刑判決を出したが、最高裁は「尊属殺人罪が死刑、無期懲役に限定されているのは違憲」との判断を示し、この娘は懲役二年六月・執行猶予三年の有罪判決が確定したのだ。

何も私は尊属殺人罪がなくなったから、親子の情が薄くなり、冷酷な犯行が増えたなどと言うつもりはない。犯罪の凶悪化や低年齢化、児童虐待・育児放棄問題も厳罰に処

せば解決するとは思わないし、むしろ裁判員制度導入で公判のビジュアル化が進み、残虐な犯行手口や凄惨な事件現場を生々しく再現し、エキセントリックに被告を追及したり、まるで舞台俳優のように大声を張り上げ涙を流さんばかりの過剰演技で情状酌量を訴える法廷戦術には眉を顰《ひそ》めざるを得ない。

犯行の悪質性や残虐性を重視し、被害者遺族の処罰感情を考慮する余り、どうしても厳罰化に向かう裁判員裁判の判決にも危惧を覚える。

前述の傷害致死事件の一審判決当時、裁判員制度が施行されて四年経っていた。裁判員裁判はさまざまな問題点を抱えながらも、最高裁の判例ばかりを重視する司法のあり方に一石を投じており、市民感覚や社会常識を裁判に反映させる一定の役割を果たしてきたと言える。

一方で東京高裁は一三年十月八日、千葉大生強盗殺人事件で一審の裁判員裁判が出した死刑判決を破棄する全国二例目の判決を言い渡した。

主な根拠は被害者が一人という「先例重視」で、確かに国家が人の命を奪う極刑の選択には慎重な検討が求められるが、市民の裁判員とプロの裁判官が悩んだ末に出した死刑の結論を、判例を根拠にあっさりと覆していいのかは疑問が残る。最高裁が言う「死刑の選択がやむを得ない」事情とは何か。

むしろ私が注目したいのは、法務省が裁判員裁判の示す市民感覚に便乗し、少年犯罪

に対する有期刑の上限を引き上げるなど強硬姿勢を見せていることだ。厳罰や見せしめが決して有効でないことは前述した通りだが、犯罪抑止にはスピードと包容力が肝要というのが専門家の見方だ。

一二年の刑法犯罪は百三十八万件で十年前の半数にも満たないが、内閣府の世論調査では八割が「治安は悪化した」と回答している。児童虐待や振り込め詐欺など社会的弱者への悪質犯罪が目立つためと見られ、警察の迅速な対応と「危険を感じた人の訴えに真摯に耳を傾ける姿勢」が重要だ。

親子の心の叫びは果たして司法に届くのか。

＊

前述した兵庫県尼崎市の連続変死（殺人）事件で、神戸地裁は一六年二月十二日、角田美代子の息子の妻・角田瑠衣被告に対し、実姉ら三人の殺人罪などで懲役二十三年（求刑同三十年）の判決を言い渡した。

佐茂剛裁判長は「罪から極刑も十分考えられる」としたうえで、「美代子元被告の強い影響に抗えない状況だった」と情状酌量の理由を述べた。

この事件ではこれまで美代子の親類六人に無期懲役から懲役十五年までの判決が言い渡され、それぞれの刑が確定している。これで親類七人全員の有罪判決が出揃った。

せめて皆が真剣に反省して被害者のめい福を祈り、罪を償って欲しいものだ。

多重人格装う男死刑直前の告白

「アベノミクスや消費税増税と強気の政策を進める安倍政権は、死刑執行にも積極姿勢を見せています。それで今、死刑囚たちがパニック状態に陥っているんです」

二〇一三年九月十二日昼、ある人権派弁護士から私にこんな電話が入った。〇四年に横浜中華街の飲食店主を射殺した強盗殺人事件で死刑が確定した七十三歳の男がこの日、東京・小菅の東京拘置所で死刑を執行された。谷垣禎一《さだかず》法相の下では二月二十一日の三人、四月二十六日の二人に続く計三回・六人目の執行である。

「政権発足後、二か月ごとに死刑を執行してきたので『次は自分の番ではないか』と不安になった死刑囚が、続々と執行回避の理由となる再審請求や恩赦出願に動き出しました。今回の執行が四か月半ぶりとなったのは、東京の五輪招致活動への影響を考慮し、先送りしていたに過ぎないと言われてますし、さらに執行が続く可能性が高い。五年前の〝死に神騒動〟の再来ですよ」

法務省によると、同年九月十一日時点で百三十三人いた確定死刑囚のうち、六十四パーセントに当たる八十五人が再審請求しており、今回は判決確定から二年半、確定順で九十番台だった男が一気に繰り上がって執行されたという。

ところで、〝死に神騒動〟とは何か。

福田康夫内閣時の鳩山邦夫法相が〇七年八月から〇八年八月まで約一年の任期中に、十三人もの死刑執行を命じた。しかも就任後、「死刑執行は法相の署名なしに自動的に進めるべき」との考えを披露し「ベルトコンベアー発言」と物議を醸したうえ、東京・秋葉原で男がナイフで通行人を襲撃した無差別殺傷事件から九日後の〇八年六月十七日、一挙に三人の死刑を執行して「類似犯罪抑止を狙った見せしめ刑だ」と批判を浴びた。この時、全国紙の夕刊コラムで《鳩山法相は死に神》と書かれたのだ。

確かに鳩山は〇七年十二月七日、〇八年二月一日、四月十日に続いて二か月間隔で死刑を執行した。この時も急激なペースアップに焦った死刑囚たちが再審請求、恩赦出願ラッシュを起こし、六月に死刑を執行された一人はやはり判決確定から二年五か月、確定順では未執行死刑四百四人中五十番台から繰り上がった男だった。

その人物こそが、一九八八年八月から八九年六月にかけて埼玉県と東京都で四歳から七歳の幼女ばかり四人を誘拐、殺害した宮﨑勤元死刑囚（四十五歳）だった。

鳩山法相は後にテレビの報道番組で、こう述べている。

「いろいろと言う人がいるが、宮﨑事件は四人もの幼い命を欲望のために奪った許し難い犯罪だ。二百ページ余の死刑執行起案書を目にしたのは（秋葉原事件前の）六月初めで、大臣室にこもって涙を流しながら何度も読み返した。いずれの事件も三審制の下で刑が確定しており、正義のために死の世界へ送らざるを得なかった」

作り上げられた性的犯罪⁉

宮﨑は、私にとって忘れられない犯罪者の一人である。事件発生時は関西にいて現場に行けなかったが、後に本人の供述調書をはじめ捜査資料や精神鑑定書など非公開書類を入手した。そうした中で、彼と捜査員、精神科医の丁々発止の心理戦に夢中になっていったのだ。その時に得た話の中で〝とっておきのネタ〟を披露しよう。

この事件を一言で表現すれば、「小児性愛（ペドフィリア）という『性倒錯者』が引き起こしたわいせつ目的の犯罪」であることに、異論を挟む者はいないだろう。

純真無垢《むく》な四人の幼女を誘拐し絞殺しただけでなく、遺体を殺害現場や自宅に運び全裸にしてビデオ撮影するなど凌辱《りょうじょく》した挙げ句、バラバラに切断するなどして山林に捨てたり被害者宅に送り付けた犯行は、我が国犯罪史上類を見ない冷酷非道な事件と言っていい。

それを世の人々に端的かつ分かりやすく伝えたのが、宮﨑逮捕後に父親が公開した彼の部屋であった。六千本近いビデオテープと漫画雑誌が室内を埋め尽くし、窓や壁面を覆い隠すほど山積された部屋を見た瞬間、人々は直観的に〝異常者による性的犯罪〟を確信したのだ。しかし、それは犯罪の特異性を敏感に嗅《か》ぎ取った捜査当局が事件を分かりやすくするため練り上げた策略だった。

「逮捕当初の宮﨑は供述が曖昧で物証も少なく、捜査は難航が予想された。公判対策もあり、マスコミを通じ世論に強く『宮﨑の卑劣で残虐な犯行は許せない』と訴えかける必要があった。そこでまず、幼女の純真で可愛らしい写真と、奴の色白でニヤけた、〝見るからに危ない男〟風の写真を提供した。トドメが『おたくの要塞』と化した部屋だった。ミニコミ紙を発行し名士気取りの父親を『あなたも報道に携わる一員だから』と唆《そそのか》して公開させたのだが、これが予想以上に成功したんだ」

とは捜査に関係した元警察幹部。さらにこう語る。

「マスコミは時の流れに敏感で、すぐにキャッチフレーズを作り、学者を巻き込んで競い合うように時代論を展開する。宮﨑の顔写真と要塞部屋から彼の〝胎内回帰願望〟を嗅ぎ分け、掌を上に向け揃えられない障害による劣等感やいじめ、家庭不和などを次々と暴き出した。そして『おたく』や『ロリコン（ロリータ・コンプレックス）』『引きこもり』といった現代病の発掘に熱中し、終いには《虚構の世界に逃避した挙げ句、現実との境目が分からなくなり、倒錯していく男……》と話が勝手に膨らみ、分かりやすい筋書きに収束していったんだ」

「宮﨑も薄幸女性を装った犯行声明を被害者宅や新聞社に送り付け、死んだ最愛の祖父を再生するために遺体をバラバラにして食べたとか、突然現れたネズミ人間の命令で殺人を犯すなどといった面白い話が続出した。気がつくと、我々の思惑を超えた大事件になっていた」

作戦は功を奏し、世論は「宮﨑は何回極刑に処しても飽き足らない奴」と激昂した。だが、逆に私はこの事件を単なる性的犯罪と位置付けていいか疑問を抱いた。

一般的に性的犯罪を定義すると自分の性欲を満たすための犯罪行為で、男の場合は最終的に射精という形で完結する。だが宮﨑の供述調書や精神鑑定書の問診記録を読む限り幼女の性器に関する興味は窺われるが、男の性欲を感じさせる箇所は見当たらない。

彼は「これまで射精経験が全くない」と鑑定人に告白しているし、女性は「嫌い」、セックスは「汚い。人間の身体に接するのは嫌」と答えている。

すべてを額面通りに受け取れないが、事件現場や遺留品に本人の体液など射精を示す客観的な証拠が何も出ていないのも事実だ。

また、彼の異常性を象徴する〝ビデオの山〟は捜査の結果、大半がアニメや特撮ヒーロー物の録画とアイドルのプロモーションビデオだった。エロ・グロ作品はほとんどなく、遺体を撮影したテープも三本だけだった。

「幅広いと言うより行き当たりばったりに収録したもので、どれも余り部分が出ないようにびっしりと詰め込んであった。ただ、あまり再生した痕跡はなく、ビデオの収集・収録が目的だったのではないか」（元捜査員）

これでは特定のテーマに関心を抱き、分析や分類に強い拘りを見せる「おたく」の範《はん》疇《ちゅう》にも入るまい。「幼女の遺体を撮影したのは自分のオリジナルビデオを製作したかったから」(同)で、自分だけのものにしたいがために殺害し遺体を汚したのではないか。

そんな疑問を書いたところ、警視庁の元刑事から宮﨑が逮捕された八王子市のわいせつ事件について詳述された手紙が届き、「奴は幼女を裸にして触ったり、いやらしいポーズを取らせており、性行為の有無に関係なく十分に悪質な性的犯罪である」とお叱りを頂戴した。

私も、幼女を誘拐して殺害し遺体を凌辱した彼の犯行は許し難く、死刑は当然と考えている。ただ、その〝分かりにくい心のうち〟を覗いて見たかったのである。

自分の演技に酔い痴れて墓穴

宮﨑側の反撃は主に法廷で行われた。九〇年三月に東京地裁で始まった一審は九七年四月の判決公判まで、実に七年余も続いた。長期化した理由は精神鑑定で二度も大幅に中断されたためだが、専門家の間でも大きく意見が分かれ、人格障害(現・パーソナリティ障害)、精神分裂病(現・統合失調症)、多重人格(現・解離性同一性障害)の三つの鑑定書が提出された。

連日の報道で街の井戸端会議にまで難解な精神鑑定用語が飛び交い、近所の若者や親戚の男性もそうではないかといった〝品定め〟が起きるほど世の関心も高まった。

詳しくは拙著『宮﨑勤事件』（新潮文庫）をお読み頂きたいが、要は宮﨑が犯行について「ネズミ人間が急に現れ、取り囲まれて怖かった。気がついたら死体が転がっていた。何があったか分からない」と言い出し、そんな彼の言動に対する鑑定人の分析に食い違いが出たということである。

ただ、裁判所は冷静に判断した。田尾健二郎裁判長は「各犯行時に病的な精神状態にあったことを窺わせる事情は見受けられない」と完全責任能力を認めた。そして「犯行動機は主として女性の性器を見たい、触りたいといった強い性的欲求に基づいており、遺体凌辱の場面を撮影した、他人が持っていない珍しいビデオを所持したいという収集癖が伴ったもので、浅ましいというほかなく、同情の余地は全くない」と死刑を宣告したのだ。

九九年十二月に始まった二審で、弁護側は再度の精神鑑定を請求したが、河邉義正裁判長は第二回公判から被告人質問を行うことを決定。本人の肉声を聞いたうえで新たな精神鑑定の必要性を判断することにした。

弁護側は、捜査員が宮﨑を犯人と決めつけ取り調べをしたことを浮き彫りにするため質問を仕掛けた。宮﨑自身も「取り調べは暴力を伴い高圧的で、不本意な調書が作成された」とか「犯行状況を図示したのは警察が鉛筆で書いた見本を写しただけ」と弁明。

八王子事件に関しても「車で家を出た時に、知らない男が車内を覗き込んでいた」と、まるで〝当局の監視下〟にあったかのように述べた。

だが、裁判長は彼が何度も視線を逸《そ》らし質問をはぐらかす姿を観察していた。そして被告人質問後に「再度の精神鑑定も証人尋問も必要なし」と請求を却下した。

私は当初から宮﨑の精神障害は詐病であると断言し、拙著にも書いた。マネキン人形を使い幼女の殺害状況を再現した実況検分調書や写真を見ると、彼が薄笑いを浮かべ嬉々として取り組んでいる様子が窺えるし、少なくとも「ネズミ人間への恐怖からパニック状態になり、よく覚えていない」との供述は信用できない。

また、取り調べを担当した捜査員が「宮﨑はクイズやパズルが好きで、それにうまく答えられないとその日の聴取に応じなくなる」と嘆いていたのを知っている。

さらに「被害者宅に送りつけた段ボール箱に入れた紙に書いた文字をローマ字に直して並べ替えると、《T宮﨑　箱詰め　家に送る》と読めるアナグラムというパズルになっている」と得意気に語り、犯行や取り調べをゲーム感覚で楽しんでいる様子も聞いていた。

宮﨑の逮捕は被害女児の父親からの一一〇番通報によるものであり、捜査本部の容疑者リストに彼の名前はなかったし、本人の自供がなければ、仮に図示しても広大な奥多摩山中から小さな頭蓋骨を見つけるのは不可能だった。

「宮﨑は頭のいい人間で、アナグラムでも分かるように細部まで考えて犯行に及んでいる。高圧的に彼を調べたらおそらく一言もしゃべらなかったし、煽《おだ》てて気分良くさせ、我々がクイズを解き自供させるしかなかったんだ」（元捜査員）

しかも、東京拘置所の内部資料によれば、宮﨑は次々と房内に大量の書物を取り寄せていたことが分かっている。

その中には自分の事件について書かれた『倒錯　幼女連続殺人事件と妄想の時代』や『宮﨑勤裁判』をはじめ、精神鑑定の際参考になりそうな『ドキュメント精神鑑定』や『無意識と精神分析』『逸脱の精神史』などが含まれ、裁判対策用に季刊雑誌『刑事弁護』まで定期講読していたのだ。

最期まで演じ切れず心の叫びが……

死刑執行当日、宮﨑の独房がある東京拘置所A棟八階では午前七時二十五分から平常通り朝食の配膳が行われた。斜め向かいの独房にいたオウム真理教幹部の新実智光元死刑囚（四十四歳）は、「朝食後に宮﨑の房から『あっ』という声が聞こえた」と後に知人に明かしている。執行日は通常の担当者でない刑務官が独房の扉を開け、外に出るように指示する。そのため大半の死刑囚は見慣れぬ刑務官の顔を見た瞬間、執行を知る。「あっ」という声は自分の運命を悟った者の心の叫びだろう。

宮﨑が幻聴に苦しみ、向精神薬を服用していると知った弁護士は、新たに精神鑑定を依頼した。夏に出るその結果を以《もっ》て再審請求を行うことを五月末、法相に伝えた。

精神障害を装っていたため表向きは自分の境遇に無関心だった本人も、焦りからかつい本音を漏らし、死刑廃止派の弁護士たちに《執行を止めるのに協力を！　一刻を争うんです》と悲壮感漂う手紙を送っている。

これを知った法務省が、逆に死刑の意味を理解し刑を受ける資格を有すると判断。執行を決め、しかも執行順位を早めたのは皮肉な結果である。

最期まで精神障害を演じ切れなかった宮﨑は刑場に向かう通路で、いったい何を思ったのだろうか。

彼は拘置所側が用意した菓子や茶湯を辞退し、教誨師による宗教講話も拒否した。そして、白い布で目隠しされ、青いカーテンの奥にある百十センチ四方の踏み板の上に立ち、太さ約三センチのロープを首に巻かれた。宮﨑は粛々と刑を執行された。

いや彼は執行直前、刑務官にポツンと一言、こう呟いたという。

「やっぱりダメだったか」

この言葉の真意は不明である。が、二十年近くほぼ毎月一回、拘置所に通い続けた母は息子の遺体と対面後、ホッとした表情を見せ、こう言って遺体の引き取りを拒んだ。

「もう、これで騙し合いは終わりにしようね」

第3章
身勝手過ぎる凶悪犯罪に喝！

今の世は身勝手な
犯行が多過ぎる。
室内にこもって
ネットやゲームに嵌まり、
短絡的思考と欲望を
抑えられない
幼稚な脳がなせる業か。

人殺しに走る自殺願望者の虚実

二〇一九年も相変わらず、動機が判然としない〝不可解な犯罪〟が相次いで、唖然《あぜん》とするばかりである。

元日の午前零時過ぎ、明治神宮の初詣客で賑《にぎ》わう東京都渋谷区の原宿・竹下通りで、暴走した軽乗用車が次々と通行人をはね飛ばし、十九～五十一歳の男性八人が重軽傷を負った。

警視庁は、運転者の大阪府寝屋川市の日下部和博容疑者（二十一歳）を殺人未遂容疑で逮捕した。

日下部は「死刑制度への報復」などと謎めいた動機を口にしたが、実は派手な死に方を望んだだけだった。

警視庁によると、日下部は年が明けると同時に突如、一方通行路を逆走し、初詣で車の通行が禁止されていた竹下通りに突入。百四十メートルにわたって「アクセルを踏み続けて」（本人の供述）暴走し、八人をはねた後、道路左のビルに激突して停止した。

この男は、取り押さえようとした歩行者の男性を殴って逃走したが、約二十分後に近くの代々木公園で身柄を確保された。

日下部は年末、寝屋川市でレンタカーを借りて上京。灯油二十リットル入りのポリタンクや高圧洗浄機を所持し、「洗浄機で灯油を噴射して火を付けテロを起こそうとしたが失敗し、車で突っ込んだ」と自供した。

こうした事件の概要は、〇八年に東京・秋葉原の歩行者天国にトラックが突っ込み、通行人ら十七人を死傷させた秋葉原無差別殺傷事件を思い起こさせる。

だが発作的犯行に近かった秋葉原事件とは違い、日下部は犯行一か月前に運転免許を取得、数日前に灯油を購入し着火訓練を行うなど準備を調えていた。

犯行動機について当初、事情聴取に「死刑制度を支持する国民が許せず、多くの人を殺そうと思った」と述べたが、後に「生きることが面白くなく、死にたかった。最後に派手に死のうと思った」と漏らしたという。

無関係な人道連れは拡大自殺か

このほか同年早々に発生した〝不可解な犯罪〟には一月十七日夜十時頃、福井市の団体職員、広瀬嘉一容疑者（五十七歳）が自宅で父親（八十四歳）の首をひもで絞めて殺害し、県警に殺人容疑で逮捕された事件がある。

広瀬は「介護に疲れ、自分も死にたくなった。父親の首を絞めたのは事実だが、殺すつもりはなかった」と供述は矛盾したが、なぜか死にたい願望を強調した。

この年には、こうした〝不可解な殺人〟が頻発した。五月二十八日の朝には、川崎市多摩区でスクールバスを待つ私立カリタス小の児童や保護者ら二十人が岩崎隆一容疑者（五十一歳）に刃物で無差別に殺傷される事件が起こった。

岩崎は小学校低学年の時、両親が離婚して伯父夫婦と同居。長年にわたって引きこもり生活を送り、犯行直後に首を切り自殺したことから、無関係な人を道連れにした《拡大自殺》だったと分析する心理学者も多い。

後の捜査で伯父夫婦の子二人が通学した同小に嫉妬や恨みを抱き、犯行の三か月前に自宅から遠い場所にある量販店で包丁を買い、四日前の朝に現場を下見していたことが判明した。

意外にも、事件の裏に、深い動機と計画があったとの見方も出ている。

警察庁によると、公共的な場所で不特定多数を殺傷する「通り魔」事件は、二〇〇七年から一六年までの十年間に七十三件も発生。実行犯の多くが動機を「死にたかった」「死刑になりたかった」と語り、殺人願望より非常に強い自殺願望を匂わせていた。

ただエネルギーを要する無差別殺傷事件は若い世代の犯行が多く、五十代の暴発は異例。〇一年に大阪教育大附属池田小で児童八人を殺害した元死刑囚（執行済）は当時三十七歳。〇八年のJR荒川沖駅八人殺傷事件の元死刑囚（同）は同二十四歳。同年に十七人殺傷した秋葉原事件の死刑囚は同二十五歳で、岩崎の高齢は際立つ。

もっとも内閣府の推計で、半年以上家族以外と交流せず自宅に引きこもる四十〜六十四歳の中高年層は、全国で六十一万三千人もおり、動向が注目される。

引きこもりを恐れて愛息を殺す

さて、無差別殺傷事件の例として必ず挙げられる〇八年の秋葉原事件。十七人を殺傷して死刑が確定した男の犯行動機について、最高裁は「没頭していたネット掲示板で嫌がらせを受け、怒って犯行に及んだ」と認定したが、真の理由は果たして、それだけであったのかは疑問だ。

幼い頃から母親の期待を一身に背負い、過保護とスパルタ教育を受けたが、大学受験失敗で落ちこぼれ、転落の一途を辿《たど》る。

そんな人生経験が犯行に与えた影響は決して少なくないことは、誰しも認めるところだろう。

川崎市の事件の原因を「中高年の引きこもり」問題にはめ込んで、物事を単純化することは危険極まりない。「引きこもりは怖い」という誤解が広がると本人も周囲も追い込まれ、事態は悪化するだけで解決にはならない。

それを裏付けたのが事件の四日後、元農水省事務次官の男（七十六歳）が、引きこもりがちだった四十四歳の長男を刺殺して逮捕された事件である。

長男の家庭内暴力や近隣とのトラブルに苦しんでいた父親は川崎の事件を見て、長男が騒音が煩《うるさ》いと嫌悪していた近くの子供たちを襲うのではないか——と恐れての犯行であったというから、何ともやり切れない。

ここに、法務省法務総合研究所が無差別殺傷事件を起こした五十二人の判決などを分析した五年前の報告書があるが、非常に興味深い内容なので簡単に紹介する。

その中で最も多かった動機は自己の境遇への不満であり、希薄な家族・友人関係、不安定な職業事情などが影響し、暴走に向かわせた実態が浮き彫りになった。

報告書は《社会的孤立を防ぐための施策こそが事件の防止に資する》と結論付けているが、それは「引きこもり問題が原因」といった偏見が社会的孤立を深め、そうした孤立が生み出す絶望感が社会の敵視に繋《つな》がっているという。そんな「負の連鎖」を断ち切り、社会的孤立を防ぐことこそが肝要だと、報告書は警告を発する。

そしてもう一つ、前述したような無差別殺人が若者たちの犯行ではなく、中高年の男たちが主役になっている点が、私は気に掛かって仕方ないのである。


「結論ありき」と追及したが……

ただ、こうした犯罪は、昔から存在した。例えば〇二年十二月、東京都足立区のアパートで男性（当時二十三歳）が頭を刃物で切られて殺害され、数万円が奪われた強盗殺人事件がある。

十六年経《た》っても犯人は分からなかったが、一八年十二月に突然、東京都台東区の無職男（同四十七歳）が警視庁浅草署に出頭し、「片っ端から呼び鈴を鳴らし、たまたま扉を開けた男に切り付け、金を奪った」と自供。男と現場の遺留指紋が一致し、一月二十一日に逮捕した。

男は「逃げるのが嫌になり死にたくなった。頭の中を誰かに見られ、犯行がバレたと思った」と奇妙な供述をしており、警視庁は男を入院させ慎重に調べている。

また一八年六月、東海道新幹線車内で鉈《なた》などを振り回し男女三人の乗客を死傷させた無職男（同二十二歳）について、横浜地検は十一月、殺人罪などで起訴した。

男は「同居の祖母から縁を切ると言われ、どうでもよくなった。死にたいし、誰でもいいから殺したかった。申し訳ないとの気持ちはない」と述べたという。

変わったところは、こんな自己中心的で呆れ果てるしかない言動が、世の注目を集めた昨今の重大事件でも散見された点である。

まず、大阪府寝屋川市の中学一年生二人が二〇一五年八月に遺体で見つかった事件。殺人罪に問われ、一八年十二月に大阪地裁の一審裁判員裁判で死刑判決を受けた無職、山田浩二被告（四十九歳）が何と、五月十八日付で自ら控訴を取り下げ、死刑判決が確定したのだ。

一審判決によると、山田被告は一五年八月十三日朝、寝屋川市の京阪寝屋川市駅近くで、当時十二歳の男子生徒と同十三歳の女子生徒に声をかけて車に乗せ、同日中に二人の首を圧迫して窒息死させ、殺害した。

被告側は、男子生徒は「熱中症などの体調不良で死亡した」と無罪を主張。女子生徒は「静かにさせようと口を押さえた手が首にずれた。殺意はない」とし、「被告は発達障害の影響で心身耗弱状態だった」と主張していた。

自供や目撃証言など直接証拠がなく司法判断が注目されたが、判決は二人の死体状況などから窒息死と断定した。

「窒息には首を数分間圧迫する必要があり、殺意が認められる。生命軽視の度合いが著しい犯行」と責任能力を認め、死刑を選択した。山田被告は「結論ありきの判決だ」と批判し控訴しただけに予期せぬ展開となった。

「死刑判決を受けた被告が控訴を取り下げるのは、罪を認め懺悔《ざんげ》の気持ちからか」という質問を読者から受けることがあるが、山田被告は決して反省したのではなくて「もうどうでもいい」と語り、弁護人にも伝えないなど自己中心的な行為でしかなかった。

これも一種の「死にたい」発言に通じると思われる。が、この事件は犯行場所や真の動機など不明な点が数多く残されたままながら、この行動で死刑確定となり、真相解明はできなくなった。

「一人で勝手に死んでくれ」

さらに話題になった大事件でも、不可解な動機と「死にたい」発言が目に付いた。

神奈川県座間市内のアパートで一七年十月、男女九人の切断遺体が見つかった事件では、犠牲者の女性八人全員が交流サイト（SNS、ソーシャル・ネットワーキング・サービス）に「死にたい」と自殺願望を窺《うかが》わせる投稿を行い、犯人も「一緒に死のう」とまんまと自室に誘い込んだというから、異様と言うしかない。

政府はSNS事業者に自殺を誘うような情報の削除を求める再発防止策に乗り出したが、果たして効果はあるのか。

一六年夏、同県相模原市の障害者施設に刃物を持った元職員の男（当時二十六歳）が乱入し、十九〜七十歳の入所者十九人を刺殺、二十六人に重軽傷を負わせた事件でも、元職員は「彼らは同じ人間ではない。死にたい者を死なせただけで何が悪いの」と胸を張っていた。

「障害者は生きているのが無駄。彼らを抹殺することが救済になるのに、誰もやらないから私がやった」と障害者への差別発言と自己正当化を主張する姿は、まさに鬼畜であった。

前出の秋葉原事件でも母親と喧嘩《けんか》別れし青森から単身出てきた犯人の男は、自分の思い通りにならない人生に絶望し、「人を殺して死刑になる」が口癖だった時期がある。その身勝手な思いが無差別大量殺人願望に転じたならば、やり切れない気持ちになる。ただ、いくら自分の死を意識しての犯行とはいえ、ここまで自己中心的な犯人が多いと、不快極まりない。

犠牲者の遺族が「死にたいなら自分一人で、山奥など他人に迷惑が掛からない場所で勝手に死んでくれ、と言いたい」と憤りの声を露《あらわ》にしたのも当然だろう。それにしても被疑者、被害者問わず、ここまで「死にたい」人間が多いとは、驚きを通り越して呆《あき》れ果てる。

世の中はいったい、どうなってしまったのか。

死にたい病苦老人と孤独な若者

ところで、「死にたい」人間が真っ先に取る行動は自殺だ。学生など若者は夏休み明けの九月や、進級や卒業など〝友との別れ〟がある年度末、希望より不安が膨らむ新年度の四月に自殺が多い。一方、大人の自殺は支払いや借金返済を迫られる年末や、儚《はかな》い未来しか見通せず暗澹《あんたん》たる気持ちになりがちな年明けが多いという。

自殺は事件に分類されないためほとんど報道されないが、全国各地で毎日、何件も起きている。病苦の年寄りや一人暮らしで孤独な若者、子育て苦や生活苦に喘《あえ》ぐ女性など様々な人々が様々な理由で命を絶っている。

警察庁によると、二〇一八年に全国の自殺者数は前年より四百八十一人少ない二万八百四十人（男性一万四千二百九十人、女性六千五百五十人）で、九年連続で減少。人口十万人当たりの自殺者数を示す自殺死亡率も前年より〇・三人減って十六・五人で、都道府県別で山梨が二十四・八人と最多、徳島の十二人が最少だった。

平成に入ってバブル経済が終わりを告げた頃から生活苦や経済問題を理由にした自殺者が増え続け、一九九八（平成十）年から十四年連続で三万人を超えた。

最多は二〇〇三（平成十五）年の三万四千四百二十七人で、一二年に三万人を下回って以降、自殺者数は減り続けていたが、二万一千人以下となったのは、近年で最少だった一九八一（昭和五十六）年の二万四百三十四人以来、三十七年ぶりの「朗報」と言える。

（因みに、最新のデータはコロナ禍の影響が及んでいるので、敢えて入れていない）

厚生労働省は「未《いま》だ二万人を超える人が自ら命を絶っている現状を重く受け止めなければならない」と神妙な顔を見せつつも、「景気の回復や自殺を防ぐ取り組み強化などが減少に寄与している」と胸を張っている。

しかし、世の中、そう甘くないのが実情だ。

同省の統計で自殺者の年代別では五十代が最も多く、七十歳以上に続き四十代、六十代と働き盛りの中高年の割合が高かった。動機別では健康問題が多く、次いで経済・生活、家庭問題が並ぶなど原因の深刻さが窺われる。

変わったデータでは国立成育医療研究センター初の本格的調査で、二〇一五〜一六年にかけ妊娠中や出産後の女性が計百二人も自殺し、妊産婦の死亡原因で自殺が最も多いという驚くべき現状が明らかになった。そのうち九十二人が出産後の自殺で、半数が三十五歳以上、六十五％が初産の女性と判明した。

世界中で自殺者が増えている

日本国内の不法滞在外国人でも、収容の長期化で自殺する収容者が出始めている。茨城県牛久市の法務省東日本入国管理センターには一八年七月末時点で、六か月以上収容中の外国人が四十か国・三百三十人もいる。全員が政府から退去を命じられているが、帰国しても貧しく仕事がないとか、政治的理由で生命の保証がないなどで帰国を拒否する者ばかりだ。そのうちの一人だったインド人男性（当時三十一歳）が一八年四月、同施設のシャワー室で自殺した。難民認定と仮放免の申請が認められず、絶望して生命を絶ったのだ。

五月にも四十代の日系ブラジル人、三十代カメルーン人、二十代クルド系トルコ人が自殺未遂を起こした。

これは自殺ではないが、日本では一〇年から路上生活者を中心に年間一千人が凍死している事実もある。

また世界的にも自殺者が増加し、WHO（世界保健機関）は一八年夏、世界で毎年、八十万人余が自殺で死亡しているという衝撃的な事実を公表した。

WHOによると、二〇一六年の世界の自殺死亡率は推計で十・五三人で、八割が中・低所得国に集中。特にロシア（二十六・五人）やウガンダ（二十人）は圧倒的に高く、中国（八人）やパキスタン（三・一人）は意外に低いことが分かった。

一方、高所得国でもベルギー（十五・七人）や米国（十三・七人）は高かった。

日本は二〇一〇年が十九人と高かったが、一五年は十五・一人、一六年が十四・三人と減少しつつある。

さらに、一六年には世界の十五～二十九歳の青年層で自殺が死因第二位になるなど、低年齢化が進んでいる。

世界的な自殺動機として経済苦や病苦といった一般的な原因のほか、鬱病やアルコール依存症が引き金になる例が目立った。難民や移民、先住民、性的少数者（LGBT）など差別経験者の自殺死亡率が高いのも特徴だ。

自殺方法は、農村地帯を中心に農薬や殺虫剤を使う例が二十％を占め、首吊《くびつ》りや銃火器など多彩になった。

ガンや心臓病など疾患の死亡率が年々低下している米国では、国民の平均寿命が三年連続で延びていないことが問題視されている。その背景には若い世代の薬物過剰摂取による中毒死や自殺の増加があるとされる。

一七年の薬物過剰摂取による死亡率は、人口十万人当たり二十一・七人と前年より九・六％も急増。死亡数は七万人超と過去最高を記録した。そのうえ、米国の自殺による死亡率も同十四・〇人と前年比三・七％も増えており、ＷＨＯは米国をはじめ先進各国政府に対し、若年層への包括的な対策を要請している。

《しにたいよ》と泣く娘に母は

ここでもう一つ注目すべきは、十九歳以下の自殺者が増加している点であろう。主な動機は学校問題で、いじめや受験苦などによる自殺が多く、家庭や学校、市町村教委、文科省などの対応の遅れが目立つ。

二〇一八年十一月、仙台市泉区で母親と小学二年の長女の無理心中事件が発生。父親は「長女は学校でいじめを受けており、学校は対応を怠った」と第三者委員会による調査を求める要望書を同市教委に提出した。

父親によると、長女は小学一年だった一八年三月頃から同級生に仲間外れにされるなど、いじめを受けていた。

両親から相談を受けた学校側は対応を約束したが、全く進展せず、長女は精神的に不安定となり、母親も体調を崩した。長女は八月頃、文中で六度も《しにたいよ》と訴える手紙を両親宛に書き、《わるいことしかないよ》《いじめられてなにもいいことないよ》と綴《つづ》っていた。

一八年十一月二十九日、母娘が自宅で死んでいるのを父親が発見。宮城県警は母親が長女の首を絞めた後に自殺した無理心中と断定、父親の怒りが爆発した。

広島市佐伯《さえき》区の市立中学では一七年七月、三年の女子生徒が転落死し、自宅に遺書のような手紙が残されていた。第三者委員会は一八年十二月二十八日、《女子生徒へのいじめが小学校から続けられ、暴言や悪口に加え、小石を投げられるなど悪化したことが死亡の主たる原因となった、と推認する》との報告書を公表した。

一方、鹿児島市教委は一八年九月五日、市立中学三年の男子生徒が二学期初日の九月三日に自宅で自殺していたことを明らかにした。市教委によると、男子生徒は三日の放課後、夏休みの宿題だった数学のプリントなどを提出していないとして数人の生徒と共に、四十代の担任女性教諭から職員室に呼び出され、午後一時頃から十分間程度、個別指導を受けて帰宅後に自殺した。

遺書はなかったが、個別指導中は高校入試の志望校を変更する話に発展し、生徒は泣いていたという。

担任教諭は自宅からプリントを持ってくるように指示したが、登校しないため母親に連絡。午後六時頃、母親が自宅二階で首を吊って死んでいる息子を見つけた。

この担任教諭を巡っては一七年末、生徒らに大声を上げるとして別の保護者が学校側に改善を求めたことがあるというから、何とかならなかったのか。

神戸市立中学では一六年十月、三年の女子生徒（当時十四歳）が自殺。いじめを窺わせる他生徒からの聞き取りメモがあったのに、市教委は学校に指示してメモを隠蔽し、遺族にも伝えていなかったことが発覚した。

これらは、学校や教委の迅速できめ細かな対応が重要だろう。それが後手に回れば、若年層の自殺は増える一方なのだ。

安倍晋三・前首相の強引な政権運営、菅義偉首相の事なかれ主義姿勢の影響か、閣僚らの無責任な言動は目に余るし、官僚はまさにやりたい放題だ。

決定的証拠が出なければ非を認めない。刑事責任に問われなければ何をしてもいい。国会の強行採決や違反者への厳罰だけが強調され法令の中味があいまいなコロナ対策、沖縄・辺野古海岸への土砂投入など、問答無用で異論を封じ込める姿勢は、弱者切り捨てのそれと同じであろう。

これでは、狡猾《こうかつ》な犯人たちの言い逃れや戯言《たわごと》を笑うことはできないし、弱気な人々が「死にたくなる」のも分かる気がする。

新潟女児殺害は平成の宮﨑勤か

いつか起きるに違いない——と心中密《ひそ》かに恐れていた凶悪犯罪が、とうとう登場してしまった。まさに悪い予感的中である。

それは二〇一八年五月の連休明けとなる七日、新潟市のJR越後線で起きた小学二年女児の殺人、死体遺棄・損壊事件だった。

新潟市西区のJR越後線で夜十時半頃、近くの市立小針小二年、大桃珠生《たまき》さん（七歳）が新発田《しばた》発内野行きの上り普通列車（四両）に轢《ひ》かれ、死亡が確認された。

運転士は「人が線路付近に横たわっているのが見え、ブレーキを掛けたが間に合わなかった」と証言したが、珠生さんの首に手で絞められたような痕があり、司法解剖の結果、死因が窒息死と判明。着衣の乱れはなかったが、少し離れた場所にランドセルや靴が落ちていた。

珠生さんは七日午後三時頃に下校し友人と別れてから行方不明になっており、県警は八日、何者かが珠生さんを殺害後、遺体を線路上に置いて列車事故に見せかけようとした殺人・死体遺棄容疑で捜査を始めた。

疑わしい人物は直《す》ぐに、捜査線上に浮上した。

近所に住む電気工事士、小林遼《はるか》容疑者（二十三歳）で周囲には「真面目《まじめ》でおとなしい青年」と映っていたが、四月に別の少女を連れ回して県青少年保護育成条例違反（わいせつ行為）で書類送検された男だった。

犯人は家族や警察官ら百人が珠生さんを捜索する中、前の列車通過から十分間で遺体を線路に置いており、現場周辺の地理や列車運行事情に詳しい者でなければならない点でも、小林と合致する。

捜査資料によると、小林は事件当日から勤務先を無断欠勤しているうえ、現場近くの線路柵で採取した複数の指紋の一つが小林の指紋と酷似していた。

現場一帯には防犯カメラは設置されていなかったが、県警が犯行時間前後に付近を走行した車を割り出して、そのドライブレコーダーの映像を収集し分析した結果、小林が所有するのと同じ黒色のワゴン車が下校ルートと遺棄現場付近の双方を走行していたことが判明した。

遺体は捨てられず傘だけ捨てた

県警は十四日、小林に任意同行を求め追及したが、初めは犯行を否認。清掃してあった車内から珠生さんの毛髪や微物が採取され犯行を認めたため、死体遺棄・損壊容疑で逮捕した。車内には練炭や七輪などが残されており、小林が自殺を図ろうとした可能性も出てきた。

また、入手した被疑者調書などによれば、調べに対して小林は当初、「仕事帰りに車を運転中に少女をはね、パニックになって車に連れ込み首を絞めた。珠生さんの名は報道で知った」と自供していた。

だが遺体や車に衝突した痕跡はなく、車にランドセルの塗料が付着していたことや、小林が朝から通学する女児たちを観察していたとの目撃証言が出てきたことなどから、珠生さんを狙って故意にランドセルに車をぶつけて連れ去ったと見て、小林を厳しく追及した。

小林も「少女に車を軽く当て、『病院に行こう』と車内に連れ込み、その直後に首を絞めて殺した」ことを認めた。

小林は「遺体を車に乗せて、捨て場所を探しに市内を走り回り、数か所を訪れた」と供述。特に「遺体を海に投棄しようと海岸沿いの駐車場まで行ったが、人がいたために断念し、近くに（珠生さんの）傘だけ捨てた」ことを明らかにした。

また「なかなか捨て場所が見つからず、最後は困って遺体を列車に轢かせ事故に見せかけるため線路を跨《また》ぐように寝かせた」とも自供した。

これで、①犯人が遺体を車で運びながら、なぜ犯行の発覚に繋がる自宅近くの線路に捨てたのか②ランドセルや靴など身元確認に繋がる物品は現場付近に放置しておきながら、なぜ傘だけが見当たらなかったのか——という、この事件の二つの謎を巡る意外な真相が明らかになった。

県警は事件発生の当初から、小林の動向を監視し勤務先にも連日問い合わせていたのに、「現場付近に停まっていた不審な白いワゴン車」情報をリークするなど、陽動作戦を展開した。

しかし、白いワゴン車を持つ住民が周囲から疑いの目で見られる騒ぎとなり、感心できない捜査手法と言える。

さらに低年齢の子供を狙う連れ去り事件は、性的動機が多く再犯率も高い。不審者情報が出て住民に不安が広がっており、県警が早々に容疑者と睨《にら》んでいたならば、もっと早く事情聴取すべきだったと思えてならない。

近所のよく見るおじさんに注意！

この事件の最大の特徴は、犯人が見知らぬ不審人物ではなく、近所でよく見かけるおじさんであったことだ。

小林は九四年、新潟市で生まれた。母方の祖父母が住んでいた家に同居し、現在は両親と二十代後半の姉、専門学校に通う弟の五人家族。祖父に可愛《かわい》がられたが、十五年前に死亡した。珠生さんと同じ小学校を卒業した後、近くの市立中学に進学して科学技術部に所属し、ロボットコンテストに熱中した。地元の工業高に進み、電気工事士の資格を得て電気工事会社に就職した。

小林は、会社では「真面目で休んだことがない」と見られていたが、会社関係者の一人は「優しいのは表面上だけであり、実はプライドが高く短気で、友人はいない。特に若い女性とはうまく付き合えないが、女児への関心は高く、簡単に言えばロリコン」と断言する。

現にこれまでに新潟、山形県などで児童ポルノ関連で何回も検挙補導されてきたが、本格的な犯罪に至らず書類送検に止《とど》まったため、「小児性愛障害」「性的倒錯者」と言うべき正体は警察以外、誰も知らなかったのだ。

こうした〝危ない人々〟が平穏な暮らしの中に潜み、ある日突然、表に飛び出してくるのだから恐ろしい。

子供が犠牲になった最近の主な事件を見ても、二〇〇四年十一月に奈良市の小一女児（七歳）が行方不明になり遺体で発見された事件は、近所の新聞販売店員の男が殺人容疑で逮捕された。

〇五年十二月には京都府宇治市の学習塾で小六女児（十二歳）が刺殺され、アルバイト講師の大学生を逮捕。一七年三月には千葉県我孫子《あびこ》市でベトナム国籍の小三女児（九歳）の遺体が発見され、何と小学校保護者会長の男が殺人容疑で逮捕されている。

ほかにも子供が犠牲になり、知人や近隣住民らが逮捕された事例は山ほどある。〇五年十一月、広島市で小一女児（七歳）が殺害されペルー人の男が逮捕された。同年十二月には、栃木県今市市（現・日光市）の小一女児（七歳）が誘拐され殺害。〇八年九月、千葉県東金市の保育園女児（五歳）殺害。一四年九月、神戸市長田区の小一女児（六歳）殺害。一五年一月、福岡県豊前市で小五女児（十歳）が連れ去られ殺害。同年二月、和歌山県紀の川市で小五男児（十一歳）殺害……などだ。

彼ら「倒錯者」は反省などしない。警察署に連行された小林も、ニヤッと笑い鬼畜の様相を見せていた。

女子中学生を追いかけた男もいた

さらに現場から寄せられた不審者情報には、小林以外の人物を示すものがあったというから恐ろしい。

珠生さんが事件当時朝、同級生に漏らした「通学途中に追いかけられた黒い服を着たサングラスのおじさん」は小林とは違う人物のようで、一七年九月二十五日夕や一八年三月十二日夕にも女児が腕を摑《つか》まれ、「お嬢さん、遊ぼうよ」などと声を掛けられている。事件後の五月九日夕にも、同じ服装の男に女子中学生が追いかけられており、小林とは明らかに別人であろう。

このほか、女子中学生を追いかけた四十代の赤いリュックを背負った男や、何人もの児童に「おうちはどこ？」と訊いて回った五十代の男、自転車で走ってきて女子児童の体に触った三十〜四十代の男、サバイバルナイフのような刃物を持って歩く年齢不詳の男など、少なくとも現場周辺には五人以上の不審者がいると見られ、小林逮捕でも安心できない状況が続いているという。

ところで、我が国には十三歳未満の被害者に対する性犯罪で服役した出所者の住所情報などを、法務省が警察庁に提供し各都道府県警が定期的に所在を確認する出所者情報提供制度が存在する。しかし、服役者でなければその対象にはならず、国民には分かりづらい制度だ。

しかも情報は警察どまりで、住民の安心安全を守る対策に十分寄与しているとは言い難い。被害防止のため前歴者に居住地の届け出を義務付けるなど厳しい取り組みを進める自治体もあるが、根本的な対策は難しい。

米国の性犯罪者は全州で、顔写真と個人情報がネットで公開されている。韓国でも十三歳未満の児童に対する性暴力犯罪者にGPS（衛星利用測位システム）の足輪を装着することが義務付けられ、成果が出たことで今や未成年者誘拐、殺人、強盗犯に拡大しているという。

特定の前科前歴者へのGPS装着は、米国の多くの州や英国、仏、独などでも実施され、成果を上げている。

国内では、宮城県が性犯罪の前歴者や家庭内暴力（DV）加害者らにGPSの携帯を義務付ける条例制定を目指したが、反対論が強く、東日本大震災の発生で復興が最優先となり、議論は打ち切りになった経緯がある。

ただ、こうした強硬措置の国内導入には、必ずと言っていいほど強い反対がある。前歴者の人権侵害や更生への妨げになるという主張に加え、監視社会到来に繋がる危険性を挙げる人も多い。

監視社会を嫌い、疑わしきは罰せずとの意識が強い日本人には、少なからず、抵抗感があるのかも知れない。

しかし、前歴者の人権以上に守られるべきは、何の罪もない幼い子供の安全と人権であろう。子供や高齢者、障害者などの社会的弱者を「悪い力」から徹底的に守るのが、法治国家のあるべき姿ではないだろうか。

性犯罪前歴者のGPS装着は、再犯抑止への期待に止まらず、前歴者自身を守ることにも繋がる。装着により釈放が早くなるなどのメリットがあればなおさらだ。

「小児性愛障害は依存症と同じで、厳しく抑え込んでも効果はない。専門的な治療と、メリットを掲げたユニークな更生プログラムこそが再犯防止に繋がるはずだ」

前歴者の更生に携わるカウンセラーは、そう語る。

小林も過去の検挙補導歴に加え、四月に県青少年健全育成条例違反で書類送検されたという情報が行政や住民に共有されていれば、事件は未然に防げたかも知れない。

そう考えると、残念でならないのである。

凶悪犯罪が現代病にならぬため心にGPSを！

今回の事件で私が真っ先に思い出した人物が、一九八八年八月から八九年六月にかけて埼玉県と東京都で四歳から七歳の幼女ばかり四人を誘拐、殺害した宮﨑勤・元死刑囚（〇八年六月に死刑執行）であった。

宮﨑については第2章で詳述したが、彼の「小児性愛という性倒錯者が引き起こしたわいせつ目的の犯罪」はある意味、小林の目指すところであり、宮﨑のように遺体を全裸にしてビデオ撮影した挙げ句、バラバラに切断して山林に捨てるなど冷酷非道の行為には至らなかったにせよ、もし小林が逮捕されていなかったら……と想像しただけで悪寒が走る。

宮﨑事件発生時も類似事件が頻発し、世の中が騒然としていたように思う。マスコミは宮﨑の顔やビデオテープが山積みされた部屋の写真から彼の〝胎内回帰願望〟を嗅ぎつけ、『おたく』や『ロリコン（ロリータ・コンプレックス）』、『引きこもり』といった言葉を当てはめ、現代病として紹介し、定着させた。

今回も事件の展開、取材のやり方次第で現代の病巣を浮き彫りにさせる大きな犯罪になったかも知れない、と私は思っている。これだけはっきりした小児性愛の性倒錯者が世間で堂々と生き、一か月前に〝予兆〟を示しながら全く警戒されずに珠生さんのデザイナーになる夢を打ち砕いたからだ。

性犯罪を防ぐためには、前歴者へのGPS装着はもとより、我々も今直ぐ心に、危険人物を素早く察知するGPSを装着すべきである。

障害者殺戮したポケモンにノー

東京・渋谷のハチ公前の交差点を、夥《おびただ》しい人の群れが右往左往している。

中年の男女から少年少女まで様々だが、共通しているのは誰もがほとんど言葉をしゃべらずに、下を向いて何やら小さな画面のようなものを覗《のぞ》き込んでいることだ。

まるでゾンビの集団が何か指令を受けて一斉に動き出したような有り様で、この上もなく不気味である。

中には赤信号の交差点に猛スピードで突っ込む車や、急に逆走を始める自転車がいる。駅のホームでは端をフラフラと歩き線路に落ちそうな者もいる。

こんな異様な連中の行動に巻き込まれて、ケガでもしたらバカバカしい。なるべく近寄らないようにするのが得策だが、何しろ黙々と皆と同じようなことをしている人間が多過ぎる。

いったい、何者なのか。彼らは皆、今流行《はや》りのスマートフォン（以下スマホ）向け人気ゲーム「ポケモンGO（以下GO）」を楽しんでいるプレイヤーたちであった。

「GO」は人気ゲーム・アニメ「ポケットモンスター」に登場する架空の生き物・ポケモンをスマホの画面上でキャッチするゲーム。GPS（全地球測位システム）を活用してプレイヤーがいる場所周辺の地図をゲームの舞台として画面に表示し、その地図を手掛かりに現実の街を歩きながらポケモンを探し、他のプレイヤーと捕まえたポケモン同士を対戦させるなどして遊ぶ仕組みになっている。

ゲームは無料だが、ゲームを有利に進めるためのアイテムは有料になっている。二〇一六年七月二十二日に日本でも配信が始まり、将来は二百か国・地域での配信を目指しているという。

「GO」は、それまで引きこもりだったゲームおたくの若者を外出させ、運動不足解消やメンタルヘルスケアの効果をもたらした利点があるとされる。また、スマホ本体や充電器など付属品の売り上げを二倍から七倍に増やしたのをはじめ、ゲームに使う日焼け止めクリームや虫よけスプレー、「ゲームをしながら食べられる」お握りやパンなども売り上げ増となり、それらの関連企業の株価は軒並み急上昇した。

さらに各地の人気スポットに出現するポケモンを探してプレイヤーが実際の街を歩くため、自治体が「GO」を利用した観光誘致に名乗りを上げたり、地方創生に繋げようとするなど予想外の経済効果をもたらした。だが、その一方でトラブルも多かった。

ゲームしながら車の運転や富士登山

まず、「GO」で遊びながら車を運転するなど主に脇見運転で起こした事故が、七月の配信開始から一か月間に二十九都道府県で七十九件あり、うち人身事故は二十二件に上った。また、警察当局がプレイしながらの運転などを道路交通法違反で摘発した事例は、全都道府県で千百四十件に上った。

因《ちな》みに、「GO」絡みで起きた初の死亡事故は同年八月二十三日夜、徳島市内の県道で三十九歳の男が運転する車が散歩中の女性二人をはねて一人死亡、一人に重傷を負わせたもの。男は「ゲームに夢中で前をよく見ていなかった」と供述している。

交通事故以外のトラブルでは、警視庁が国内配信後の十日間で約四百五十人を補導したという未成年者の深夜徘徊《はいかい》をはじめ、無断で私有地に入った住居侵入や駐車違反、プレイに夢中になっていた女性の身体《からだ》を触った痴漢など犯罪絡みが目立った。

最も多かったのは、「GO」の希少なキャラクターが現れる場所として高速道路周辺やレインボーブリッジ、主要幹線道路の交差点、原子力発電所、裁判所など危険な場所や立ち入り禁止区域、特別な公共施設などにプレイヤーが集まり、警官が出動する騒ぎとなったケースである。

中には原爆の日の式典を目前に控えた広島市の原爆ドームや原爆の子の像周辺とか、東京電力福島第一原発事故の避難区域、富士山登山道（プレイしながら登山していたことになる）など〝あってはならない場所〟も多数含まれていた。

後述する大量殺戮《さつりく》事件のあった神奈川県相模原市の障害者施設にも早速、ポケモンが現れたというから呆《あき》れ果てる。

このような場所をゲームの舞台にしないよう削除を求める活動を「ポケモンNO」と呼ぶそうだが、歩きスマホと同様に今後も十分に注意すべき事態と言っていいだろう。

さらにポケモンが突然現れるため、電車に乗ろうとした時やエスカレーターから降りた瞬間などに急に立ち止まってプレイを始めるという危ない行動が頻発していることも忘れてはならない。これらはすべてポケモンが悪いのではなく、運営会社側の配慮欠如に問題があり、プレイヤーたちの良識が問われていることにほかならない。

ここでもう一つ、指摘しなければならないのは現代人、特に子供たちのネット依存の問題である。

厚生労働省が一三年に行った調査によると、スマホなどデジタル機器が手放せないネット依存の傾向がある人は、推計で四百二十一万人に上るという。そのうち、ネット依存が疑われる中高生は約五十一万八千人に達しているとされる。

成長期にある青少年の筋力や脳、感性は外遊びや生身の人間と接することでバランスよく発達することが、これまでの研究で分かっている。その時期にろくに運動せず、小さな画面を見つめて指先だけを動かすスマホ漬け、パソコン漬けの若者が増えている実態は、体力や視力の低下は言うに及ばず、体内時計の乱れによる睡眠障害やうつ、エコノミークラス症候群、栄養失調またはメタボ状態などの異変を誘発している。

「GO」は保護者の同意を得るなど一定の手続きを経れば、十三歳未満の子供でも使うことができる。大人ものめり込む刺激が強い新しいゲームは、自制心が弱く判断力の乏しい子供たちを虜《とりこ》にし、スマホ利用の低年齢化に拍車を掛ける。しかも、ゲーム機器を使い始めた年齢が低い子ほど、スマホなど電子メディアへの依存傾向が強くなるとの研究結果も出ており、子供への悪影響に配慮した規制や対策が必要であることを示唆している。

だが、私は、このゲームが示唆する真の問題点は別にあると思う。

それはGPSで得られる位置情報の活用にあるのだが、我々はそれが悪用された時の恐ろしさに気づいていない。

GPSの位置情報は誤差数メートルの精度を誇る。それを継続的に収集することで、その人が何を求めどこを進んでいるのかといった行動はもとより、自宅や毎日乗降する駅、頻繁に立ち寄る店など、ある程度の暮らしぶりまで明らかになってしまうから恐ろしいのだ。

ゲーム運営会社や連携企業からすれば、「GO」の利用者たち、即ち「カネを持ったカモ」の行動が逐一把握できるうえ、都合よく誘導もできるわけだから、こんなに美味《おい》しい話はないだろう。

もっと言えば、この情報に国家権力が触手を伸ばし、マイナンバー制度や街中の監視カメラ網、指紋・顔認証システムなど最新の身元確認機器と連動させれば、我々の行動は絶えず政府や警察当局に見張られ、下手するとコントロールされる危険性さえ出てくるというのだ。

そう言ったら考え過ぎと笑われるだろうか。

真っ昼間であれ深夜であれ、街に群れた人々が無言でスマホの画面を覗き込む光景は病的であり不気味だが、もっと恐ろしいのはそれを見えない所で静かに冷たく監視する者の存在ではないか。

ＩＴ機器の進歩で世の中は確かに便利になったが、自己チュー人間が増加し、コミュニケーション能力が低下していることは間違いないだろう。己が置かれた立場を忘れて周囲の迷惑も考えず、プレイ感覚や欲望のままに黙々とゲームを楽しんでいる場合ではない。

障害者襲撃は自己チュー犯罪

そう危惧していた最中の二〇一六年夏、戦後最悪の凶悪事件が起きた。

七月二十六日未明、神奈川県相模原市の障害者施設に刃物を持った元職員、植松聖《さとし》死刑囚（二十六歳）が侵入し、十九〜七十歳の入所者十九人を刺殺、二十六人に重軽傷を負わせた事件だ。

県警に殺人容疑で逮捕された植松は取り調べに対し、「障害者を抹殺することが救済なのに、誰もやらないから私がやった」と障害者への差別的言動と自己正当化に終始した。横浜地検は九月二十一日、植松を精神鑑定するため一七年一月二十三日までの鑑定留置を始めた。

植松は一六年二月、《障害者が生きているのは無駄》と書いたビラをまき、この施設を退職させられたことを恨んで名指しし、《障害者四百七十人を抹殺する》と犯行を予告する手紙を衆院議長に提出し、首相宛にも同様の手紙を書いた。相模原市は彼を市内の病院に措置入院させたが、「他人を傷つけるおそれがなくなった」との判断でわずか十二日後の三月二日に退院した。

この甘い判断基準と退院後のフォロー態勢欠如が一番の課題だろう。

大学時代から全身に入れ墨を彫り始め、危険ドラッグ常用、ゲーム・ギャンブル狂い、クラブ遊び三昧で数百万円の借金があり、退職後は同市から生活保護を受けていた。

警視庁心理分析官によると、自己顕示欲が強い植松が誰にも相手にされず、自分よりアピール力の弱い障害者を襲った身勝手な犯行で、典型的な自己チュー犯罪だという。大麻の陽性反応が出ているし、事前に凶器を準備するなど計画的犯行でもある。この計画性と常軌を逸した犯行の妄想性との関わりが鑑定の中心的テーマになると見られる。

（後に、刑事責任を問えるという鑑定結果が出て、二〇年三月に死刑が確定した）

大学時代の友人らの話では、植松は福祉施設で介護実習したが、「障害者が実際は何を考えているのかが分からないから怖い。現場の職員は『同じ人間ですよ』と言うけど信じられない」と周囲に漏らしており、この辺に事件を解明する鍵が隠されている気がする。

また、スマホでゲームやネット検索するのが好きな植松が事件数か月前から《精神鑑定結果》《心神喪失》《無罪になるには》などの言葉をネット検索していたことが発覚。秋葉原無差別殺傷、大阪教育大附属池田小乱入などの大量殺戮事件も調べるなど、刑事責任能力の有無を研究していた可能性がある。衆院議長への手紙にも《逮捕後の監禁は最長二年までとし、その後は自由な人生を……心神喪失による無罪》などと記してあったのだ。

犯罪予告者にGPS装着要求

この事件を受けて、犯罪予告者へのGPS装着を求める声が出てきた。

GPS機能を使って捜査対象者の居場所や行動を確認する捜査は、公安警察を中心にテロ対策として行われるようになっていたが、捜査が裁判所の令状発付が必要な強制処分に当たるとされ、令状なしに捜査対象者の車にGPS端末を取り付けた愛知県警に、名古屋高裁は一六年六月二十九日、一審と同じ違法との判断を下すなど、刑事警察ではなかなか難しい。
だが、植松の言動を警戒した施設側は十六台の防犯カメラを設置、警備員を置き県警にパトロール強化を要請したが、惨事を防げなかった。民間施設の防御ではどうしても限界があり、全く違った発想で別の対策を講じる必要に迫られている。
「ネットでは特定の人物を誹謗《ひぼう》中傷し、人種や民族を差別して平気で『殺す』と書き込む風潮がある。何でも自分のいいように解釈し、認めたくない者は存在を否定し排除する。ストーカー犯罪と同様に、これらネットの書き込みも犯罪の対象にして取り締まりを強化するしか手がない。何の罪もない弱い犠牲者をこれ以上出してはならない」（警視庁幹部）
平気で人を殺すボケモンこそ、素早くキャッチしてNOを突き付けるべきである。

横着なバラバラ殺人犯に物申す

二〇一六年の夏は異常だった。毎年同じようなことを言っているが、家や道路が水没するほどの集中豪雨が各地を襲い、梅雨明け前から気温が四十度近い猛暑の日が続いた。

自然現象だけではない。七月に入ってバングラデシュのレストラン襲撃で日本人七人を含む人質二十人が死亡、仏ニースの花火大会にトラックが突入するテロで八十四人、トルコのクーデター未遂で二百九十人超など大勢の犠牲者が出た惨事が頻発している。

日本国内でも「人が殺されない日はない」と言っていいほど凶悪犯罪が多い。

それもストーカー、無差別通り魔、バラバラ……などさしたる動機もないのに、安易にそして冷酷に人を殺す事件が目立ち、自分中心の身勝手な理由による〝わけの分からない犯行〟があまりに多過ぎる。

そんな中で、ここではバラバラ殺人を取り上げよう。

見つけてと言わんばかりに……

警視庁は一六年七月九日、東京都世田谷区の無職、池田徳信《やすのぶ》容疑者（二十八歳）を死体遺棄容疑で逮捕した。

六月二十三日午前、目黒区立碑文谷《ひもんや》公園内の弁天池で人間の頭部や両手足などが見つかった事件で、警視庁はDNA型から、被害者が世田谷区のマンション三階で独居生活を送り、六月十九日夜から消息を絶っていた八十八歳の女性であることを突き止めた。

そのマンション付近でスポーツバッグを手に歩いていた池田が、深夜の弁天池周辺で同じバッグを肩に立っていた姿が、それぞれ設置された防犯カメラで確認された。そこで池田から事情聴取したところ、「六月二十日未明、盗み目的でベランダに懸垂してよじ登り、女性宅の窓から侵入した。目が覚めて騒がれそうになったため首を絞めて殺した」と犯行を自供した。

自供によると、池田は遺体を浴室に運んで包丁で切断後、床などを丹念に洗い流した。切断した遺体はポリ袋に入れてスポーツバッグに収め、一度に弁天池まで運んで捨て、遺体処理に使った包丁などは自宅に持ち帰り、家庭ゴミとして出したという。

被害女性は十九日夜八時頃、横浜市に住む長男一家が帰るのを三階で見送る姿がエレベーターの防犯カメラに映っていたが、それ以降は消息不明となった。翌二十日午前九時頃、事前に約束していた清掃用具業者が訪ねた際は応答はなく、通報で数日後に警察が調べた時は玄関の鍵は無施錠だったが室内に荒された形跡はなく、現金入りの財布や通帳も残されていた。さらに浴室も含めて室内から血液反応は出なかった（後に特殊な検査薬で浴室を調べた結果、下水管に微量の血液反応があり、遺体の一部である組織片も見つかった）。

また、マンションにはエレベーターや駐車場などに防犯カメラが十数台設置されていたが、被害女性が外出する様子や不審な人物の姿は映っていなかった。つまり、この事件は遺体が発見されていなければ、被害者の行方は分からず、事件の存在さえ確認されなかった可能性が高い。現にそうした「死体なき殺人」事件の多くは迷宮入りしているのだ。

池田はなぜ、切断した遺体を人目につきやすい公園に捨てたのか。

しかも南北百四十メートル、東西八十メートルの池なのに、池の北寄りで東岸と橋で結ばれ渡れるようになっている小島周辺に集中的に遺棄しており、捜査員も「遺体を見つけてくれと言わんばかりの杜撰《ずさん》な捨て方でバラバラにした意味がない」と首を傾《かし》げる。

これら〝バラバラ殺人犯〟は、遺体や切断行為そのものに異常な関心を抱く猟奇的犯行や、相手の身体をズタズタにしたいほど恨んだ末の犯行といった特別な理由がない場合、ほとんどが犯行を隠蔽するため遺体を運び出しやすくする目的で刃物を振るう。

もともと池田は成績優秀だったが、小学校時代にいじめに遭い中学で不登校、高校は中退して引きこもりになった。年老いた母親と二人暮らしで、近所付き合いも友人もない。フリーターとして働いたがどの職場も長くは続かず、「仕事を辞めて金に困り、初めて盗みに入って」（本人）の凶行というから、猟奇的犯行も怨恨も関係なさそうだ。即《すなわ》ち、池田の遺体切断理由は「遺体を運搬しやすくするため」（捜査員）にほかならない。

遺体が重いから近くに捨てる

最近のバラバラ殺人事件は、大半が「遺体を処理して犯行を隠蔽するため」だった。

〇八年四月に江東区のマンションで起きた隣人女性バラバラ殺人は、九階に姉と暮らすOL（二十三歳）が夜七時半頃、会社から帰宅直後に行方不明となり、建物内外の防犯カメラにOLが出入りする姿が映っておらず、「平成の神隠し」と呼ばれた。

姉が自室玄関に付着した血痕を見つけ一一〇番通報。五週間後、警視庁は同じ階の男がOLを自宅に監禁して刺殺し、遺体をバラバラにしたことを突き止め、逮捕した。

男は遺体から肉片を一枚ずつナイフで剝ぎ取り、俎《まないた》の上でさらに細かく切り刻んだ末に洗浄剤で溶かし、十日間以上かけて自宅トイレに流していた。また、骨盤など大きくて処理不可能な部位は黒いゴミ袋に入れ、数回に分けてマンションのゴミ置き場や通勤途上にあるコンビニエンスストアのゴミ箱に捨てていたという。

警視庁がマンションの排水管や周辺の下水管を調べたところ、人間の骨片四十九個と肉片百七十二個を採取。DNA型鑑定でOLの身体の一部と断定されたのだ。

警視庁は執念のマンション全戸捜査で解決に導いたが、指紋採取に応じた男は両手に薬品を塗って皮膚を荒らし、うまく採取できないように工作していた。逆に言えば、男は周囲を警官に囲まれた中でOLを殺害し遺体を切断したことになり、何とかもう少し早く発見・救出できなかったのかと悔いの残る事件となった。因みに男は無期懲役刑が確定した。

ただ、前出の目黒事件や〇六年に渋谷で起きた〝セレブ妻〟による夫バラバラ殺人事件のように、切断した遺体をわざわざ同じ場所にまとめて捨てたり、繁華街の路上など目立つ場所に放置するなど、最近は〝横着な犯行〟が増えている。

〝セレブ妻〟によるバラバラ殺人については次章で詳述するが、切断した夫の頭や手足をゴミ袋に入れ、タクシーでJR新宿駅まで乗り付け、近くの路上に捨てている。

一四年九月には神戸市で無職の男（四十七歳）が小学一年の女児（六歳）を自宅に連れ込んで殺害、遺体を切断したうえ、自宅近くの草地に放り出している。

また一六年七月八日朝、浜松市北区細江町の浜名湖岸で、人の頭部と胴体、両腕、両足が相次いで発見された死体遺棄事件でも、衣服や身分証明証は身につけていなかったものの、身体的特徴を基に所在不明者の照会を進めたところ、身元はすぐに北海道美唄《びばい》市出身の男性（三十二歳）と判明。男性は京都市で生活し、殺害される二日前に静岡県入りしたことも分かった。また致命傷は肺まで達する腹部の刺し傷で、死後約一週間。両腕にも多数の切り傷が見つかった。

浜名湖北岸に流れ込む河川に遺体をまとめて遺棄した痕跡があり、横着で杜撰な遺体処理と、胃の内容物から被害者が死亡する数時間前に会食していたことが判明。静岡県警は九月二十二日、同区に住む知人の川崎竜弥容疑者（三十三歳）を殺人容疑で逮捕した。川崎は八月に浜名湖で遺体が見つかった別の男性の殺害容疑でも調べられ（二一年二月十三日に二人を殺害した罪で死刑判決が確定し）ている。

「犯人は単に遺体を運搬しやすくするためバラバラにしただけ。人の解体は難しいが、今はネットで遺体切断方法まで検索できるから素人もできる。大変な時代になった」

と警察庁幹部。さらにこう続ける。

「近くの池や草地に捨てるのは、車を持っていないとか時間がない、重くて持ち歩けないといった身勝手な理由に過ぎない。自己チュー犯罪の極みと言っていい」

目黒事件も当初から「現場近くに住む顔見知りの場当たり的犯行」と見られていた。

「容疑者が人を殺して慌てたり興奮していたわけではないことは、浴室の丁寧な洗浄具合から明らかだが、指紋を意識したのか腕の方は細かく切断していたのに、右足は付け根から足先までそのまま手つかずだった。疲れて面倒になったか、バッグに入れればいいと考えたのではないか。行き当たりばったりの身勝手な犯行だよ」（警視庁幹部）

手本は「死体なき大量殺人」

ところで、切断遺体を洗浄剤で溶かす手口をネット検索で見つけ出した犯罪はほかにもあった。一〇年に東京都八王子市で起きたホストクラブ経営者殺人事件である。

元カリスマホストの経営者（四十三歳）が十一月に失踪。知人に「丸一日、連絡が取れない時は警察に通報して」と言い残しており、警視庁が交友関係を捜査した結果、クラブ経営を任された元店長（三十一歳）と元従業員（二十六歳）の二人が経営者から計数百万円を請求されるなど金銭トラブルがあることが分かった。

二人は殺害を否認し「死体なき殺人」で捜査は難航したが、一三年に「元従業員の実家に遺体が運び込まれた」との情報を元に家宅捜索し、汚水槽から顔の骨片とインプラント（人工歯根）のネジ部分を見つけた。骨片は傷みが激しくDNA型鑑定で身元を特定できなかったが、インプラントは国内で約六百個流通していることが判明。刑事が全国の歯科医院を一軒ずつ回る執念の捜査を展開、ついに経営者と同じモノと突き止めた。

調べでは元店長が妻らに命じて、排水管に詰まった毛髪や油脂を分解する強アルカリ性の業務用パイプ洗浄剤を大量に購入。元従業員の実家の浴槽に溜《た》めて、細かく切断した遺体を漬け込んで少しずつ溶かしたうえ、下水管に流したという。

警視庁は時効寸前に元店長らを逮捕。元従業員が「元店長の指示で店内で経営者の頭を拳銃で撃って殺した」と自供し、供述通り都内の多摩湖畔に埋められた拳銃を押収した。殺人容疑で再逮捕された元店長は、洗浄剤による証拠隠滅手口に「完全犯罪だ」と自信を見せたが、このプロの殺し屋顔負けの冷酷な方法は、インターネット検索で見つけ模倣しただけというから、何ともおぞましい。

「直接の動機は金銭問題だが、犯行の根底には、失敗を許さぬ経営者から何度も鉄拳制裁を受けた二人の怨念がある。そして経営者の無念さがインプラントを汚水槽に留まらせ、犯行から三年後の事件発覚に繋がった」（捜査員）と皮肉な結果を招いた。

彼らがネットを検索して手本にした〝凄《すさ》まじき犯行〟が、一九九三年の四月から八月にかけて起きた埼玉・愛犬家連続殺人事件である。

埼玉県熊谷市の愛犬家ら四人が行方不明となり、県警は九五年一月、同市のペット販売業、関根元《げん》死刑囚（五十三歳）と前妻を殺人容疑で逮捕。二人は〇九年六月に最高裁で上告が棄却され、死刑が確定（後に関根は病死）した。

関根は大型犬の繁殖話をめぐるトラブルで、出資した一千万円の回収を図った産業廃棄物処理業者に対し、犬の安楽死用に入手した硝酸ストリキニーネを「栄養剤」と偽って飲ませて薬殺。前妻とともに遺体を浴室で解体し、肉は牛刀を使ってまるでサイコロのように細かく切り刻んで川に流し、骨はドラム缶で焼いたうえ粉々に砕いて灰にして群馬県内の山林に散布して捨てており、まさに〝徹底処理の手本となる犯行〟と言えた。

このほか出資金の返済を迫った暴力団組長と運転手、犬の販売代金に高いとクレームをつけた顧客の主婦も同様の手口で殺害し、遺体を肉片と骨灰にして山林や川にまいている。また彼の周辺ではほかに、顧客のスナックママや元暴力団幹部、ダンプカー運転手が行方不明になっており、さらに十人余の関係者が姿を消しているとの情報が県警に寄せられたが、どうしても遺体が見つからず立件に至っていない。

これらは「死体なき大量殺人」と呼ばれ、一時は迷宮入り寸前だったが、解体作業を手伝った従業員が、組員の生首を見て高笑いしながら女性の遺体と交わる関根の非道ぶりに「地獄だ。次に自分が口封じされる」と怯《おび》えて警察に密告し、ようやく捕まった。

かつて犬の繁殖界で「帝王」と呼ばれる実力者だった関根は、バブル景気で犬の価格が高騰したために人生を狂わせ、バブル崩壊後は顧客とのトラブルが続出。苦情を言う客に立腹して殺害し、客への対応役に雇った暴力団組員に脅されると処刑し、女性客と関係を結んでカネを奪っては葬り去るなど、冷酷な殺人鬼と化した。

九四年一月に大阪で同様に愛犬家五人を殺した罪で逮捕された上田宜範死刑囚（三十九歳）について関根は「死体を残した上田は馬鹿。ボディは透明でなきゃ駄目だ。殺しの五輪があれば、俺の金メダルは間違いない」と嘯《うそぶ》いていたという。

人間をモノとしか見ない鬼畜だが、一二年秋に全死刑囚を対象に実施したアンケート調査で、彼は《一日も早く死にたい。終身刑では人間ではなくなります。生きている化石です》と回答し、〝人間らしさ〟を覗かせたと関係者を驚かせた。

ネット社会の不気味な犯罪

そもそも「バラバラ殺人」なる言葉が登場したのは、一九三二年に東京の遊廓・玉の井で発生した殺人事件を報じた東京朝日新聞の記事だと言われている。

「バラバラ」という語感はいかにも残虐な犯行、凄惨な事件現場を連想させるが、当時は『蜘蛛男《くも》』や『盲獣』など江戸川乱歩の長編怪奇小説が人気を呼び、俗に言う「エロ・グロ・ナンセンス」モノが一世を風靡《ふうび》していた時代であり、この言葉は忽《たちま》ち流行し、マスコミから井戸端会議まで普通名詞として広く使われるようになった。

バラバラ殺人は狂信的な宗教儀式や、人肉嗜食《ししょく》のように快楽殺人で起きる場合がある。前者は八七年に神奈川県藤沢市で熱心な宗教団体の女性信者らが夫を殺し、「内臓に悪魔が取り憑《つ》いた」と腹部を切り裂き、内臓を取り出して塩で清めながら肉を削《そ》ぎ落とした悪魔祓《ばら》い殺人事件などが該当する。後者はパリの日本人留学生がオランダ人女性留学生を射殺して遺体を解体、肉一キロ分を調理し食べたパリ人肉食事件が有名だが、宮崎勤元死刑囚の連続幼女誘拐殺人事件も同じ系列だろう。

ただ、前述したように被害者の身元特定を妨げたり、死体を運びやすくするためバラバラにするケースが圧倒的に多くて、そこに恨みや愛憎など加害者側の感情が入り混じった例が次章で述べる一九九四年の福岡・美容師バラバラ殺人や〝セレブ妻〟殺人事件であろう。

これに対し、快楽殺人や証拠隠滅目的など、どの分類にも嵌《はま》らないバラバラ殺人事件もある。九四年四月に発生後、容疑者が全く浮かばず、多くの謎を残したまま〇九年に時効を迎えた東京都三鷹市の井の頭公園バラバラ殺人事件がそれである。

公園のゴミ箱から定規で測ったように正確に二十二センチの長さに切断された人間の手足の断片二十七個が見つかり、指紋は削られていたうえ、不気味にも切断面の両側に水切り用の網が被《かぶ》せられ、水で揉《も》み洗いしたのか血液が完全に抜き取られていた。

遺体は近くの一級建築士（三十五歳）で二日前の深夜、友人と酒を飲んでJR新宿駅で別れた後、消息を絶った。公私共にトラブルはなく交通事故もなかった。が、失踪から三十時間余で長さ二十二センチの肉片にしてしまう犯行は尋常ではあるまい。

ところが、最近のバラバラ殺人事件はもっと奇怪であり異常だ。

社会現象や文化の流行は猛烈にスピードアップし、簡単な操作で大抵のことができるインターネットやスマホの普及で、さらに加速する一方だ。しかし、それらは知的・物的財産の価値や賞味期限を短くし、気づかない間に人々から考える力や情緒、コミュニケーション機能を奪っている。

社会の鏡と言われる犯罪では、それが顕著に現れる。大した理由もないのに人を殺し、自分中心の考え方から他人の金品を奪い、無理を通して罪を重ねていく。情報・通信機器の急速な発展は、犯罪をいびつな形に変えているのだ。

バラバラ殺人事件でも、一三年十月に愛知県の女性（二十六歳）への傷害致死容疑で逮捕された四十歳の中古車販売業者が「女性の遺体を冷凍庫で一週間凍らせ、電動ノコギりで細かく切断し、岐阜県など二十五か所にばらまいて捨てた」と自供した犯行は、ある意味で未解決事件以上に不可解で、アブノーマルな犯罪の影が見え隠れする。

調べでは、男は二年半にわたり、女性を映像とともに不特定多数の客と会話する有料サイトで休みなく働かせ、数千万円を荒稼ぎした。〇六年に女性は家族に助けられたのになぜか自ら男の元に戻り、鍵の掛かる部屋に監禁された挙げ句、首に鎖をまいて立たされたまま放置され、睡眠を取ると暴行を加えられ、〇九年夏に死亡したのだ。

女性の遺体は細かく切断されており、県警の捜索では何も発見できなかった。だが、男の腕時計の文字盤とガラスの間に挟まれていた微量の骨片がDNA型鑑定で女性のものと合致し、捜査が急進展。男は腕時計を分解して骨片を入れ持ち歩いており、「俺の愛の証《あかし》だよ」と嘯くなど、この事件は常人には理解できない不気味さがある。

前述した隣人OLを刺殺した男は、法廷の大型画面で犯行の再現ビデオを延々と見せられ興奮し、「絶対死刑だ」と叫んだ末に朦朧《もうろう》となり、ついに控訴審に出廷しなくなった。それが罪の重さを反省した態度ならいいが、犯罪に向き合うことから逃げたのなら自己中心的過ぎて、ITが生み出す虚構の世界に逃げ込む若者たちと何ら変わりはあるまい。

モノを考え感じる脳の機能を回復しなければ、現代社会は衰退し人類の心の寿命が短くなることは間違いない。その意味でも身勝手過ぎる凶悪犯罪に「喝！」と言いたい。

酒鬼薔薇手記の陶酔癖と更生度

私がよく利用するJR中央線の問題点は、列車に飛び込み自殺を図る人が多いことだ。年間二万五千人に上る国内の自殺者（二〇二〇年は二万一千人）の四分の一強は四十歳未満の若年層といい、この世に生を享けた縁《えにし》に感謝し命を大切にして欲しいと願うが、「その願いの言葉は自殺志願者にはタブーなんです」と教育関係者は口を揃える。

自殺を考える子供は家庭や学校で暴力やいじめを受け、「誰も助けてくれない」と絶望していることが多い。そんな彼らに命の尊さを訴えても、「僕だけなぜ酷《ひど》い目に遭うの」「死にたいと思うのは不道徳か」と悩み、ますます助けを求めなくなるという。「信頼できる大人はどこにいて、どうやって助けを求めればいいかを若者に優しく丁寧に教えることが肝要」と心理カウンセラーは言うが、甘やかし過ぎだろう。極端なスパルタ教育は論外だが腫れ物に触るようなやり方は若者をひ弱にするだけで逆効果ではないか。今はネットやコンビニで何でも手に入るため、親や教師、上司など〝人生の先輩〟に対する尊敬や畏怖の念が薄れ、お友達感覚の人間関係が尊ばれる傾向がある。

若者に嫌われたくない〝先輩〟たちは、日常生活の慣習や礼儀を教えず、彼らの無礼な言動も笑って見逃す。若者も〝先輩〟たちの言動や感情を「ダサい」「キモい」と嫌い、ネットやゲームに逃げ込み、「自分だけの仮想現実（バーチャルリアリティー）の世界」に浸るため、ますます他人の気持ちなど考えなくなる。そんな若者たちが現実の世界に戻り、生身の人間や社会の常識に接した時、とんでもない暴発が起きたのだ。

「死刑になりたいから人を殺した。標的は誰でもよかった」（土浦市連続殺傷犯）、「カッコいい事件を起こし死出の花道にしたかった」（佐賀バスジャック犯）など〃わけの分からない動機〃の凶悪犯罪が二〇〇〇年以降に頻発。未成年者の犯行、中でも十代の少女が「人を殺してみたかった」と何の恨みもない同級生や知人を殺害する事件が続いた。

これを「自分の居場所や目標を見失い苦しんでいるのに、真面目《まじめ》で学業成績が良いため誰にも気づかれない孤独な子供の暴走」（愛知県警幹部）と考え、自ら人生を捨てる行動に出た点を挙げ、「殺人と自殺の願望は表裏の関係にある」と主張する専門家もいる。

多くの少年事件を取材した経験から言えば、そうした見方も未成年者の保護・更生を目的とする少年法の規定と同様、〃庇《かば》い過ぎ〃にしか映らない。そのことを最も痛感したのは、一九九七年の神戸児童連続殺傷事件だった。そして、その事件こそが、前出のバスジャック犯をはじめ、多くの無差別殺人犯たちのバイブルとなったのだ。

分かりにくい性的サディズム

人には誰しも、瞼《まぶた》に焼き付いて離れないシーンがある。

私は若い頃よく独り旅に出掛けたし、仕事の関係で、さまざまな事件・事故、災害が発生した直後の現場も訪れた。だが、私のそれは絶景や美女などではなく、たった一枚の写真であった。

それを見た瞬間の衝撃は、今も決して忘れることができない。首の部分で切断された男児の頭部が学校の校門前にポンと置かれていたからだ。しかも男児の口にはまるで長い舌が飛び出したかのように、全編赤い字で綴られた犯行声明文が銜《くわ》えさせられていたのである。

事件は一九九七年五月二十七日朝、神戸市須磨区の市立中学校で発覚した。被害者は三日前から行方不明だった小学六年のJ君（十一歳）で、同日午後には遺体の他の部位が校門から約五百メートル離れた「タンク山」と呼ばれる丘の上で発見された。

犯行声明文は《さあ、ゲームの始まりです　愚鈍な警察諸君、ボクを止めてみたまえボクは殺しが愉快でたまらない……》などと記され、末尾の差し出し人名は《酒鬼薔薇《さかきばら》聖斗《せいと》》とあった。これが神戸児童連続殺傷事件、通称・酒鬼薔薇事件の始まりだった。

約一か月後、兵庫県警が殺人容疑で逮捕したのは、その中学に通う三年男子のA（十四歳）で、同年二月から三月にかけ同区の住宅街で小学三年から六年の女児四人が金槌《かなづち》で殴られたりナイフで刺され、うち一人が死亡した連続通り魔事件の犯人でもあった。

Aは五月二十四日午後二時過ぎ、「カメを見せる」とJ君をタンク山に誘い込み、靴《くつ》紐《ひも》などで絞殺した。そして、《僕が一生懸命に殺そうとしているのに、なかなか死んでくれない彼に腹が立ちました。そのため首を絞めながら顔や頭を両足の踵《かかと》で蹴ったり（略）顔を殴ったりしました（略）殺していること自体楽しんでいました。そうしたら靴紐がねじれているのに気づき……》（Aの供述調書・要旨）と極めて冷静で、首に巻いた靴紐を一度緩め、ねじれを直して再び首を絞めたというから恐ろしい。

しかも、Aは首を絞めながら性的に興奮し、相手がエビ反り状態になると自分も勃起して《満足感でいっぱいになった》（精神鑑定書の問診記録・要旨）という。翌日、殺害現場で首を糸鋸《いとのこ》で切断。頭部は自宅浴室でゴシゴシ洗い、自室に置いて何度も観察した。《J君は仰向けで目は開いていた。（死に顔を見ながら首を切ることに）抵抗はありませんでした。僕が殺した死体であり、言わば僕の作品だったからです》（同）。《人間首を切っていると思うと、エキサイティングな気分に（略）首の皮一枚になった時、左手で髪の毛を摑んで引っ張り、首の皮を伸ばし一気に切りました》（同）。

Aは「自分の最高傑作」である男児の首を母校の正門に飾る晴れの舞台に感激し、《性的興奮は最高潮に達し、性器に刺激を与えていないのに何回もイッた》（同）のだ。

Aはなぜ、こんな凶行に及んだのか。

九七年十月に神戸家裁に提出された精神鑑定書には、《未分化な性衝動と攻撃性との結合により持続的かつ強固なサディズムがかねて成立し……》とある。難解な専門用語が並び分かりにくいため、簡単に説明しよう。キーワードは、①未分化な性衝動②攻撃性③サディズム④直観像素質者⑤虚無的独我論という五つの特性である。
①は性衝動を抱く対象が成長に伴い分化していない、つまりAのように中学生でも異性を意識せず、動物の虐待や映画の惨殺シーンに性的興奮を覚えることを指す。②はAが親から受ける体罰への防衛や反撃として無意識に身につけた特性で、①と②が結びつき好意や欲望を向ける対象を破壊したいという③が形成された。
④は目撃した場面や映像を瞬時に記憶、いつでも鮮明に思い出せる特殊能力者を指す。Aは野鳥の群れを数秒間眺めただけで数が分かるといい、取り調べでも殺害や首を切断した様子を絵に描いて一つずつ詳述した。⑤は《自分は他人と違い異常であると落ち込み、生まれてこなければよかったと思ったが、この世は弱肉強食の世界で、自分が強者なら弱者を殺し支配することができる、という自己の殺人衝動を正当化する独善的理屈》（神戸家裁の処分決定理由・要旨）という考え方だ。
「人間を解体するシーンを想像し性的に興奮してきたAが、実際にカエルを解剖し、その画像の記憶を何度も蘇《よみがえ》らせるうち、本物の人を殺して解剖したくなった。それが未分化な性衝動と攻撃性が結合し、直観像素質が手助けした性的サディズムの出現であり、それを正当化しようとするのが虚無的独我論だ。この五つが揃いAは犯行に走った」（法務省関係者）というのだ。

よく分からない話だが、複雑な心理上の犯行と認識しておこう。

この鑑定結果を受け神戸家裁は同年十月、「責任能力はあるが、成人の人格障害（現・パーソナリティ障害）に相当する行為障害で、長期的な医療措置が必要」として、Aの関東医療少年院への送致処分を決定した。

行為障害は小学校高学年頃から現れ、反社会的、攻撃的、反抗的な行動を繰り返すもので、弱者・小動物への虐待から喧嘩やいじめ、窃盗、放火、破壊など広い領域を持つ。家庭内・校内暴力も含まれ、重度なら精神障害にも発展するというから、何でもありの新しい概念であり、即ち、実際は何も分かっていないのと同じなのだ。

当時の少年法は刑罰対象が十六歳以上だった（この事件を契機に十四歳以上に引き下げられた）ので、まずは順当な処分と言えるが、Aの生活ぶりを取材し、供述調書や精神鑑定時の問答記録を入手して言動を調べる限り、彼を真人間として再生させるための医療行為や訓練などこの世に存在しないのではないか、と心配になってきた。

それを証明したのが前述の男児の頭の写真。さらに捜査員から「Aは首を絞めたり、遺体を切断しながら性的興奮（射精）した」と聞かされた時、更生不能を確信したのだ。

完治を見極める手だてはない

二〇〇四年三月十日、二十二歳の青年が東京都府中市の関東医療少年院を仮退院した。

毎日、五階までの階段ダッシュを十五往復、腕立て伏せと腹筋運動を各百回こなし、身長百七十センチ余、体重七十キロ超の逞《たくま》しい身体になっていたのは七年後のAだった。

退院理由は「六年五か月間の精神医療と矯正教育の結果、性的サディズムが改善され、被害者の冥福を祈るなど贖罪《しょくざい》意識も芽生え、再犯のおそれはなくなった」（関東地方更生保護委員会）。〇五年一月には保護観察期間も終え正式退院し、完全に自由の身になった。が、そんな難しい症状の少年が、本当に完治したのだろうか。

法務省によると、少年院仮退院者の再処分率は二十〜二十五パーセント。仮退院者の四、五人に一人は世間の試練を乗り越えられず、再び犯罪に手を染めていた。

Aの犯行は冷酷非道で刑事責任も認められ、未成年以外に減刑を斟酌《しんしゃく》すべき材料はなく成人なら死刑判決は免れない。この事件を契機に改正された新少年法を適用すれば、最高十二年の不定期刑になった可能性が高い。「Aのサディズムは強固で持続的、六年半の治療で完治するものではない。多少の贖罪意識を持っても再犯の危険性は高い」と警告する精神科医もおり、短期間で社会復帰を許していいのかと首を傾げる有識者も多かった。

そんな疑念を払拭するため、法務省は精神科医三人とベテラン法務教官らで作る専門家チームを結成。精神鑑定で家庭、特に期待に応えなければ体罰を科す母親との信頼関係の欠如を指摘されたAに対して、男性主治医を父親役、女性副主治医を母親役に配した〝疑似家族〟を作り、育児段階からやり直す特別治療更生教育プログラムを進める「国家プロジェクト」（同省幹部）を実施した。

実母より三歳下で「モノをはっきり言うが、優しく世話好き」な副主治医をAは「理想の母」と慕い、淡い恋心を抱いたり失恋を体験したりする中で、異性への関心が芽生えることで性的サディズム解消の期待が高まった。

だが、本当の親子でも断絶した信頼関係の構築と仮想現実の世界からの脱却を、バーチャルな家族体験でそう簡単に行えるわけがない。やがて国家の威信をかけた大作戦が一瞬にして水泡に帰すような事件が起きた。

九九年初夏、副主治医の悪口を言った院生に激怒したAは、ボールペンで相手の目を突き刺そうとしたのだ。

「これは愛情の表れではない。彼は気に入った相手は大事にするが、嫌いな奴《やつ》は徹底的に攻撃する。嫌がらせは三倍返しなので教育成果がパーどころか、酒鬼薔薇復活を思わせる殺気を放っていた」（少年院関係者）。

まだある。〇二年初夏、関東医療少年院から移送された東北中等少年院で〝由々しき事態〟が起こっていた。

少年院担当者によると、その時、プログラム最終段階だったAは院生二十人で集団生活や職業訓練を受けていた。社会の荒波に揉まれる経験を積むため、本来は正体を明らかにすべきところだったが、他の院生への影響を考慮し、Aは偽名を使い酒鬼薔薇であることを隠していた。それが一部の院生にバレ、授業中にわざと足を踏まれたり手足をつねられたほか、洗面所で歯ブラシを隠され清掃奉仕中にバケツの水を掛けられるなど、陰湿ないじめや嫌がらせを受け始めたのだ。

さらに教室で数人の院生に囲まれ、「お前があの酒鬼薔薇か。特別扱いされ、いい気になっているんじゃないか。殺される人間の苦しさを思い知れ」と罵倒され、周囲から一斉に「酒鬼薔薇」コールが起こるなど、いじめがエスカレート。次第に常習化し、皆でど突く暴力的なものや裸にする性的な嫌がらせまで行われた。

そうした最中、工作機械を使った職業訓練を受けるため教室で待機していたAが奇声を発し、実習で使うカッターナイフを振り回して周囲を威嚇しながら、教室内を徘徊し始めたのだ。駆けつけた教官が他の院生を外に出し、Aの説得を始めた矢先、彼は意味不明の言葉で絶叫した後、持っていたカッターナイフで自分の性器を傷つけ、血だらけになって倒れた。幸い大事に至らなかったが、個室に押し込められ事情聴取を受けたAは、しばらく興奮して何をやり出すか分からない危険な状態が続いた。

何があったのか——は関係者の口が重く真相は明らかになっていないが、院生のいじめにかつて母親から受けた屈辱的な絶対服従や体罰を思い出させる何かがあったため、思わずカッターナイフを握ったようである。

この騒動でAは関東医療少年院に送還され、仮退院は延期される——と誰もが考えた。が、Aの元に届いたのは、《プログラム修了》という驚くべき通知だった。

監督責任を回避したい少年院と、「国家プロジェクト」失敗で面子丸潰れになることだけは免れたい法務省の思惑が合致。院内に厳重な箝口令が敷かれ、Aの行動は単なるアクシデントとされ、完全にウヤムヤにされたのだ。

「もともと病状が完治したことを見極める有効な手だてなどないし、更生ぶりを示す決定的証拠も存在しない。現時点でやるべきことはすべてやったので、後は一刻も早い社会復帰しかないということだ」（法務省幹部）。

これでは、Aの退院が本当に正しかったのか、極めて不安である。

実は、Aが治癒しておらず、再発のおそれが十分にあることを示した医療少年院作成の内部文書がある。また、Aが人を殺しても死刑にならないという少年法の規定を熟知したうえで、計画的に犯行に及んだ疑いを示す証言も存在する。それらは拙著『未解決』に詳述してある。

透明な存在のボクに気づいて

私はAが完治したか否かを問うつもりはない。それよりも第三者が退院時やその後も定期的に検証し客観的に確認して、その結果を可能な限り公表する仕組みを作るべき、ということだ。

法務省の面子が絡んだ成果発表で、「大丈夫」と言われても信用できない。

仮退院したAは都内で約一か月間、ホテル暮らしなどをした後、更生保護施設に入所した。派遣会社に登録しビル清掃や廃品回収、溶接工などの仕事をしたが、施設内で正体がバレると、篤志家の里子となり、その家に身を寄せた。

Aは保護司や支援者の下で職に就き、被害者の遺族にわずかだが賠償金を支払い、被害者の命日には贖罪の手紙を書いて弁護士を通じて遺族に送ってきた。保護観察期間が終わり〇五年一月に本退院となると、彼は篤志家の元も離れて完全に自由の身となった。

私は直接、Aの口から「真実」を聞こうとさまざまなルートを通じてインタビューを申し込み、彼の行方を追いかけた。だが、彼の周囲には保護司や〝法務省支援チーム〟がいて、なかなかガードが固く、未だに実現できていない。

世間には「そっとしておけば」と擁護する声もあるが、彼がきちんと反省し本当に更生していることを私自身の目や耳で確認しない限り、国民の「安心して生きる権利」を守ることはできないし、本人もけじめを付けたことにならないだろう。

何しろ、市民はAの名前や素顔を知らされておらず、仮にAが隣の席に座っていても分からない。もし病状が完治せず更生が不十分だったら、何が起きても不思議ではないからだ。

また精神障害などが疑われる犯罪者の再犯率は非常に高く、特に性犯罪者の再犯率が高いことは周知の事実だが、「人権的配慮で明確なデータが作成されておらず、実態は分かっていない」（精神科医）のが実情なのだ。

しかも我が国にはそうした犯罪者を治療する専門の医療機関や、独自の矯正教育を施す施設もない。

仮に障害の疑いのある常習の殺人者や性犯罪者が出所しても、行き先の追跡や把握は難しい。保護司はなり手が少なく、六十歳以上が八割を占めるなど高齢化が著しい。法務省や警察当局も代替わりが進み、残虐な殺人事件が起きる度に、Aの所在確認に右往左往しているのが現状だ。

もう一点は、いつまでも事件の真相解明を怠らないことである。

酒鬼薔薇事件の真の犯行動機は、Aが神戸新聞社宛に送った千二百字の挑戦状の中に潜んでいる。《透明な存在であるボク》という表現が三か所、《ボク》なる言葉は二十二回も登場する。

それは、現代社会の〝乾いた人間関係〟の中で《透明な存在であるボク》、即ち希薄な存在である自分を周囲に気づいてほしいから起こした犯罪なのだ。

酒鬼薔薇事件は動機の分からない犯罪と言われたが、今の世は「誰でもよかった殺人」時代に変わっており、犯罪者の顔や心がますます見えにくくなりつつある。《透明な存在のボク》が社会の中で本物の透明人間になってしまうのでは、あまりに恐ろし過ぎる。

衝撃を受けた校門の写真を是非一度、皆さんに見て頂きたいと思う。死者の人権上問題があり実現は難しいが、〝透明なボク〟の存在と彼がなせる悪行を知ってほしいし、それは百枚の原稿より説得力があるからだ。

実は、Aは女児を襲撃した日から「犯行メモ」を綴っているが、その最終ページには、

《愛する「バモイドオキ神」様へ　ボクはいま十四歳です。そろそろ聖名をいただくための聖なる儀式「アングリ」を行う決意をしなくてはなりません。（中略）自分なりに筋を考えました。その筋書きはこうです》

と綴っている。文章は途中で終わっているが、「アングリ」は悟りを開くため九十九人を殺害した古代インドの修行僧「アングリマーラ」のことで、百人目に母親を殺そうとしてブッダに救済された。母親を憎むAが「アングリ」を目指していたのなら、彼の犯行はまだ終わっていないのだ。

謝罪なき更生などない

そのAが三十二歳になった一五年六月、「元少年A」の名で、事件を起こすまでの経緯や現在の心境などを綴った手記『絶歌』（太田出版）を出版、十万部を発行した。

医療少年院時代からAは文章を書くことが好きで、長文のレポートをよく書いていたことは聞いていたし、一五年一月に『週刊新潮』が《幻冬舎がAの手記出版に動いている》と報じる前からその情報を聞いていたから、特に驚きはしなかった。

ただ私は、Aの追跡取材を止めた後も人を介して、A自身に「顔や名を出さなくてもいいから、たとえ罵声《や》を浴びせられようが石を投げられようが、遺族を訪ねて直接、謝罪すべきではないか」と言い続けてきたので、Aが遺族に無断で出版したと聞いて怒り心頭に発するとともに、やはりAに贖罪意識はなく、本当は更生できていなかったことを再確認した。

出版元はホームページで目的を《少年犯罪を考える上で社会的意味がある》と説明したが、雑誌の取材に《野菜を切るための包丁を売ったのに（略）人殺しに使われてしまった（略）我々は野菜を切るために一番切れ味の良い包丁を提供した》と反論したのは無神経過ぎた。Aが犯行声明文に《汚い野菜共には死の制裁を》と記し、母親に「弱い者は野菜と同じ」と言い放つなど、常に被害者を野菜扱いしてきたことを知らなかったのか。

Aも手記で執筆の理由について「自分の過去と対峙《たいじ》し、切り結び、それを書くことが僕に残された唯一の自己救済」だったと説明している。

巻末で遺族に謝罪しているものの、大半は「犯行の言い訳どころか、俺は単なる犯罪者ではないと自己陶酔し、自分の犯罪は凄いという自己顕示欲を示すばかりで、事件当時に戻っている」（捜査員）という。

確かに《犯行のきっかけは、最愛の祖母の死》とか、犯行当日を《僕は、僕ではなくなった》、「少年A」の名を《血の通った一人の人間ではなく無機質な「記号」になった》など、まるで他人事《ひとごと》のように書いている。また、少年院での出来事など都合の悪いことはほとんど触れていない。

これでは、以前からAに手記などを発表しないように求めてきた遺族が怒るのは当然である。

J君の父親は「報道で初めて知った。最愛の子の殺害状況を十八年後に公表されるのは、重大な二次被害だ」と太田出版に抗議し、六月十二日、速やかな回収を求める申し入れ書を送付した。父親は「今回の承諾なしの手記出版で、加害者が自己を正当化し、文字だけの謝罪で、悪いことをしたという気持ちが全くないということがよく分かった」と批判する。

実は、私はAの犯行や治療更生の実態を雑誌に書いた時、編集者を通じJ君の父親に了解を求めた。父親は拙稿を熟読後、「捜査資料などに基づいた文章とはいえ、息子が殺害される場面は遺族として読み難いです。でも事件やAの本当の姿を知って頂くためならと耐えます」と回答を寄せ、「真実をきちんと書いて下さい」と〝激励〟まで受けた。父親は事件と真摯に向き合っており、単に感情的になって批判しているだけではないのだ。

　現にAからやっと贖罪の気持ちを表した手紙を送られた遺族たちは、その気持ちを何とか受け止めようとして努力していただけに、今回の一方的な手記発表には、裏切られた思いでいっぱいだという。

　そうした衝撃や失望感は、事件後に転居と転職を繰り返し関西の地方都市でひっそりと暮らすAの両親も同じだった。Aに同居を拒否されながら自分たちの手記の印税全額と毎月六万円を遺族に支払うなど支援を続けてきただけに、弁護士ともども、「これで積み上げてきた被害弁済も、本人の社会復帰もパーだと取り乱している」（知人）。

　因みに、Aもこれまで毎月一万円を遺族に支払ってきたが、収入がなくて滞った時期もあり、手記の印税でまとめて支払うとの見方もあった。

　ただ、この三年間は仕事をせずに執筆に没頭していたといい、その生活費の一部数百万円を出版社から借金し、返さなければならないうえ、今後の生活費のメドも立っておらず、不透明な形となっている。

　また、元「理想の母」の女性副主治医も「週刊誌報道で出版を知り、反対していたのに強行されて呆然《ぼうぜん》自失となり、Aとも連絡が取れない状態になっている」（法務省関係者）という。

モノ書きの端くれとして言論・出版の自由は、民主社会で最も重要な権利の一つと思っている。日本国憲法も第二十一条で《言論、出版その他一切の表現の自由》を保障しているが、この自由は決して無制限ではない。

東京・渋谷の街頭で「爆弾が破裂する」と嘘《うそ》を叫び、市民を混乱させる言論の自由はない。差別的文言で人々を貶《おとし》める表現の自由もないはずだ。加害者自身が遺族に無断で出版した今回の手記は、果たしてどうだろうか。

作家志望のAが既に小説を書き上げ、発表する時期を計っているという情報もあり、Aは執筆を《自己救済》だけではなく、まさに生活の糧にしようとしているフシが窺われるのだ。

私は犯罪加害者に発言の場を与えるな、と言っているのではない。問題はその中身や節度である。

本人なら何を書いてもいいのではなく、事実か否か、自己中心的になっていないかなどに十分に配慮すべきだろう。「自由」とは規制を受けないことではなく、自ら尊重し、守り抜くべきものなのである。

謝罪なき更生など絶対にあり得ない。その意味で、Aの手記は世に出るべきものだったとは思えない。

これから堂々と生きていこうと思うなら、素顔で勝負するしかないだろう。

第4章
女心ほど不可解なものはない

女性の犯罪は、
情が深くて繊細な
感性を持つがゆえに、
時にはトンでもないことを
仕出かすことがある。
不可解極まりないのだ。

鑑定でも不明な毒カレーの動機

夏が来れば思い出す……と言っても群馬、福島県境に広がる尾瀬湿原の水芭蕉の話ではない。私の場合、一九九八年の夏に和歌山市で発生した毒カレー事件を指す。

同年七月二十五日、和歌山市園部の自治会夏祭り会場で、地元住民が作ったカレーの鍋に猛毒の亜ヒ酸が入れられ、食べた自治会長ら四人が死亡、六十三人が急性ヒ素中毒となった事件である。

町内の主婦、林眞須美《ますみ》死刑囚（三十七歳）が殺人罪などで逮捕、起訴され、二〇〇九年に死刑が確定した。事件は大々的に報じられ、早々に疑惑を持たれた眞須美が〝意味不明な笑み〟を浮かべながら、突然、自宅を取り囲む報道陣にホースで水をまくシーンが当時のテレビでよく流れたから、覚えている方も多いだろう。

実は、この事件が起きた時、私は別の取材のため現場に行けなかった。それでも印象に残ったのは六十数世帯約二百人の住民全員が顔見知りで、よそ者が来ればすぐ分かる田舎の小さなコミュニティーで起きた無差別大量殺戮であり、毒を入れた目撃証言も出なければ、犯行動機も定かでない〝一町内単位の密室ミステリー〟だったからだ。

眞須美は和歌山県警の調べに対し固く口を閉ざし、自供はおろか一通の調書作成にも応じていない。それどころか一審の和歌山地裁でも黙秘を貫き、検察側に「弁解すれば、自己の犯人性がより明白になるからだ」と追及されても無視し、弁護側の質問にさえ答えない徹底ぶり。最後に裁判長から「自分の言葉で訴えることはないか」と発言を促されても「何もお話しすることはありません」と得意の〝不可解な笑み〟を浮かべるばかりだった。

　犯行に直結する物証や証言、そして犯人の自白もない難事件をどう解決するか――が私の最大の関心であった。と言うのも、毒カレー事件の十数年前、駆け出し記者だった私にとって苦い思い出があったからだ。

　関西地方の山里に建つ一軒家で、病気で寝たきり生活を送っていた九十代の資産家男性が絞殺体で発見され、八十歳近い後妻が別件の窃盗容疑で逮捕された。

　扉や窓は施錠され、外から侵入・物色した痕跡はない。後妻は「麓の町に一人で買い物に行っていた」とアリバイを主張したが、車の運転ができないのに誰かの車に同乗したりタクシーを呼んだりした形跡はなく、一日数本しかない路線バスでの目撃情報も皆無であった。

「資産を狙って後妻に入ったものの、介護疲れから喧嘩が絶えなかった」など犯行動機に繋がる情報を得た警察は後妻を厳しく取り調べた。が、凄腕《すごうで》の取調官が脅しや泣き落としを仕掛けても全く動じず、「私はやってない。犯人は他にいる」と頑強に否認した。

夫婦二人暮らしの現場ゆえ後妻の指紋や遺留品は証拠にならない。しかも後妻はかつて「ツチノコを見た」と証言し「ツチノコ婆《ばあ》さん」と変人扱いされ、辻褄《つじつま》が合わずに〝嘘つき〟呼ばわりされた後も「絶対にいる」と言い続けた強者《つわもの》だ。

警察は後妻の自供を得られず、鍵のない便所の掃き出し口が第三者の侵入を可能にしたため、釈放せざるを得なかった。私もスクープを狙って後妻に独占インタビューしたが、結局、一行の記事も書けなかった。

一度こうと心に決めたら、何があろうと、いかに有力な証拠を突きつけられても、決して供述は翻さない。眞須美や首都圏連続不審死事件の木嶋佳苗《きじまかなえ》死刑囚、尼崎連続変死事件の角田《すみだ》美代子元被告ら女性の犯罪者に多く見られる傾向だが、彼女らを自供に追い込むことはもちろん犯行を立証するのは至難の業と言えよう。それならなぜ、眞須美の有罪は認定されたのか。最高裁の判決理由を元に、事件を再検証してみよう。

目撃証言のジグソーパズル

眞須美の上告を棄却した最高裁第三小法廷はその直前、同様に直接証拠がない電車内の痴漢事件で裁判官五人の意見が三対二に割れ、無罪判決を出した。

それで法曹界は毒カレー事件でも逆転無罪があると注目したが、全員一致で一、二審の死刑判決を支持した。

最高裁は主な理由として、①カレーに混入されたのと組成上同じ特徴を持つ亜ヒ酸が林宅で発見された②眞須美の頭髪から高濃度のヒ素が検出され、付着状況から本人が亜ヒ酸を扱ったと推認できる③眞須美だけがカレーの鍋に亜ヒ酸を混入する機会を有しており、調理済みカレーの鍋のふたを開けるなど不審な挙動が目撃されている——などの点を挙げた。

さらに④眞須美が毒カレー事件に先立ち、長年にわたり保険金詐欺にかかわる殺人未遂事件などを起こしている点を重視。「繰り返し人に対してヒ素を使用し殺害の道具にしていたことは、被告人以外の事件関係者には認められない特徴であり、毒カレー事件の犯人性を肯定する重要な間接事実である」と断じたのだ。

補足説明すると、①県警は会場のゴミ袋から亜ヒ酸を底に付着させたピンク色の紙コップを押収したが、眞須美の友人の「同じ色の紙コップを林宅の台所で見た」との証言から林宅を捜索。そこで押収したプラスチック容器から亜ヒ酸を検出し、中井泉・東京理科大教授に鑑定を依頼した結果、《ヒ素の成分が同一》との結論が出たことが大きかった。

詳細は後述するが、眞須美の夫（五十三歳）がもともと白アリ駆除業を営み、大量のヒ素を扱っていたことや、県内の白アリ駆除業者である眞須美の兄が妹の夫から缶入りのヒ素を譲渡されながら、毒カレー事件後、眞須美に口止めされていたと県警に供述し、義弟から譲り受けたヒ素を県警に任意提出したことも立証のきっかけになった。

一方、③は県警が祭りを運営した自治会役員とカレー作りを担当した同婦人部員を中心に住民全員から事情聴取し、各人が何時何分にどこで何をしていたかや、何を見たかなどの証言を丹念に拾い集め、事件当日の分刻みのタイムテーブルを作成した。そして現実的には、眞須美以外の犯行が不可能であるという状況証拠を築き上げた。

表によると当日「病院に行くのでカレー当番ができない」と電話をかけてきた眞須美は突然、正午頃に会場に現れ午後一時までカレー鍋の見張りを担当。当番体制を混乱させ、少なくとも三回、延べ十数分間は一人でカレー鍋の側《そば》にいたことが分かっている。

そして、眞須美が「鍋の側でウロウロし、しきりに周囲を気にしていた」とか「自宅に二回戻って何かを持ってきた。交代に来た主婦に『何もしてへん』と変な弁解をした」など不審な言動の目撃情報が住民から複数寄せられていた。

中には、眞須美が「鍋をかき回した後で鍋から白い煙が上がった」とか「男性にメモを渡して、その男性から何かを受け取って、棒のようなもので鍋をかき混ぜた」など〝未確認の注目証言〟もあった。

そんな中で眞須美が「午後十二時十分頃、右手にピンク色の紙コップを持って、自宅から会場に入ってきた。周囲の誰にも気づかれずにカレー鍋に近づいた」という十代男性の証言が飛び出し、その供述調書が事件を立証する出発点となったのである。

大阪府警の元ベテラン鑑識課員に聞いた別の話だが、墜落で粉々になった飛行機の破片を一つずつ拾い集め、警察署の床に並べて調べたことがあったという。ジグソーパズルのように破片をはめ込む作業を一か月余続けた結果、荷物室の扉の下部に破片が繋がらない箇所があり、穴が丸く空いた形が残った。その室内の箱にあった手榴《しゆりゆうだん》弾が爆発したことが墜落の原因であると突き止めたのだ。

そうした忍耐強さと職人技に感動し、事件現場で藪《やぶ》を払い川底を浚って証拠を探す彼らの姿を見る度に頭が下がるのだが、証言集めには別の難しさがある。証言者の性格や見識、背景事情などで話の信用度が全く違うからだ。

私は事件現場で住民に取材することが多いが、単なる噂《うわさ》やテレビのワイドショーで知った話を自分が見たかのように話す人が多く、真実を見極めるのは難しい。一九六八年の三億円強奪事件で被害に遭った銀行員たちは爆弾の恐怖で犯人の顔を見ていなかったのに、叱責を恐れ口裏を合わせた嘘を証言した。それでできたのが有名な白バイ警官のモンタージュ写真であったことは第1章で詳述した通りである。

被害者か共犯か分からぬ人々

眞須美が裁判で有罪と認定されたのは、毒カレー事件以外に六件ある。九七年二月、彼女が一億四千万円の生命保険金を得ようと夫にヒ素入りくず湯を飲ませたが死なず、中毒になった殺人未遂事件や、九七年九月に眞須美が一億二千万円の生命保険金を得るため、自宅に同居中の男性（三十五歳）にヒ素入り牛丼を食べさせたが死なず、生保など五社から入院給付金五百四十万円を騙《だま》し取った殺人未遂・詐欺事件——などである。

検察側は二十三件の保険金詐欺疑惑を追及し、六件以外は起訴見送りや罪を認定されなかったが、眞須美の犯罪性向を裁判官に強く印象付けることには成功した。

検察側は八八年から九七年まで計四回、眞須美が夫にヒ素入り食物を与えたと主張。だが夫は妻からヒ素を飲まされたことを否定し、控訴審で「保険金を騙し取るため自分でヒ素を飲んでいた」と自白、計三件の保険金詐欺罪で懲役六年の実刑判決を受けた。即ち夫は自ら共犯者と認めているにもかかわらず、被害者に認定されていたことになる。

さらに検察側は同居男性が林宅にいた二年間に、眞須美からヒ素を四回、睡眠薬を十回飲まされたと主張したが、大人の男が全く気づかなかったとは考えにくい。

「やってるのやったらしゃあないけど、やってもいないのに、どうしても死に切れん」と冤罪《えんざい》を主張する眞須美の弁護団も、夫や同居男性は保険金詐欺で得た金で遊興に耽《ふけ》った共犯者であり、検察が被害者に仕立てたと主張、眞須美には動機がないと力説する。

弁護団は和歌山地裁に再審請求を提出、紙コップとプラスチック容器の鑑定データの再分析を河合潤・京都大学大学院教授に依頼した。そして、中井鑑定がヒ素に含まれるスズやアンチモンなど重元素の組成が一致したとしたのに対し、河合鑑定は鉄や亜鉛など軽元素の組成が異なり、ヒ素は別物であると中井鑑定を否定する結論を示した。

この分析結果を地裁に提出した弁護団は二〇一三年三月、中井教授の分析方法は杜撰なうえ、事件鑑定として初の試みで、DNA鑑定という最新技術への過信で冤罪が生まれた足利事件の二の舞になると批判した。また眞須美の毛髪鑑定でも、ヒ素の付着状況に矛盾があると、弁護団は全鑑定データの開示を申し立てた。

こうした背景には、毒カレー事件も担当していた県警科学捜査研究所の主任研究員が、証拠品の鑑定結果を大量に捏造《ねつぞう》していたことが発覚し、一二年末に懲戒処分（依願退職）となったことへの強い不信感がある。ただ、眞須美は二審で詐欺の一部を認めながら夫らの犯行としたため、「一度も誠実に事実を語ったことがない被告が真実を吐露したと考えられず、自分の殺意を否定する意図が窺われ、信用できない」と裁判官の心証を悪化させた。実際、和歌山地裁が一七年に再審請求を棄却、二〇年に大阪高裁が即時抗告を棄却している（最高裁に特別抗告中）。

動機に関係か不倫相手の存在

最終的に、検察側は公判で犯行動機を明らかにできなかった。

眞須美は自治会の規則を守らず、住民との間で違法駐車やゴミ不法投棄などトラブルを抱えていたが、無差別大量殺人を起こすほどの問題とは思い難い。

「私は保険金詐欺は働いても、一円にもならない殺しはしない」と嘯く眞須美だが、被害者の中に彼女が勧めた保険への加入者はおらず、犯行動機にはならないはずだ。

「毒カレー事件が起きたのは、林家で恒例の麻雀《マージャン》大会が開かれる土曜日やった。参加する夫や友人ら六人に事件の三週間前、眞須美が総額一億円を超える八件の保険を掛けていたことが分かった。麻雀客に祭りのカレーを食べさせ殺害する計画やったと睨《にら》んだが、当日は都合が悪い者が続出し、眞須美は病気で入院中の男にまで参加を呼びかけるなど必死やった。中止が決まった後は毒カレー事件と無関係であることを装うため、慌ててカラオケ喫茶に行き深夜に帰宅したが、留守番の子供に『あんなホコリの入ったカレーは絶対に食べるな』と言ってレトルトカレーを用意するなどボロを出しており、保険金詐欺こそ真の動機だったに違いない」（元捜査員）

この証言は眞須美なら十分にあり得る話であり、耳を傾ける価値のあるものだが、実際に麻雀大会を開かなかったこともあり、追及し切れていない。

判決は犯行動機が未解明である点をあまり重視していないが、問題は夫以外の〝真の共犯者〟の存在であり、そこに動機に繋がる何かがあったのではないかということだ。

明るく派手好きな眞須美は、事件前から複数の男性との交遊関係が囁《ささや》かれ、獲得した六億円余の保険金の一部に使途不明金があったり、逮捕直前には逆に多額の借金もあったことから愛人に貢いでいたとの説も出ていた。

一時は愛人と目されながら仲違いしたという元会社社長は眞須美と会ってアイスコーヒーを飲んだ途端、意識不明となり、気がついたら激しく殴打され、路上に倒れていたという。この話が事実なら、元社長の殴打痕や大男を運ぶ労力を考えれば、男の共犯者がいなければ成立しない犯行であろう。

また周囲にはほとんど知られていない話だが、眞須美は逮捕直後に警察署内で流産し、妊娠時期は夫が入院中で不在だったことから、県警も犯行動機に繋がりかねない愛人＝共犯者の存在に注目した。だが、本人が完黙したため、正体は突き止められなかった。

私も眞須美の不倫相手と囁かれた大阪府の介護士やホスト出身の建築関係者ら七人に会って次々と話を聴いたが、事件当日のアリバイがあるなど共犯者ではなかった。

実は、私の元には眞須美側から密《ひそ》かに事件の真相を解明し冤罪を晴らして欲しいという要請があった。それで、眞須美が「真犯人よ」と名指しした男にも直撃した。確かに「豊田商事の残党で金儲《もう》けは上手だし保険金詐欺も得意技であり、ヒ素を扱う友人もいた」が、男が自治会のカレーに毒物を入れる理由は何も浮かばなかった。

事件取材では事実関係を九十九パーセントまで突き止めても真相を解明できたとは言えず、泣く泣く取材を途中で断念することも多い。世の中には、ニコニコ笑って人を殺す輩もいれば、臨終の床でも平気で嘘をつく権力者もいる。真実を摑むには証拠や証言というパズル片を一枚ずつ埋めて行くしかない――と、夏が来る度に思い出す。

疑惑死だらけの〝治安のいい国〟

「二人しかいないのに、私が夫を殺しますか。犯人と思われるに決まっとるやない。それほどボケてないで」

「もし家から毒が出てきたら捏造や。そんなもん、私みたいな普通のおばちゃんが、どこで手に入れるんや」

京都府向日《むこう》市の無職男性（七十五歳）が二〇一三年暮れに自宅で急死し、司法解剖で胃などから致死量を上回る青酸化合物が検出された事件で、京都府警は一四年十一月、妻の筧《かけひ》千佐子容疑者（六十七歳）を殺人容疑で逮捕した。冒頭の言葉は逮捕前、報道陣に囲まれた千佐子が声を荒らげて反論した時のものであり、そのふてぶてしい態度にはベテラン刑事でさえ唸らされた。

二人は一三年六月に結婚相談所を介して知り合い、夫が死亡する一か月余前に結婚したばかり。彼女には四人目の夫で、周辺で表面化した七人目の変死者であった。

大阪府貝塚市で印刷業を営んでいた最初の夫とは二十数年間連れ添った末に一九九四年に死別したが、経営難で多額の借金を背負い生活苦に喘《あえ》いだ。そのためか十年後、千佐子は「食っていける人なら誰でもええ」と〝後妻業〟を始めたのだ。

〇六年春に結婚し二番目の夫となった兵庫県西宮市の医薬品卸売会社元代表（六十九歳）は数か月後、脳梗塞で急死した。〇七年に交際を始めた奈良市の男性は〇八年三月に急性心不全で死亡。駆けつけた親族に千佐子は「私たちは婚約中で、近く入籍する予定やった」と言い放ち、男性に作成させた公正証書を盾に遺産を独占したという。同時期に〝二股交際〟していた大阪府松原市の大地主で農業を営む男性とは奈良市の男性が死亡後に結婚したが、一か月余後の同年五月に男性は自宅から救急搬送され病死と診断された。

また、一一年から交際していた貝塚市の男性は一二年三月、ミニバイクを運転中に転倒し死亡したが、心臓疾患との診断だった。

さらに、一二年冬から交際を始めた兵庫県伊丹市の男性は一三年九月に自宅で倒れ、搬送先の病院で死亡。死因は肺がんだったが、あまりに不可解な突然死だった。そして、向日市の四番目の夫である。

千佐子が交際相手として選ぶ男性には、幾つかの共通点がある。まず、七十歳以上の高齢者で身体が弱いか持病がある。次に一千万円以上の年収かそれ以上の資産を持ち、近くに子供や親族がおらず孤独……などである。

薄幸の未亡人を装った千佐子は複数の結婚相談所に登録し、見定めた相手に「もうあなたしかいない」と甘えて近づく。

彼女の売りは六十代には見えない若さと色気、「家庭料理が得意」「趣味はガーデニング」など資産家老人が喜びそうな特技。さらにメガバンクに勤務した経験を活《い》かし、「お得な資産管理ができる」ことであった。

しかし、結婚後も週数日しか同居せず通い婚を貫き、他の高齢者を狙って婚活を繰り返し、先物取引や外国為替証拠金（ＦＸ）取引などに熱中した。交際相手に遺産相続を約束させる公正証書作成を迫って過去十年間に十億円余を相続したが、大半を金融取引などで失い、逆に一千万円以上の借金があることが、後の捜査で分かった。

こうした女の生き様は、一六年夏に公開された映画『後妻業の女』で大竹しのぶが演じた主人公とよく似ている。原作者の直木賞作家・黒川博行氏は否定するが、何やらこの事件をモデルにした作品のような気がするのは私だけではあるまい。

日本で「平成の毒婦」、海外でも「ブラックウィドウ（黒い未亡人）」と大きく報じられた事件だが、捜査は証拠不足のため難航した。

たまたま前出のバイク事故で死亡した男性の血液が病院内で保管されていて、一四年五月に大阪府警が青酸化合物の検出に成功したことから進展した。

同年夏に千佐子がこっそり処分した家財道具を調べて園芸プランターの土中に埋められた不審な小袋を発見し、その付着物から微量の青酸化合物を検出したため殺人罪で逮捕、そして起訴にこぎ着けたのだ。

当初、本人は取り調べに対し「絶対に殺していない。青酸を入手する方法がない」と頑強に否認していたが、起訴直前に殺害を認める供述を始めた。しかし内容に曖昧な点が多く、裏付け捜査と裁判の難航、長期化が予想された。

京都府警は、舞鶴市の女子高生殺人事件で物証がないのに逮捕した男の無罪が確定しているうえに、一三年十二月の「餃子の王将」社長射殺事件でも未だに有力な手掛かりを摑めていないだけに慎重に捜査を進めており、青酸化合物の入手経路の解明に全力を挙げている。

意外な動機と判決にブーイング

この事件を取材して思い出すのは、前述した一九九八年七月の和歌山毒カレー事件だ。町内の主婦、林眞須美死刑囚（三十七歳）が殺人罪で逮捕、起訴され、二〇〇九年に死刑が確定したが、眞須美が保険金詐欺で得たカネで、楽に贅沢《ぜいたく》な暮らしをすることを覚えて転落していく軌跡や、犯行を否認して「私は保険金は騙し取っても、一円にもならない殺しはしない」と嘯く姿は、向日市の事件に通じるものがあり、女性特有のふてぶてしさや恐ろしさを感じさせる。

このほか交際相手が続けて変死した事件としては、〇九年に首都圏と鳥取県で発覚した二つの連続不審死がある。

前者の木嶋佳苗死刑囚の事件では、交際相手が車内で練炭による一酸化炭素中毒で死亡するなど六人が死亡。後者の上田美由紀死刑囚の周囲でも、睡眠薬を飲んで溺死するなど六人が不審な死を遂げている。二人とも一七年に死刑が確定している。

捜査資料や裁判記録によれば、両事件とも金銭欲と愛欲が絡んだ犯罪と見ていいが、連続して殺害に至る動機が解明されておらず、何やらすっきりしないところがある。

もっと意外な動機があった事件では、〇六年十二月十二日、東京・渋谷で起きた〝セレブ妻〟による夫のバラバラ殺人がある。

名門女子大を卒業した自称・社長令嬢で、外資系企業に勤める年収千二百万円のエリートサラリーマンの夫と愛犬と共に東京・渋谷の豪華マンションで生活。いつもブランドファッションに身を包み、週に数回スポーツジムに通う「カオリン」の愛称を持つ〝セレブ妻〟が、夫のDVに耐えかねてワインボトルで数十回殴打して撲殺し、遺体をノコギリでバラバラに切断して逮捕された事件である。

この〝セレブ妻〟の犯行は、美人で優雅なイメージとは裏腹に冷酷そのものだった。夫の顔が原形を留《とど》めないほど執拗《しつよう》にワインボトルで殴打した。本人は殺害時に盛んに「怖い」と口にしたが、血塗れになりながら夫の頭や手足をノコギリで切断してゴミ袋に入れ、平然と近くの民家に放置したり、タクシーに乗ってJR新宿駅近くの路上に捨てに行っていた。

彼女が動揺して取り乱した様子はない。遺体の流血を止めるため土を敷くことを思いつき、園芸店で培養土を八袋も買って殺害現場の自宅まで配達させている。夫の無断欠勤を心配して訪ねてきた上司を、腐臭漂う玄関先で堂々と出迎え、言葉巧みに追い返してもいる。

カオリンの「怖い」という感情は、贖罪意識でも犯行発覚の恐怖でもない。供述調書を読む限り、大事な城である自宅を遺体や流血で汚されることに嫌悪感を抱いていたとしか思えないのだ。

また、夫の暴力に耐えかねた犯行との主張も説得力に欠ける。確かにDVらしき事実はあったが、逆に夫に暴力を振るったり、避難先からはいつも自分の意志で帰宅していたことが分かっている。

だが最愛の夫の暴力に脅え、耐え忍ぶ薄幸の美人妻を演じる法廷のカオリンに、傍聴席を埋めた女性ファンはもとより弁護人までが感極まり、裁判所が心神喪失状態を説いた精神鑑定を退けて懲役十五年の判決を下した時には、法定内にブーイングが起こったほどであった。

ところが判決が断じたカオリンの動機は、意外にも「夫に愛人ができ〝セレブ妻〟の座と経済的に豊かな生活を奪われることが許せなかったため」であり、自分だけが元の空虚な存在に戻りたくないという自己愛に過ぎないことが明らかになった。

一九九四年三月の福岡・美容師バラバラ殺人事件は、それと似たような雰囲気を持つ犯罪であった。美容師が自分の恋人と交際していると邪推した同僚を恨んで殺害したという動機は今一つの感があるが、遺体をバラバラにしてゴミ袋に入れ、九州自動車道のパーキングエリアのゴミ箱やJR熊本駅のコインロッカーなど目立つ場所に捨てるなど、犯行はかなり派手だった。

しかも、この美容師は、《次はお前だ》と書かれた脅迫状を見せて「自分も狙われている」と話すなど、隠蔽工作と言うより自己顕示欲を満たすための行動が目立った。

懲役十六年の判決を受けて服役中に手記を書き下ろすなど、相変わらず派手なことが好きであり、「カオリン」と同様に真の動機が何だったのかが見えにくい犯行と言えるだろう。

恐怖と欲望を利用した洗脳術

次の尼崎連続変死事件はカネ目当ての犯行には違いないが、どこにでもありそうな幸せな家庭がなぜ、ここまで徹底的にしゃぶり尽くされたのか首を捻《ひね》らざるを得ない犯罪である。

この事件は一九八一年、角田美代子元被告が側近の義妹や内縁の夫と、尼崎市の賃貸マンションに入居したことから始まる。

ろくに収入のなかった三人は仲間を募り、恐喝や保険金詐欺などで他人の財産を奪い取るしか生きる術《すべ》がなかったことは十分に理解できる。

兵庫県警によると、美代子はまず同居していたH家を取り込んだ。邪魔な母親は八七年から行方不明にさせ、真面目な長男は自分の義妹と結婚させ、後に「監禁・リンチの館」となったマンションを購入させた。

そして、義妹を受取人に数千万円の生命保険に入らせ、二〇〇五年に沖縄県の断崖で転落死（県警は一三年五月、義妹ら六人を自殺強要容疑で逮捕）させた。東京に逃げた次男も連れ戻され監禁の末、一二年十月に岡山県備前市の海中からドラム缶にコンクリート詰めされた死体となって発見されている。

次に義妹の同級生だったI氏の一家が一九九八年、美代子に滋賀県の実家を奪われ夜逃げし、母親は病死、長男も不審な転落死体で発見された。

Iの弟たちの家族も美代子らに蹂躙《じゅうりん》され、高知県にある末弟の妻の実家は一千数百万円を奪われ、妻と長男は行方不明となり、次男は角田家の養子にさせられるなど、一家離散に追い込まれた。

体重百キロ超、全身に刺青を入れた一味の暴力装置・李正則被告の継父（母親の再婚相手）の実家・M家も、継父以外の親族全員が死亡か行方不明となり、一二年に尼崎市内のM家所有家屋の床下から、三人の遺体が見つかっている。

さらにM家の長女（継父の妹）が嫁いだ高松市の名家は、李を預かったことで美代子に付け込まれ、両親は洗脳された娘二人に暴行を受けて失踪（妻は尼崎市内で変死）した。一味は資産を処分し同家の親類から現金を脅し取るなど約四千万円を荒稼ぎして引き上げたが、その際、娘二人と伯父を連れ去った。

二人の娘のうち、妹は美代子の長男と結婚して角田家入りしたが、姉は〇八年に殺害され、死亡した伯父と一緒にM家名義の家屋の床下に埋められていた。

また、美代子のクレームに対応した電鉄マンは、妻の実家を狙われた。一味は連日、十数時間の家族会議を開かせ互いに糾弾し合うことで信頼関係を崩壊させて、親子・夫婦間で凄惨なリンチを行わせた。

その結果、一一年に母親が死亡し、遺体はコンクリート詰めにされて貸倉庫の床下に埋められた。電鉄マンはすべての罪を背負わされ、車ごと海中に飛び込み自殺しようとしたところを県警に保護されたが、一家全員が傷害致死、死体遺棄容疑で逮捕、起訴された。

一連の事件での死者・行方不明者は判明分だけで十人以上に及んでいる。

こんな無茶な犯罪がなぜ、十数年（H家の母親失踪からは二十五年）も続けられたのか。

マスコミは美代子を「鬼女」とか「殺戮の女帝」と呼び、暴力と甘言を駆使した巧みな洗脳ぶりを報じた。

左官派遣業を営む父と元売れっ子芸者の母の長女として生まれた美代子は荒くれ男や遊廓の女性が行き来する環境で育ち、両親が子育てを放棄したため、中学時代は「何度も少年鑑別所の世話になるなどいっぱしのワル」（元担任教諭）となった。
「ヤツは『親父はやくざの親分や』と自ら吹聴し、暴力団事務所に出入りするフリをしたり、大勢の不良少年を引き連れ繁華街を闊歩《かっぽ》しとった。自分が不細工なの知っとるから、高校中退後の十代半ばには、若い女を雇って売春宿やスナックを経営しとったし、十九歳の時には売春斡旋《あっせん》容疑で逮捕されとるんや」（中学の同級生）
「強面クレーマーの父親を真似《まね》た美代子の常軌を逸した恫喝《どうかつ》ぶりと、周囲から『姐《あね》さん』と呼ばれた迫力と貫禄《かんろく》は、やくざや警察官もビビるほどやった」（付近住民）
こうした彼女の生き様から、人間の恐怖心と欲望を利用した人心掌握術の片鱗《へんりん》が窺われる。
ただ、カルト教団や過激派組織のように強烈な教義やイデオロギーは存在しなかったし、一味にはやくざ風の男は加わっていたが、五家族がずっと閉ざされた空間に押し込められていたわけでもない。また、被害者側に外部の支配と略奪を拒めない特段の事情もなかったはずだ。
「あの女帝は餌食《えじき》にした家族に自分への忠誠度や利用価値で序列を設け、上位の者は可愛《かわい》がるが、最下位の者は皆で徹底的に虐待していたんや。しかも、その順番を刻々と入れ替えるため家族同士が上位を目指し必死に競い合う。少しでも女帝の歓心を買おうと家族を裏切り陥れることも平気になってくる。最初の犠牲者に母親が多いのは、自分の子を一味の毒牙から守りたいとの親心や。泣きながら父親に手を上げていた娘が終《しま》いには敵対心を剝き出しにして殴ったと聞くと、ほんま地獄やで」

捜査に関わった警察幹部は、そう明かす。

また、美代子が被害家族から絶対服従を誓う男女を引き抜いて角田家と養子縁組し、自分を頂点とした疑似家族を築いた点を重視する捜査員もいる。

「戸籍上の家族になると、民事不介入方針の警察はカネのやり取りに手を出せなくなる。家族の一員を共犯者に仕立てることで、暴力行為などを警察に訴えにくくもなる。被害家族を束縛し、犯行仲間の絆《きずな》を強固にする一石二鳥の〝考え抜いた手口〟や」（兵庫県警の捜査員）

ただ、「我が国の犯罪史を塗り換える事件」（警察庁）が、その程度の手練手管で簡単に行えるとはとても思えない。「一味の強い結束があったからできたんや」と指摘する捜査員が多いことも事実である。

「美代子は相手を肉体的、精神的に追い込む非情さを見せる一方で、親身になって相手の相談に乗ってやるところもある。弱みを握って脅す目的や天性の誑《たぶら》かしの面もあるが、李の供述では、『こいつは恵まれない境遇で育った不憫《ふびん》な子なんや』と涙を流して優しく頭を撫でられてイチコロとなり、神様のように崇《あが》めとる様子が窺える。こうしたアメとムチの使い分けと、養子縁組という法的措置をチラつかせて、忠誠心は高まる一方やったろうな」

と元ベテラン捜査員。さらに、こう続ける。

「メンバーは組織社会からの落ちこぼれで悪さばかりしとるから、美代子に見捨てられたら行くとこない連中なんや。だから彼女と家族を守るためなら、警察だろうが敵対勢力だろうが、命懸けで立ち向かう。その必死さが一味の結束力を高め、警察の弱腰にも助けられたとはいえ、その介入を最後まで阻止できた理由やろう」

美代子と長時間にわたり接してきた取調官によれば、彼女が自殺した理由は、大切な家族が次々と逮捕されマインドコントロールが解けて自供を始めたことを裏切られたと感じ、ショックを受けたこともあるが、幼い頃から夢見てきた家庭という世界をやっと築いたのに、脆くも簡単に崩壊してしまったことに絶望したからではないかという。

「鬼女」とも「殺戮の女帝」とも呼ばれた美代子も、心の中では家族の絆に憧れ、温かく包まれることを望んでいたのだろうか。

逃亡十五年、女はなぜ涙したか

「髪が乱れる　裳裾《もすそ》が濡れる　風に鷗がちぎれ飛ぶ　辛すぎる　辛すぎる恋だから～」
「待てといわれりゃ死ぬまで待てる　想いとどかぬ片情け　この命　この命　預けてた……」

その女は伍代夏子のヒット曲『鳴門海峡』が好きで、カラオケスナックでは腰をくの字に折り曲げ、腹の底から声を絞り出すように歌った。決して歌はうまくはないが、歌詞に思い入れでもあるのか、いつも涙を流しながら熱唱する姿は周りの人に強い印象を与えた。

一九九七年七月二十九日、その女は福井市のＪＲ福井駅前にあるおでん屋を出たところで福井県警の捜査員に取り囲まれ、任意同行を求められた福井署で逮捕された。八二年八月に松山市で元同僚ホステスを殺害して逃げた福田和子容疑者が十五年の時効の二十一日前にして逮捕された瞬間だった。逃亡して五千四百五十九日目であった。

愛媛や香川、大阪、石川、東京、新潟、青森、北海道、愛知、福井などの各地を、偽名と嘘の経歴、整形手術した幾つもの顔を使い転々とした和子。あちこちで嘘がバレたり身元を疑われて間一髪の逃走劇を繰り広げたが、石川県の老舗《しにせ》和菓子店では〝結婚〟

しても入籍しない和子に不審を抱いた夫の通報で刑事が駆けつけると察知し、配達先から普段着のままで集金した数万円だけ持ち、農家で盗んだ自転車を必死に漕《こ》いで逃げている。

一目会いたくて密かに呼び寄せた長男が警察に目を付けられ、慌ててすべてを置き去りにして逃走したこともある。そんなに用心深く、しかも強運の持ち主である和子が、あとわずかで時効を迎えるという時に、テレビ報道を観《み》たおでん屋の女将《おかみ》や常連客から疑われていることを半ば知りながら、店を訪れて捕まったのはいったい、なぜなのか。

「十五年間も逃げ続けた福田和子の心の中に『もう逃げ疲れた。捕まるなら捕まってもいい』という気持ちがあったのではないか。時効前に多額の懸賞金を掛けられ、マスコミでガンガン報道され、逃げ切れないという諦めの心境が生まれつつあったのかも知れない」

和子逮捕直後のテレビ番組で、そんな〝もっともらしい意見〟を述べるコメンテーターがいたが、「何も分かっていない！」と言うしかあるまい。

もし和子が逃げ疲れて捕まってもいいと考えていたとしたら、彼女の性格から言って、パーッと盛大に豪遊して数十万円の所持金を使い果たした後で、サッサと最寄りの警察署に自首するに違いないからだ。

実は和子は十八歳の時、強盗容疑で拘置中だった松山刑務所拘置監内で、看守と結託した暴力団幹部にレイプされた経験があり、警察に捕まりたくないという感情の中には、そうした潜在的な恐怖心があったと見られている。和子はそう簡単に逃亡を止めるわけはないのだ。

「私、アレに似てるかしら」

和子が逃亡先で次々と男と深い関係を結び、中には同棲《どうせい》したり結婚を約束したりするなど交際期間が長かった相手もいたことが、警察の調べや関係者の証言で明らかになっている。

生来の男好きに加え、長い逃亡生活で募った孤独感や空虚感を癒すため一緒に寄り添ってくれる男が欲しかったのではないかと見る向きも多い。最後の地・福井では車で通り掛かった見知らぬ男にまで声をかけ、「オバさんは嫌」とデートを断られると「馬鹿野郎」と罵声を浴びせている姿を目撃されており、所持金には困っていなかったから「男を毒牙にかける魔女」というイメージが浸透していった。

実際、和子と交際した男たちはその魅力について、「決して美人じゃないし、特に性技に長けているわけでもないが、男に尽くし何かフンワリと包んで心地よくさせてくれるところがいいんだ」と口を揃える。

和子の若い頃の生活ぶりを知る人々に取材すると、和子のプライドの高さと自己顕示欲の強さは相当であり、指名手配された殺人事件も、「松山市の高級クラブで超売れっ子ホステスだった被害者に馬鹿にされ、差を見せつけられた屈辱感から絞殺した」などと供述している。

そんな和子だからこそ、人目につかない場所でひっそりと潜んでいればいいのに、わざわざ目立つように振る舞い、半年前から頻繁に通い始めて女将や常連客ともすっかり顔馴染《なじ》みになったおでん屋に姿を現したのだ。

しかも、疑いの目で見始めた女将に、自ら「私、よく言われるんだけど、そんなにアレ（福田和子）に似てるかしら」と声をかけ、わざわざ「アレ」という言い方をして女将の反応を確かめ、表情を窺うようにして覗いたり、常連客に自分の鼻などを触らせて「本物よ。整形手術なんかしていないでしょう」と挑発したりしている。

和子にはこれまでに十四年余り逃げてきて、最後まで逃げ切れるという絶大なる自信があったのか。だからこそ、疑い始めた知人たちに「果たして私の正体を見極められるかしら」というプライドからの挑発や、ギリギリのスリルを楽しむ余裕があったのではないか。

また、福井市の街並みが故郷に似ていたこともあったのだろう。常連客を観客に見立て、自ら最後の晴れ舞台を踏んで自己顕示欲を満たしたかったのではないか、と思えてならないのだ。

こうした和子の思いを、女将や常連客はよく分からないながらも、しっかりと受け止めていた。

「あの子が私たちの店を安らぎの場と思っていたことは確かです。私たちもあの子は大好きで、決して憎かったからとか懸賞金欲しさに通報したわけではない（現に懸賞金は福祉施設に寄付している）。あの逮捕以来、私は一日だって楽しい気分で店を開けた覚えがないんです」

女将はそう述懐する。

この女将の微妙な心理変化や、まさに「運命の悪戯」としか言いようのない巡り合わせまでは、さすがの福田和子も読めなかったのだろう。

福井県警から松山東署に護送するため福井駅で特急列車に乗り込もうとした和子は報道陣と野次馬に揉みくちゃにされ、車内で「怖い」を連発した後、わぁーわぁーと号泣した。

取り囲まれ罵声を浴びた衝撃か、信頼した女将に裏切られた悔しさか、はたまた最後まで逃げおおせるとタカを括っていた自己過信への嘲《あざけ》りなのか。和子はこう語る。

「大阪から金沢行き列車に乗って逃亡した時、十三分後に同じホームから青森・恐山行き列車が出ていたと聞きました。それに乗って恐山で自殺していた方がよかった……」

だが、松山東署で被疑者写真を撮影した際は、素早く色っぽいポーズを取っていた。

第5章
グリコ森永事件こそ私の原点だ

戦後最大の
未解決事件とも言われる
この犯罪に出会わなければ、
今の私はなかった。
ここまで育ててくれたのは
「かい人21面相」である。

事件直後に名指しされた「真犯人」

晴天なのにどんよりと濁った空を、ジェット機が轟音を残して急上昇する。林立する雑居ビルに高速道路網、コンクリートに区切られた無機質の街並み。二〇一三年一月の兵庫県西宮市は、さすがに工場の煤煙やドブの匂いはしないものの、約三十年前の繁栄の名残が随所に見られ、私にとっては〝懐かしい風景〟が広がっていた。

東隣の尼崎市で起きた連続変死事件の取材に訪れた私は、瞬く間に一九八四年にタイムスリップした。そこにはグリコ森永事件と犯人の「かい人21面相」が待っていた。

グリコ森永事件は八四年三月十八日に西宮市で発生した江崎勝久・江崎グリコ社長誘拐に始まり、「かい人21面相」を名乗る犯人グループが一年七か月間に同社や森永製菓など食品・製菓六社と、警察、マスコミに大量の脅迫状と挑戦状を送りつけた。さらにスーパーに青酸を混入した菓子を置いて世間と業界をパニックに陥れ、「劇場型犯罪」と呼ばれた21面相が、八五年八月に自ら一方的に犯行終結宣言を出して闇に消えた未解決事件である。

それから三十年、六人の遺体が発見され、五人以上の行方不明者が出ている尼崎市の角田美代子元被告（一二年十二月自殺）ら疑似家族の事件との間に、意外な接点があったのだ。

それは、事件現場や関係者宅などが近いからだけではない。美代子の弟が、九〇年代にグリコ森永事件の重要参考人として取り調べを受けていたのである。

弟は、西宮市のコンビニに青酸混入菓子を置き防犯カメラに撮られた〝ビデオの男〟に顔が似ており、仲間を募り暴力を使って執拗に恐喝する過去の常習手口が21面相に通じることから、捜査本部に四十回余も事情聴取を求められた。最終時効が迫った九九年に私も取材したが、弟は「グリコ森永事件には関係ない」と言い張った。

弟は二〇〇七年一月、弁護士に四百回も嫌がらせや脅迫を行い三億円を脅し取ったとして逮捕された。大阪地裁で懲役十四年の実刑判決を受け、現在は服役中だ。そのためか一二年十月下旬、マスコミ関係者から私に、弟についての問い合わせが相次ぎ、久々に耳元で「グリ森」という言葉が飛び交った。

この〝懐かしい現象〟は、年が明けると予想外の展開を見せた。自ら開発したウイルスを他人のパソコンに感染させて遠隔操作し、他人に成り済まして脅迫・犯行予告メールを企業や学校に送りつけた事件で、真犯人を名乗る人物が元旦と一月五日に、ウイルスのデータが入った記録媒体を、東京・雲取山中と神奈川・江の島に住むネコの首輪に隠したとするメールをマスコミに送りつけ、正月早々から大捜索が行われたからだ。

動機を《警察・検察を嵌めてやりたかった》と語り、《あそんでくれてありがとう》

と捜査当局を挑発する犯人の自信過剰で斜に構えた態度が21面相を彷彿とさせたため、再び「グリ森」の言葉が耳元で乱舞した。

居ても立ってもいられなくなり、直ちに阪神地方へ走った。これは「歴史は繰り返す」のではなく、過去のカリスマ的犯罪者を英雄視する犯人が多いということだ。

秋葉原事件の無差別殺戮犯が大阪教育大附属池田小襲撃男を模倣し、佐賀県のバスジャック少年が酒鬼薔薇聖斗に憧れていたことが分かっている。特にグリコ森永事件のように未解決のままだと、犯罪予備軍のイメージはどんどん膨らんでいくものらしい。

全裸に〝軍用コート〟着用の意味

21面相の犯行は派手だ。グリコ事件では江崎を自宅から拉致し現金十億円と金塊百キロを要求、アベックを襲って女性を人質に取り、男性に現金奪取を命じた。《けいさつのあほどもえ》などと題した挑戦状や犯行声明文で警察やマスコミを翻弄し、子供が現金授受方法を指示する衝撃的な録音テープを製作し、度肝《どぎも》を抜いた。

延べ百二十万人の捜査員を投入した警察が、犯人逮捕どころか犯行の動機さえ摑めなかったのはなぜか。広域捜査をめぐる各府県警の競争と縄張り意識、公安・刑事警察の対立、秘密保持優先による捜査員の情報不足など、捜査本部内の不協和音が主な原因とされる。

グリコ森永事件で捜査本部はほとんど公式発表しなかった。そこで記者たちはバラバラな捜査情報に基づく独自取材でスクープ合戦を繰り広げ、情報が錯綜《さくそう》・混乱し、どれが正しい情報や見方なのか見えなくなってしまった。

21面相はグリコ社内や江崎家の事情に詳しく、他の企業より執拗に攻撃した。そのため捜査本部にはグリコ怨恨説が根強く残り、闇社会の住人によるカネ目的説と最後まで二分したままだった。私はグリコに恨みを抱く主犯が途中で姿を消し、カネ目的の新たなリーダーへ交代したとの説を主張したが、拙著『闇に消えた怪人』（新潮文庫）の中ではどうしても書けなかったグリコ怨恨説を裏付ける〝とっておきの新事実〟を、ここに報告したい。

金銭目的の誘拐なら自宅に押し入るより有効な手段があり、子供を狙う方が手っ取り早い。また調達に時間がかかり、重くて持ち運ぶのも大変な百キロの金塊要求は、カネを奪う気があるのかと勘繰られても仕方ない。ここは別の目的があったと見るべきだ。

21面相はグリコが大量の金塊を所有していることを知っていて、それを要求することがどんな意味を持つのかを会社側に伝えたかったのではないか。実際、グリコは直ちに金塊を用意し、犯人に渡そうとしている。

入手した捜査資料によれば、入浴中の江崎にライフル銃を突きつけ全裸のまま車で拉致した三人組の男は、大阪府茨木市の水防倉庫に連れ込んで監禁した。そこで何をしたかは四月二日に社長宅に届いた二通目の脅迫状（非公開文書）に《ポラロイド　5まいうつしてるなかには　はだかの　はづかしいのも　あるで　フォーカス（筆者注・当時の写真誌名）やったら　500万でかうやろ》（抜粋）とある。が、うら若き女性ならともかく男性の全裸写真がバラまかれても恥にはなるまい。元専従捜査員の見方はこうだ。

「犯人はグリコに『会社の恥部をバラされてええんか。皆まで言わんでも分かるな』という警告を発したんやないか。それに該当するのは、全裸に古びた黒いコートを羽織らされた写真しかないんで、コートを徹底的に調べたんや」

グリコは戦前、工場のあった大阪と東京、中国・旧満州の奉天（現・瀋陽）の三市に全寮制の「グリコ青年学校」を設立。一九四〇年頃、工場で働きながら簿記などを学ぶ者に社長が着せられていたのと同じコートを支給したことを捜査員が突き止めた。

旧日本軍の将校が着用した国防色の軍用コートを染め直し、裏返しにして仕立て直したものでラシャ地の高級品であった。学校の所在地でコートの色が違い、大阪は紺色、東京は国防色で、問題の黒色は奉天だという。

21面相は事件現場に多数の物証を残しているが、自ら兵庫県警への挑戦状で《わしらブツから　アシつく　よおな　じゅんび　せえへん》（同）というだけに、量販店で買った製品を使っている。そんな21面相がなぜ、わざわざ戦前の珍しいコートを選んで江崎に着せたのかを考えれば、グリコの歴史・内情に通じた者が何らかのメッセージを発信したと捉えるのが合理的な見方だろう。

密約成立で自力脱出できた？

この事件でもう一つの大きな謎は、江崎が誘拐されてから三日後に、水防倉庫から自力脱出したことである。

江崎の供述では、三人は倉庫で社長にスキー帽を被せて目隠しし、粘着テープで口を塞ぎ、後ろ手に手錠をかけた。さらに両足をビニール製ロープで縛り、コートを羽織らせただけで真っ暗な二階の床に転がして監視した。

二日後の夜、犯人がスーパーで買ったズボンやシャツを着せられ、手錠は外されたが紐で後ろ手に両手足を縛られた。背中で手足の紐を繋ぎ、粘着テープでさるぐつわされ、同じように転がされた。男は江崎に「娘は別の場所で預かっている。逃げたら殺す」と脅しており、監視はなくなったが、とても逃亡できる状態ではなかった。だが、江崎によると「壁に擦りつけて手の紐をほどき、一階に下りた。東扉は（新たに頑丈な）鍵がかかっていて開かなかったが、壁を叩いたり蹴ったりするうちにナットが緩んで隙間ができ、北側に扉があることが分かった。ナットを手で回し、夢中で逃げた」という。

そんなに都合よく幸運が重なるかと首を傾げたくなるが、江崎の口下手で真面目な性格と救出時の脅えた様子から偽装でないと考えると、犯人が江崎の自力脱出を容認していたとしか思えないのだ。一方で21面相が江崎脱出後に社長宅に脅迫電話を掛け、後に江崎脱出に激怒する脅迫状を出したことから、容認説を否定する警察関係者も多い。

しかし、私はグリコ創業者の片腕であった大久保武夫会長の不可解な行動から、犯人とグリコ側の密約成立による自力脱出と考えている。

「黒いコートはグリコの〝知られたくない歴史〟、金塊は戦争のどさくさに紛れて作られた〝因縁のある資産〟を意味する。おそらく社長は何も知らず、メッセージは会長に向けられたものに違いない」(元大阪府警幹部)

大久保は、救出された江崎が兵庫県警甲子園署で本格的に事情聴取を受ける直前に現れた。そして強引に県警上層部の許可を得ると、江崎と二人で十数分間密談した。

すると、それまで興奮気味に事件についてしゃべっていた江崎の態度が一変した。

「一刻も早く自宅に帰りたい。私が無事だったから、事件は終わったんでしょ」と言ったきり、口を固く閉ざしてしまったのだ。

二人が何を話し合ったのか——については、長らく謎とされてきた。二人は密談内容を警察の事情聴取はもとより、家族や同社役員にも一切漏らさなかったからだ。私の取材に「話の中身は墓の中まで抱えていく」と答えていた大久保は、誘拐事件から二年九か月後の八六年十二月に病死し、秘密は永遠に表面化しないと思われた。

ところが、二〇〇九年になって、江崎家の親戚筋に当たる会社関係者が時効直前、捜査本部の事情聴取に対し驚くべき証言をしていたことが判明したのだ。

「21面相の尻尾を掴んだ！」

「江崎社長の親戚筋が経営し誘拐事件の三年前に倒産したグリコ関連会社の人間が真犯人ではないか、と事件直後から大久保会長は睨んでいた。関連会社の経営者が江崎家と同じ佐賀出身で深い関係にあり、会長は事情を知らない社長に『会社や江崎家の名誉に関わるので、何も話さないように』とクギを刺した、と聞いている」

この会社関係者の証言が正しければ、二人は何と江崎脱出直後に事件の核心に迫る会話を交わしていたことになる。

終戦直前の四五年夏、グリコ本社が大阪大空襲で全焼した際、その経営者は自社の建物などを提供したことから、江崎家と交流を持ち縁戚関係を結ぶことになったという。

関連会社は江崎家などから約六千万円の融資を受けたが、八一年に二億円の負債を抱えて倒産。引導を渡した形の江崎が経営者の恨みを買ったとする証言もある。

実は、捜査本部は会社関係者の爆弾証言を得る以前から、関連会社周辺の人物を調べていた。捜査本部は江崎家やグリコ社員とOB、取引業者ら二千数百人を徹底捜査するとともに、社内の捜査協力者擁立工作を進めてきた。成人の被害者が無事解放された誘拐事件で解決しなかった例はないという意地が、捜査員を奮い立たせていた。

そして、21面相がグリコに対して、長岡香料や東洋紙業などの取引業者を経由する形の裏取引を持ちかけた際、業者の従業員名まで知っているなど内部事情に詳しいことに着目。取引業者で作る親睦団体周辺を調べたところ、関連会社の存在が浮かび上がってきたのだ。

その経営者は江崎宅に出入りし事件現場を熟知していたし、関連会社周辺には犯人一味の「キツネ目の男」と酷似した男も確認された。関連会社の人間は江崎が着せられていたコートを入手できる立場にあるなど、物証とも繋がった。

21面相がグリコへの脅迫を止めた後の八四年七月から七か月間に、既に六千万円もの貸し倒れがあるはずの江崎家周辺から経営者に対し新たに計五千四百万円が振り込まれていたことが判明。これでは、捜査本部が「かい人21面相の尻尾を摑んだ!」と色めき立ったのも無理はあるまい。

だが、捜査は関係者のアリバイ成立や、その経営者が事情聴取後に死亡したことで詰め切れずに終わった。

かく言う私も、捜査本部の動きや大久保の身代金後払い密約説の追跡取材から、関連会社周辺にいる人物の存在を知り、密かに取材を進めてきた。だが、今一つ確証を得られなかったうえ、その周辺には新たに右翼・暴力団関係者など〝疑わしき面々〟が次々と浮上してきた。そして、彼らがカネ目的説に登場する〝闇の紳士〟のグループに繋がったため、取材が別の方向にシフトしてしまったのである。

この関連会社絡みの犯人像については、拙著『闇に消えた怪人』でも明確には触れておらず、まさに本稿が初登場と言っていい。会社関係者の爆弾証言をもっと早く摑んでいれば、グリコ森永事件に新たな展開や全く異なった結論が出ていたのかも知れないと思うと、残念でならない。

尼崎市の連続変死事件の取材で訪れた地で、約三十年前の事件が蘇る。犯罪の手口は模倣され、そして繰り返されるが、その周辺には手つかずの新事実が潜んでいることがグリコ森永事件のスケールの大きさを示している。それどころか、カネ目的説に登場した容疑者の中に、角田美代子周辺との接点が浮上したのだから驚く。

これこそ事件の面白さであり、怖さでもある。だから事件取材は止められないのだ。

＊

二〇〇〇年二月までに二十八の罪状すべてが時効を迎え、犯人は闇に消えた警察庁広域重要指定一一四号・グリコ森永事件。犯行動機がカネ目当てかグリコへの怨恨なのかも不明だし、犯人の正体どころか人数さえ分かっていない。

捜査本部は長らく、犯人グループを七人と見てきた。江崎グリコ社長誘拐と八四年六月の大坂府寝屋川市アベック襲撃で目撃された四十歳前後と三十五歳前後、二十歳前後の三人組の男がいて、そこには兵庫県西宮市のコンビニに青酸混入菓子を置き、防犯カメラに撮られた〝ビデオの男〟が含まれていると見ている。また、丸大食品、ハウス食品工業両脅迫事件の現金授受現場で目撃された三十五〜四十五歳の〝キツネ目の男〟もいる。さらに脅迫テープに登場する三十代らしき女性と小学校高学年程度の男児。そして、江崎グリコの内部事情に詳しく、知識が豊富な六十歳以上と目されるリーダーの計七人である。

後に新たに脅迫テープを声紋鑑定した結果、別の小学生女児が含まれている可能性が高まり、21面相は奇しくも尼崎事件の主犯グループと同じ八人とされている。

グリコ森永事件の不可解さを象徴するのが、犯人グループの強い結束力だ。動機が怨恨ならば、志半ばの犯行ではメンバーの不満がいつか爆発し、再び犯行に走りそうである。カネ目的で金品を奪っていたら、どこかで大金を遣うなど不自然な兆候が現れるし、奪えていなかったら仲間割れを起こすなど綻びが生じる可能性が高い。

特に小学生くらいの年齢だった男女児は、仮に何も分からないまま脅迫文を読み上げただけだとしても、成長するにつれてどこか自分の行動に疑問や不信感を抱く時が来るし、もし彼らが真相を知ったら、子供だけに絶対に黙ってはいられないはずだ。ところが事件から三十年近く経った今も、何の兆候も動きも見られない。どうしてなのか。

「捜査本部は当時、21面相を本当の家族か疑似家族的なグループではないかと睨んでいた。そこで新興宗教団体や右翼系政治結社、左翼系過激派グループなど高い結束力を誇る組織に的を絞り、二十四時間の監視や行動確認をはじめ人脈や背後関係まで徹底的に調べたんや」

捜査幹部はそう打ち明ける。特に注目したのが京都、大阪府に跨《また》がる山間地に開設された約五千平方メートルの共同農場だった。そこは過激派グループの関西の拠点とされ、数十人の左翼系学生が有機野菜作りや鶏の飼育を行い自給自足生活を送っていた。「そのメンバーの中に〝キツネ目の男〟に酷似した者がいる」との情報が捜査本部に寄せられた。しかも、農場経営者は左翼系組織の参謀的存在で、ハウス事件の現金授受が報道協定下で行われた経緯をスッパ抜いた新左翼系新聞の経営にも関与。江崎グリコへの脅迫テープに登場する、グリコ関連会社に吸収合併された会社の元幹部だったため、捜査本部は色めき立った。残念ながら肝心の〝キツネ目の男〟が見つからず捜査は打ち切られたが、実は捜査本部にはもう一つの隠し球があった。

京都府南部から大阪府北東部を活動拠点とする「事件師」グループの存在だ。彼らの繋がりはあくまでカネであったが、実際は郷土愛や仲間意識が強く、互いに深く結び付いていて、家族的結束力に匹敵するものがあったのだ。

兵庫県警は尼崎事件の角田美代子周辺にいる犯行協力者の中に「グリコ森永事件で浮上した有力容疑者グループに繋がる人物、つまり21面相がいた」（元グリ森事件専従捜査員）ことを掴んでいたという驚くべき情報が飛び込んできた。それらについては後述する。

大捜査を蹴散らす昭和の半グレ

黒澤明監督の名作『天国と地獄』の一シーンを見るかのようだったとは言い過ぎか。映画は、貧しき研修医が狭くて汚ない安下宿の窓から毎日見上げる丘の上に建つ〝白亜の豪邸〟に住む製靴会社重役の息子（と間違えて運転手の子）を誘拐し身代金を奪うサスペンスだ。研修医を演じた山崎努の怪演が印象に残るが、犯行動機に繋がる貧富の差を象徴する豪邸と安下宿の対比が鮮やかで、私の眼に焼き付いて離れない。

尼崎連続変死事件の現場や関係者宅を訪ねるうち、JR尼崎駅から東へ向かい神崎川を渡ると大阪市西淀川区に出た。そこの高台の公園に立つと突然、目の前に江崎グリコ本社と工場群の煙突が建ち並ぶ光景が出現した。周辺に中高層ビルが増えて、工場群の全容が見えにくくなったというが、それでも近付けばあまりの巨大さに圧倒される。

三十余年前なら、この〝グリコ御殿〟のインパクトはさらに大きくなったはずだ。もし「かい人21面相」がここに立ったら何を思うか、と考えてみた。隣の西宮市には江崎社長邸が建つ高級住宅地もあるから、やはり〝白亜の豪邸〟だろうか。

好奇心を覚えたら、とことん確かめずにはいられないのがジャーナリストの性《さが》。さっそく公園周辺を聞き込み取材すると、三十余年前に公園に何度も通い〝グリコ御殿〟が聳《そび》える北の方角を飽きもせずに眺める若者がいたという驚くべき事実が浮上した。俄《にわか》には信じ難い話だが、付近の住民ら複数の目撃証言があった。残念ながら最多目撃者の独り暮らしの老女は約一年前に病気で亡くなっていて、若者の名前や人相などは定かでない。が、その老女はじめ付近住民の間で語り継がれている若者の特徴があった。

「若者の右腕には刺青が手首まで入っていて、絵柄が龍やと思ってたら大蛇やった。それで皆、〝ヘビ男〟と呼んでいた記憶があるんや」（住民）

ところが、この話はそれで終わらなかった。同じような大蛇の図柄の刺青を右手首まで入れた四十近い男が目撃から十数年後、角田美代子の周辺にチラチラと影を見せていたのである。この〝ヘビ男〟については後述するとして、ここではグリコ森永事件最大のヤマ場を話すことにしたい。

このメンバー以外犯人はいない

わが国の警察当局による「史上最大の作戦」（警察庁幹部）を御存じだろうか。何しろ〝犬猿の仲〟で知られる警視庁と大阪、兵庫、京都、滋賀四府県警が手を携え一斉に事情聴取、捜索に乗り出したというから空前絶後。後にオウム真理教事件など大型捜査が続出したが、参加する警察の数や内容の濃さから言っても最大規模の強制捜査であった。

端緒は一九八四年十一月のハウス食品工業脅迫事件。21面相に要求された一億円を積んだハウスの現金輸送車が犯行グループの録音テープなどの指示に振り回され、滋賀県の名神高速道路草津パーキングエリアの東約五キロの「白い布を取り付けた場所」まで誘い出されたが、犯人は姿を現さなかった。それは、隠密捜査を知らされていなかった滋賀県警のパトカーが「白い布地点」と立体交差する県道で長時間、エンジンをかけたまま停まっていた不審なライトバンを職務質問したために起きたことだった。

運転席に四十歳前後で野球帽を被り耳に無線のイヤホンを差し込んだ〝不精ヒゲの男〟がいたが、猛スピードで逃走した。ライトバンは盗難車両で、後に草津市内に乗り捨てられていたのが発見された。その車から改造無線機やカジュアルバッグなど十四種二十五点もの遺留品が発見されたほか大量の微物を検出。「物証の宝庫」（警察庁幹部）と呼ばれた。

21面相が《わしら　ブツから　アシつく　よおな　じゅんび　せえへん》と豪語し、大量生産品しか使用しなかった中で、慌てて逃走した車内は小細工できなかった可能性が高いと注目を集めた。何しろ車内には男の指紋も残されていたのである。

そしてこの「宝のゴミ」が高速道路上の現金奪取劇以上にスリリングな展開を生むことになる。

「宝のゴミ」の中で最も期待が高かったのは、車内に残されたカークリーナーの内袋から採取されたＥＬ（エレクトロ・ルミネッセンス）の削りカスだ。

ＥＬはパソコンの液晶パネルなどに使われる電子部品だが、事件当時、国内ではほとんど製造されておらず、非常に珍しい部品だったため捜査本部は一気に活気づいた。

しかも追跡捜査の結果、ハウス事件の現金輸送ルート近くにある大津市の大手家電会社部品事業部が、八四年からサンプル商品として製造してきたＥＬが、遺留されたものと全く同質であることが分かったのだ。

しかし同社の全社員や退職者、出入業者らをしらみつぶしに調べたが不審人物は浮上せず、捜査は一時、暗礁に乗り上げたかに見えた。だが、ＥＬの製造過程を再点検してみると同社に出入りしていた産業廃棄物処理回収業者のうち、大津市に拠点を置くＨ社の人間であればＥＬの削りカスが付着する可能性が出てきたのだ。

Ｈ社の経営者は当時五十代で、在日朝鮮人の世界では大物経営者の一人だった。しかも一九六〇年代に密入国事件で摘発された北朝鮮の元工作員と親交があり、公安当局からマークされていた人物でもあった。

この元工作員は当時五十代で大津市で機械機器会社を経営していたが、八六年に倒産後富山県に転居している。その声を関係者に聞かせたところ、七八年に江崎グリコを脅迫し捜査本部が21面相と同一犯と見ている「五十三年テープ」の声と酷似していることが分かった。元工作員の娘（二十代）は京都市に在住し、交際していた前出の大手家電社員の中古車を乗り回し、事件現場周辺で警察のナンバーチェックに引っ掛かっていた。

またその娘の声はグリコ脅迫テープの女性の声と酷似していたというのである。

さらにH社の経営者周辺には、菓子に混入されたのと同じ青酸ソーダが入手可能な元メッキ工場経営者や、寝屋川市のアベック襲撃事件で使われたのと同型散弾銃の保有者、江崎社長宅前で捜査員にナンバーチェックされた車の男もいた。

ここで登場してくるのが、京都府南部から大阪府北東部を活動拠点とする「事件師」グループであった。彼らはあくまでカネを得ることを目的とした面々だが、実際は郷土愛や仲間意識が強く、固い結束を誇る者たちであることが分かった。

捜査本部が江崎周辺を内偵した結果、江崎が誘拐事件の約一年前から度々、身の危険を感じ、知人に「出入業者のカットが原因だと思う」と話していたことを突き止めた。

さらに江崎が事件後、「食肉関係者にはえらい目に遭った」と漏らしていたことも分かった。そうしたトラブルの相手として浮上したのが大阪の食肉業者と、その後ろ楯《だて》として君臨する元山口組系暴力団組長のKだった。

大阪府警によると、Kは大阪府出身で四十代の男。山口組と一和会の分裂抗争前に組を解散し、企業顧問や投資コンサルタント、倒産企業整理を生業としてきた。特に食肉団体の全国組織で最高顧問を務めるなど食肉利権に強く、グリコや丸大食品と繋がりがあった。

グリコからリストラされ恨んでいた下請業者や、取引でトラブルがあった会社の多くがKの下に集まっていて、その周囲には件の「事件師」たちがいた。

彼らはグリコの人事紛争で元従業員を支援したり、環境汚染問題では地元住民との間に立って交渉に当たるなど〝強《したた》かな連中〟だった。傘下には地上げ・不動産占有業者や金融業者、自動車解体業者、産業廃棄物回収業者ら多彩な顔ぶれが揃っており、中には元警察官や〝キツネ目の男〟にそっくりの人物もいた。21面相が指示したり犯行に及んだ場所の多くが、彼らの活動拠点である京都府南部から大阪府北東部に集中していた。

これら「事件師」グループの元締め的存在だったKはほかに、一連の被害企業の株価を操作し荒稼ぎした疑いのある都内の仕手集団にも影響力を及ぼす立場にあった。また、Kの配下と称する元組員が、21面相が挑戦状で使ったものと同種のタイプライターを倒産企業から持ち去った後、行方不明となっていた。

そして、極め付きが21面相の犯行終結宣言後、脅迫されていた企業関係者と見られる人物からKの銀行口座に三億円が入金されている事実が判明したことだった。

ブツばかりで失敗した一斉聴取

捜査は緊迫し、いよいよ最終局面を迎えた。H社の経営者の親族がK傘下の業者と取引していた会社で働いていた、との事実がゴーサインを引き出した。Kが率いる「事件師」グループと、物証から辿った産廃業者グループが一つに繋がったのだ。

一九九二年三月十三日、史上最大の合同捜査が一斉に行われ、両グループの三十余人が事情聴取された。Kは都内の自宅マンション前で大阪府警捜査員に任意同行を求められ、そのまま新幹線に乗せられて大阪市内のシティホテルの一室に連れ込まれた。

「食品企業にこれだけ大がかりな脅迫事件を次々と打って、しかも実行犯を黙らせられるんはお前しかおらん」

「………」

「もう観念したらどや。お前の銀行口座に、脅迫された被害企業から三億円入金されたことは確認されとんのや。これをどう、説明するつもりなんや」

Kの預金通帳のコピーを突き付けながら、取調官は厳しく追及した。だが、彼は全く動じなかった。

「そのカネはほんまに被害企業から入金されたものなんか。相手がそう言ったんか。ウラ取れとるんやな」

振込人は偽名で身元不明のままだったが、取調官は顔色に出さずに、こう追及した。

「それじゃ聴くが、あのカネは誰が入金したんや」

「あの頃は株やら、金貸しやら、企業の顧問などいろんなことやっとりましてな。二億や三億の端金《はしたがね》のことはいちいち覚えてまへんわ。証拠でもあるんかいな」

最大の〝突きネタ〟をあっさりとかわされた捜査本部は結局、Kを落とすことができなかった。捜査側もそこは織り込み済みだったが、問題は聴取を受けた全員が誰も容疑を認めなかったばかりか、互いの関係も否定したことだった。

「そんな知りもしない人のことをあれこれ尋ねられても、答えようがないがな」

全員が示し合わせたように困惑の表情を浮かべ、何一つ認めようとはしなかった。

警察当局が面子と総力をかけた史上最大の大捕り物は完全に失敗し、グリコ森永事件の捜査はこの時、事実上終結した。

警察はなぜ惨敗したのか。

事情聴取を受けた「事件師」の一人は、私の取材にこう答えた。

「ワシらの周囲にカネの匂いがするのは当然やし、グリコに限らず、いろんな連中とトラブルもある。それが仕事なんやから一々相手を恨んでおったら身が持たん。グリ森のような儲け率の悪い仕事は、ワシら、まずやらんで」

グリコ森永やイトマン、豊田商事など大規模な事件になると、捜査本部は必ずチャート図を作成する。最重要容疑者を中心に犯罪仲間、関係者らを列挙し、関係性を記して線で繋いでいく。新しい情報や証拠、人間関係、背景事情などが出てくれば、そこに次々と書き足すため、意外な黒幕が浮き彫りになることもある。

ところが、最初に「疑いありき」となると、容疑者の疑わしい点を何でも付け加えるし、逆に容疑を否定する部分は次々と削除されて、ますます真犯人としか思えなくなる危険がある。

「あの作戦はもともと容疑者の灰色リストに残っていた連中を強引に結び付けようとしたものやった。捜査の力であれだけのメンバーが見事に繋がり、凄まじい相関図となったのは確かやが、ブツ情報に頼り過ぎたところがある。やはりヒトの生きた情報がないとあかんわ」

元捜査員はそう述懐する。

鬼軍曹受難で名を残す犯罪者

この捜査で標的とされた主な容疑者は元暴力団組長や北朝鮮元工作員、事件師、過激派闘士などの猛者が多かった。

一方で実行部隊として事情聴取を受けた面々の中には、どこの組織にも属さない不良少年たちがいた。今風に言えば、昭和の半グレ集団である。

K自身が経済やくざの走りだし、「事件師」も企業舎弟の元祖と言える。

彼の配下の若者たちは郷土愛や仲間意識が強く、逆に組織社会の落ちこぼれで、現在の仲間に捨てられたら行くところのない連中だ。その意味では、尼崎連続変死事件の疑似家族と似ている。

兵庫県警によると美代子一味の犯行に少しでも協力したと見られる面々は四十人近く

に上り、しかもほとんど手つかず状態と言っていい。美代子らの生活資金源だったパチプログループをはじめ、年金・生活保護不正受給と闇金融グループ、覚せい剤密売組織などがある。

冒頭で紹介した〝ヘビ男〟と同一人物と見られる男は、そのうち生活保護不正受給者に高利でカネを貸す人物として姿を見せる。

男の知人はこう明かす。

「それが、生まれや経歴が全く分からない謎の男なんや。元振り込め詐欺団の幹部で口は達者やが、若い頃の記憶がないらしい。美代子に気に入られ、何度か自宅を訪ねたんとちゃうか」

男のアパートを訪ねたが既に姿を消しており、周辺を取材しても彼がグリコ森永事件に関係していた証拠は得られなかった。ただ、男が江崎社長を誘拐した三人組の一人に似ているうえ、自動車解体技術を持ち大阪府北東部の地理に明るかったという事実は見逃せない。

そして、男が美代子ら疑似家族以外で接点のあった一人が、Kの側近の一人で「事件師」グループのリーダー格の男と同姓同名だった。

スパルタ教育は時代遅れ、気合や根性はダサいという現代社会。頑固親父、鬼軍曹受難時代に名を残し、結束力を保てるのは犯罪者だけなのであろうか。

〝決定的瞬間〟を逃す苦渋の決断

四十年余の取材歴があるが、〝決定的瞬間〟に立ち会ったことはほとんどない。事件発生後に動き出す仕事ゆえ仕方ないが、例外が前述のハウス食品工業脅迫事件だった。

一九八四年十一月十四日午後六時十分、大阪府東大阪市のハウス本社から一台の車が出発した。近畿自動車道、名神高速道路を経て、約四十分後には京都市伏見区のファミリーレストランに到着し、犯人の指示を待つために待機した。

一週間ほど前に同社総務部長宅に現金一億円を要求する脅迫状が届き、会社側は大阪府警と協議のうえ、犯人の要求通りに一億円を積んだ現金輸送車を、指定されたファミリーレストランに向かわせた。

脅迫状の差出人は「かい人21面相」。即ち、これはグリコ森永事件の続きであり、江崎グリコなどに脅迫状を送りつける陰で、新たにハウスも標的に据えていたのだ。

因みに、ハウスは一九一三年、漢方薬を商う浦上商店として創業。二〇年代に始めた即席カレー製造が当たって業績を伸ばし、総合食品メーカーに成長した。

当時の浦上郁夫社長は創業者の次男で、入社六年後に二十八歳の若さで社長に就任した敏腕経営者だった。ハウス事件から約九か月後の八五年八月、「かい人21面相」の

〝犯行終結宣言〟を知り、「良かった。大阪で先代社長の墓に報告しよう」と喜んだが、その足で搭乗した日航ジャンボ機が墜落し、無念にも御巣鷹山で亡くなっている。

懐中電灯の光に浮かんだ21面相

午後八時二十分、21面相はファミレスではなく同社北大阪出張所に電話を掛けてきた。子供の声で吹き込んだ録音テープで《国道一号を約二キロ北上し、京都市伏見区のバス停城南宮に行くように》と指示していた。

《名神こおそくどおろ　京都南インターに　はいれ　名ごや方面え　じそく85キロではしれ　大津の　サービスエリヤ　の　身障者用の　ちゅう車場の　○印のところでとまれ　×印の　あんないづの　かんばんの　うらに　手紙　はってある……》（内容は一部抜粋）

バス停のベンチ裏側には、そうタイプ打ちされた封書と大津サービスエリアの見取り図があった。同八時五十七分、現金輸送車は大津サービスエリアに到着。高速道路周辺案内図板の裏側に両面テープで貼ってあった茶封筒入りのメモと地図を発見した。

《草津の　パーキングまで　85キロで　走行車せんを　はしるんや　パーキングの　しるし　みおとさんよう　1人が　しっかり　みはるんや　草津のパーキングの　ベンチのこしかけの　うらに　手紙　はってある　○印の　ところや……》（同）

同九時二十分、現金輸送車は犯人に誘導されるまま草津パーキングエリアに到着した。そこには、こうタイプ打ちされた封書が貼りつけてあった。

《なごやの　方え　じそく60キロで　はしれ　左がわの　さくに　30センチ　×90センチの　白い　ぬの　みえたら　とまれ　白い　ぬのの　下に　あきかんが　ある　なかの手紙の　とおりに　するんや》（同）

捜査本部が密《ひそ》かに覆面パトカーを先行させて調べたところ、草津パーキングエリアの東約五キロ地点にあるフェンスに、白い布が取り付けられていることが判明。L字型金具の先に細い鉄棒をつけて白いカッターシャツの布地をぶらさげ、針金でぐるぐる巻きにしてあった。

後の捜査で、白い布は十四日午後八時五十分から九時十八分の間に取り付けられたことが、日本道路公団の巡回記録から判明している。

ところが同九時四十五分、現金輸送車が横付けし、周辺をいくら探しても犯人が置いたはずの空き缶が見当たらなかった。同十時半、捜査本部は現場撤収の指令を出したのだ。これがハウス事件の概要だが、空き缶がなかったのには、実は理由があった。それは予想外の〝事故〟が起きていたからだった。

現金輸送車が指定場所に到着する二十七分前の午後九時十八分、滋賀県警のパトカーが白い布がはためくフェンスの下を交差している県道のフェンスから西約五十メートルの路上で、エンジンをかけたままライトを消して停まっている不審な白いライトバンを発見。三人の警察官が職務質問しようと接近して車に懐中電灯を向けると、四十歳前後で不精髭を生やし、野球帽を被って耳にイヤホンを差したセーター姿の男が浮かんだ。しかし、それも一瞬のことだった。

車はいきなり発進し猛スピードで逃走した。パトカーは約四キロにわたり追跡したが、国鉄（現・JR）草津駅前商店街付近で見失った。数分後、駅近くで発見された車は二日前の夜に、京都府長岡京市の電設会社の駐車場から盗まれたライトバンだった。

その車内から改造無線機やサファリハットなど十四種二十五点もの遺留品が発見され、後に重要証拠となる微物が多数採取された。そして何より、車内には男のものと見られる指紋が残されていたのである。

それぞれが背負う重い十字架

「かい人21面相」逮捕――という〝決定的瞬間〟を逃した警察当局の痛手は大きかった。三人の警察官はその時、県警本部から「名神高速道路とインター付近に近づくな」との指示は受けていたが、そんな重大な捜査が進行中とは知らなかった。そのため職務質問したのは仕方なかったとしても、パトカーを不審車の進行方向を塞ぐように停めていれば、グリコ森永事件解決のヒーローになれたかも知れない。

しかし、翌八五年八月に滋賀県警本部長が公舎で自殺したこともあって、三人はその後、〝犯人取り逃がし〟の重い十字架を背負い続けることになる。私は何度か三人に取材を試みたが、彼らは決して口を開こうとはしなかった。

この捜査失敗の責任はもちろん、捜査本部にあった。

現金輸送車が滋賀県方面に向かうことを捜査本部の上層部は全く予想しておらず、滋賀県警との連携が不十分であったことが〝犯人取り逃がし〟に繋がったからだ。

「21面相は大阪・兵庫に土地勘があるし、今回も『京阪神の地図を用意せよ』と指示している」（警察庁幹部）というのが主たる理由だったが、いったい、21面相の罠に何回引っかかれば悟れるのか。それゆえ現金輸送車が名神高速道路を東に向かって走り始めた時、警察幹部は大慌てだった。

その後の捜査で犯人は滋賀県内に居住したか就労していた経験があり、〝最後の勝負〟の場所として土地勘のある滋賀を選んだと分かったが、「後の祭り」だった。

また、21面相の矢継ぎ早の指示に警察側が対応し切れず、捜査員の配置に手間取ったことも問題だった。

さらに滋賀県警が逃した不審車両がハウス事件と関係あることに気づくのが遅れ、警察庁の指示で特別緊急配備を敷いたのは、発見から二時間半後であった。

しかも、車内に滋賀県警の周波数に合わせた無線機が放置され、警察無線を盗聴していた疑いが強かったのに、その後も何の対策もせずに配備を続け、捜査情報が犯人に筒抜けになる失態を犯していた。

しかし、もっと重大な捜査ミスが大津サービスエリアで起きていた。駐車場に停まっている車両の陰から現金輸送車の様子を窺う男がいた。夜なのにサングラスをかけ、黒っぽいジャンパー姿で黒いゴルフ帽を深々と被っていた。捜査員が顔を確かめようと接近したところ、足早に高速道路下の一般道路に降りる通路に消えていった。が、その顔は紛れもなく「F」（キツネ目の男）であったという。

「F」が初めて捜査員に素顔を見せたのは八四年六月。21面相が大阪府高槻市の丸大食品に五千万円を要求する脅迫状を送りつけた事件で、金を持った社員役の捜査員が京都に向かう途中の東海道線車内で偽社員を〝監視〟していたうえ、高槻－京都－高槻と後をつけてきた不審な男である。大阪府警の〝七人の刑事〟が「F」を尾行したが、再び戻った京都駅で、巧みにまいて姿を消した。

年齢三十五〜四十五歳。身長百七十五〜百七十八センチでがっしりした体格。薄い眉毛とつり上がった細い目が特徴で、フォックスの頭文字から「F」と呼ばれた。

その「F」の再登場だけに捜査本部は緊張感に包まれた。丸大事件では捜査一課が「捕捉（逮捕）せよ」と命じたのに、一網打尽を目指す公安警察が主導した現場が動かず、結局は誰一人身柄を確保できなかった。

そのため、「今度こそ職務質問すべきだ」の声が上がったが、またもや却下された。この時に捜査本部に生じた亀裂が、事件迷宮入りの大きな原因と言われた。

「せめて『F』に職務質問し、氏名や住所、職業を聴いておけば、犯人の動きは止まったかも知れない。少なくとも、男の周辺を徹底的に調べることで21面相の正体に迫ることができたはずだ。このままでは死んでも死に切れん」

というのが、既に退職した多くの捜査員の偽らざる気持ちだろう。毎日就寝前と起床直後に「F」の似顔絵を見て、記憶の〝風化〟と闘ってきた〝七人の刑事〟たち。異動も昇進も諦め、ひたすら前歴者カードや自動車運転免許証の写真を見続けた彼らも、後に「刑事としてほかの仕事もしてみたかった」と本音を漏らした。

〝決定的瞬間〟を逃した捜査員も、心に重い十字架を背負っているのだ。

「何を信じればいいのか」

「かい人21面相」もハウス事件以降、脅迫状は出すものの、現金奪取などで自ら姿を現すことはなくなった。「滋賀で逮捕寸前だったうえ、放置車両から有力な物証が出て身辺に捜査の手が迫ったため」（大阪府警幹部）かは定かでないが、《なさけなかったで　おまえらの　そうさ　あれ　なんや》と警察のお粗末な連携を嘲笑していたはずが、すっかり鳴りを潜めていた。

そして、滋賀県警本部長の自殺で、ついに〝犯行終結宣言〟に至った。

21面相の犯行動機は未だに不明のままだが、仮に裏取引で数億円のカネを得ていたとしたら、事件から三十年間に使った形跡がないなど動きを全く見せておらず、犯行目的を達成したとは思い難い。

もっと悲惨なのは「F」と疑われた人々だ。一四年春に七十歳で病没した関西出身の男性は、「F」にそっくりなうえ京阪神に土地勘があり、捜査本部からずっとマークされてきた。彼は声を振り絞って、こう叫んだ。

「私の人生は何やったんや。Fに似とるというだけで、何も悪いことをしとらんのに刑事に嗅《か》ぎ回られ、転居と転職を十数回も繰り返した。挙げ句の果てが体を壊して生活保護の身や。いったい、誰を恨めばいいんや」

実は、この事件では取材する側も傷ついていた。先に〝決定的瞬間〟に立ち会った事件と書いたが、それは警察当局と在阪の新聞・通信・NHKの社会・報道部長会の間で報道協定が結ばれ、現場取材を控える代わりに逐一捜査状況に関する情報提供を受けていたからだ。

報道協定は通常、誘拐事件など被害者の安否にかかわるおそれがある場合に限られる。しかしハウス事件は捜査の協力だけで人命尊重という大義名分すらなく、部長会も当初は「報道の自由を否定する」と消極的だった。

それが成立した背景には、これまで21面相の犯行や挑戦状を報じることで一味に加担してきたのではないかという懸念と反省に加え、事件の長期化で既に被害企業が莫大な被害を被り、社会不安も増大している実態があった。

後に〝悪の八人衆〟と呼ばれた各社の社会・報道部長たち八人はそれを自認し、この決定が「苦渋の決断」だったことを明かしている。

その頃まだ駆け出し記者だった私は、何よりも現場を目前にして自由に取材できないことへの憤りや焦りを感じていた。それに、腹部に包丁が刺さった死体を「病死かも知れない」と平気で嘘をつく警察当局が、本当に正確な情報を提供するとはとても思えなかった。

だから、21面相にマスコミ四社宛の挑戦状で、《マスコミかて　えらそうな　ことゆえへんで　まえの　報道きょうてい　あれ　なんや　報道のじゆう　の　じさつ　やないか》と書かれたことも辛かったが、それ以上に取材先の人々に「真実を報道するのがマスコミの使命なんて、嘘やいうことが分かりました。我々は何を信じればいいんですか」と言われた時は、返す言葉が見当たらなかった。

何事も〝決定的瞬間〟をキャッチすることが大事であり、そのチャンスは決して逃してはならない。それには理想的な計画などはいらないし、「苦渋の決断」も不要なのである。

第6章
スクープのコツはここにあり

失敗を積み重ねて、
取材や執筆の
ノウハウを学んだ。
何度も怖い目に遭い、
入る穴がないほど
恥ずかしい思いもした。
その顚末と教訓は。

行動読めん奴は当たって逃げろ

「世の中で何が最も恐ろしいか」と問われれば、「何を仕出かすか分からない人間」と言っていいだろう。薬物中毒や病気で心が壊れてしまった者とか、言葉が全く通じなかったり宗教や民族、文化、風俗・習慣の違いから何を考え、どう動くかを予測できず、コミュニケーションが取れない者は、本当に不気味である。

そんな〝怖い人たち〟にどう取材し、驚くべき真実を聞き出したのか――本章は事件の隠れたエピソードでなく、取材に絡む悲喜こもごもの苦労談や裏話を綴っていきたい。

未解決事件や闇社会について暴力団関係者から話を聞くことがあるが、よく読者や若手同業者に「どうやって取材するのか」「怖くないの？」と質問を受ける。

もちろんルンルン気分で取材できるわけはなく、過去に何回か会った相手でも、会談場所はホテルのロビーやラウンジ、繁華街の飲食店などできるだけ大勢の人々が出入りするパブリックスペースを選択している。

ただ、相手が敵対組織と抗争中とか、話の中身いかんではこっそり会わなければならないこともある。分厚い鉄扉と高い塀に囲まれ、監視カメラだらけの〝要塞〟のような関西の老舗暴力団事務所に呼ばれ、両側に名札や案内板のない小部屋がズラリと並ぶ物音一つしない薄暗い廊下を監視カメラに追われるように歩かされた時は、果たして無事に戻れるかと不安になったものである。

　こうした取材は原則的に単独行動を避けるが、相手に一人と指定されることもある。その場合は同行者を近くに待機させるか、それも無理なら自分の行動や居場所を知り合いの捜査員などに伝え、取材が終わったら連絡を入れるなど常に安全確保を心掛けている。

　もっとも現代のヤクザは、麻薬に毒されたジャンキーなど一部を除き、よほど面子を潰されるか大損害を与えられない限り、簡単に人は殺さない。かつての対立抗争時のように敵対する組長を殺し、刑務所から戻れば金バッジ（幹部になる）という時代は終わった。暴力団対策法などで厳しく規制されている今、そんなことをすれば組は潰され、出所しても帰る場所はないだろう。

　ただ、「声を荒らげて脅すのはチンピラで、大幹部はそんな馬鹿なことはしない」とワケ知り顔で解説する人がいるが、それは違う。確かに直接手を下すことは少ないが、チャイニーズマフィアに殺人を依頼することはできる。

ドンの命令で躊躇なく殺す男

　むしろ今や、ヤクザより怖いのは宗教団体や右翼団体に属し、偏った信仰や思想に

〝洗脳〟された狂信的な若者たちであろう。彼らは一様に目が据わっていて、教祖やドンの命令があれば、平然と殺人を犯すと思われるからだ。

二〇〇〇年四月、朝日新聞阪神支局襲撃事件を取材中の私は京都市内の飲食店で、襲撃を命じた「黒幕」と睨む右翼団体会長に単独インタビューを行っていた。

襲撃犯の男に取材したことを告げ、会長に真相を語るよう迫ったが、その度に、近くに控えるボディガード役の弟子が立ちはだかり、ギロッと睨み付けてきた。

その若い男は襲撃犯と同じく会長に絶対服従を誓い、「死ね」と命じられたら平然と死んでいくとされる人間だ。そこで私は「会長が『殺せ』と命じれば、直ちに実行に移すのではないか」と追及すると、会長はニヤッと笑い、その弟子を指して「何なら、こいつに『殺れ』って言うてみよか」とドスの利いた声で恫喝したのだ。

密室で逃げ場がない極度の緊張感と、何とか答えを引き出したい執念で室内の空気はピンと張り詰め、あまりの迫力に過呼吸に陥りそうだった。捜査員と連絡を取るなど安全策は講じていたが、この弟子は躊躇せずに襲うことが予想され、いざという時は間に合わない。取材終了後に全身が汗だくで、しばらく震えが止まらなかったことを覚えている。

さて、十三人が死亡し六千人余が重軽症となった一九九五年三月二十日の地下鉄サリン事件から二十年経ったとして、二〇一五年三月半ばから連日、新聞が特集記事を組み、テレビは特別番組を流した。

その中でわずかに注目されたことは、元捜査員から「オウムの影に気づきながら、他府県警との情報共有や連携がうまく行かず、地下鉄サリン事件を防げなかった」と捜査失敗を認める〝勇気ある証言〟が飛び出したことである。

時間が経つほどに失敗は忘れられ、都合のいい記憶だけ残るのが世の常と言える。大きな失敗談がいつの間にか手柄話にすり替わっていることさえある。ジャーナリズムの世界でも「あれは俺のスクープだ」と誇る奴に限って、実際は特ダネを抜かれていたりするものだから、失敗を認めた分だけマシである。

しかし、あまりにも遅過ぎた。

実は、私が初めて教祖の麻原彰晃こと松本智津夫に会ったのは、教団が坂本堤弁護士一家殺害など一連の事件を起こす以前の一九八〇年代後半だった。

「息子が全財産を持って失踪し、教団に取り込まれた」といった家族の訴えを受け、オウムへの取材を始めた頃で、教祖への直撃インタビューを試みようとして、後に死刑判決が確定した幹部信者たちに取り囲まれ、無言の圧力で阻止された。彼らもポア（魂を救う名目で正当化された殺人）を行う前だったし、衆人環視《しゅうじんかんし》の中での取材だったため、何とか無事に済んだが、後に凶悪な犯罪を次々と繰り広げた連中だったことが分かって、教団施設を訪ねなくて良かったとホッとした記憶がある。

新興宗教を取材する際、教義が不可解でも決して内容に触れてはならない。《イワシの頭も信心から》という言葉があるが、信者が何を信じ教祖がどう説法しようが信仰の自由であり、よほどのことがない限り許されるからだ。

もし教えに疑いを挟むような取材を行えば、猛烈な抗議や反撃を食らうだけではなく、必ず話が違う方向に進み、見解や価値観の相違となる。無駄な押し問答に時を費やし、知りたいことを聞けずに終わるだけだ。

複数の宗教団体幹部から「信仰心のない者は悲しい」と哀れみを受け、「地獄に落ちるぞ」との宣告を受けた経験もある。「お前は死ぬ」と言われるのは気分良くないけれど、今まで何とか生きており、宣告が間違いだったことを証明した。

「ハルマゲドン（人類最終戦争）が起きる」という自分の予言を正当化するために、テロ事件を起こしたのが麻原で、信仰という目に見えない鎖で信者を操り、サリンという目に見えない凶器で人の命を奪った犯行は、まさしく何を仕出かすか分からぬ恐ろしい時代の象徴と言える。

麻原にとって人命は軽いようだが、裁判では精神的に病んで訴訟能力がないと無罪を主張する一方で、再三にわたり再審請求を続けて死刑執行を回避するなど、自分の命だけは重いらしい。かつての腹心たちに見限られ、自分の四女にも「詐病で自分を守っているだけ」と喝破される体たらくだが、そんな麻原が後継団体で再び崇拝の対象となり、新しいオウムが生まれつつあるというから驚く。

戦後七十年余。誰もが貧しく復興のために必死に生きた時代は、若者たちにそれなりの夢や希望があった。時は移り、経済的に豊かになり巷《ちまた》にモノがあふれているが、社会は硬直化して閉塞感が漂い格差は広がるばかりで、一攫《いっかく》千金以外、若者たちに夢はなくなった。その悶々《もんもん》とした悩みを希望に変え、若者たちに居場所や生きる意味を与えるパラダイスの如き教団（と見えたの）がオウムで、一連の事件を知らず、占いやネットの仮想現実に縋る世代が当時の若い信者と同年齢になりつつある今、オウム復活は予想された回帰と言える。社会を変えない限り、オウムは不滅となりかねないのだ。

信じる者の裏切りが死を招く

二〇一五年にはＩＳやＩＳに忠誠を誓うイスラム過激派によるテロ事件が世界各地で相次いだ。ジャーナリストの後藤健二氏ら日本人二人が拘束され、首を切られ殺害される衝撃的事件が起きたが、宗教や民族が違い言葉が通じず、何を仕出かすか分からない者による残虐な犯行と言わざるを得ない。そんなＩＳにイスラム教も中東情勢も戦闘の何たるかも分からず参加を企てる日本の若者がいると知り、呆れると同時にオウムに入信する若者と同質なのではないかと気づいて、やり切れない思いを抱いた。

大事なことをすぐ忘れる日本人の悪癖か、一時は盛り上がった人質救出作戦失敗への批判や疑問も、今はほとんど聞かれなくなった。慎重に行動するタイプの後藤がなぜIS支配地域に入ったのかという当然の疑問を解決すべく、私は現地周辺にいる同業者やイラク、シリア関係者、日本の公安当局などから情報収集した。

いつも同行するガイドにシリア入りを断られた彼が、代わりに雇ったガイドやIS支配地域で交代した案内人に裏切られ、ISに売り飛ばされたというのが直接の原因らしい。が、それ以前に後藤はどうやら現地の情報通に「(もう一人の)日本人拘束者の湯川遥菜氏を救出できるルートがあり、その救出劇をスクープできる」と持ちかけられ、話に乗ってしまったようである。

「紛争やテロ、事件を避けて通って何がジャーナリストだ」との使命感や問題意識は重要だが、そこに〝いい映像・写真〟を撮りスクープ記事を書いてマスコミで紹介され、名前を売って生活の糧《かて》を得なければならないフリージャーナリストの宿命、悲哀がある。

新聞・通信・出版社の社員記者は、本人がいくら希望しても、原則として会社側が生命の危険がある場所に取材に行かすことはしない。事件現場に急ぐ車の運転手に「安全運転ですっ飛ばせ」と指示する感じである。そこから先のデンジャラスゾーンは、決して誰にも強制されないが、使命感や名誉欲、経済的事情などに駆られたフリージャーナリストが突っ込んでいくしかない。社員、フリー両方を経験した当人ゆえ、そう言い切れる。

後藤がどんな話を持ちかけられたか不明だが、いい話なら私も拒む自信はない。が、おそらく私は断っていたと思う。難航しそうな取材ほど事前に幾重にも安全策を講じ、取材対象や場所について徹底的に調べたり情報収集するからだ。ただ、ISやその支配地域に関して調査するにも限界があるし、信頼できるスタッフが揃うとも思えない。

インタビュー取材は常に、二度と相手に会えないかも知れないという一期一会《いちごいちえ》の精神で臨む。危険な取材は、それでも取材する必要が本当にあるか否かを考える。自分が「もうこれでいいや」と思えば、取材はそこで終わることも知っており、どこかで決断しなければならない厳しさがある。

ただ、それでも私はシリアのIS支配地域入りを断念するだろう。日本人だから大丈夫などという寝言は通用しないし、何より信頼できる仲間だと思っていた人物に騙されると、致命傷になってしまうからだ。

今から四半世紀前。タイ山岳地帯の麻薬密売組織を取材するため、潜入ルートや密造工場を下見しようとタイ国家警察の麻薬取締特別捜査隊に同行したことがある。

屈強な隊員二十数人と機関銃を装備した装甲トラックや四輪駆動車計六台を連ね、ジャングルの奥地を目指したが、麻薬組織側の待ち伏せに遭い、激しい銃撃戦となった。乱最後尾から二台目の車に乗っていた私は慌てて下車して車の陰に隠れ無傷だったが、乱射する銃声や爆弾の炸裂音で耳が聞こえなくなり、車のドアや窓は機関銃で蜂の巣状態にされ、思わず死を覚悟したほどだ。後で聞いたら警察内部から麻薬組織側に情報漏洩《ろうえい》があったといい、自分の予備調査と現状認識の甘さを痛感させられた。

危険性の高い取材を行う場合、私は臆病なぐらい慎重に段取りを進める。旧知の歴史学者に「宮本武蔵のような剣豪も武田信玄のような戦国武将も臆病なところがあり、常に逃げ道や退き口を用意していた」と聞いた。以来、思考や行動が読めない相手には直撃した後、サッと逃げることにしている。真っ先に突っ込む猪《いのしし》武者は、いくら強くてもいつかは死ぬ運命にあると確信しており、まさに逃げるが勝ちなのだ。

洗脳された子供が最も怖い

ここまで書いてきて、何を仕出かすか分からない者たちの最も恐ろしい例が、身近にあることに気がついた。最近頻発している未成年者による殺傷事件がそれだ。

一五年一月、名古屋大学理学部の女子学生が老婦人をオノで殺し、「幼い頃から人を殺したかった」と自供して衝撃を与えたが、この十年間に十代の少女が起こした主な殺傷事件は五件。一四年七月、長崎県立高校一年の女生徒が同級生の女子をハンマーで殴って殺害し遺体を切断、「人を殺してみたかった」と供述したし、〇五年十月には静岡県立高校一年の女子生徒が母親に劇薬タリウムを飲ませて重体に陥らせ、衰弱する様子を日記風に書いてブログに載せ、世の人々を震え上がらせた。

一五年二月、神奈川県川崎市で起きた非行少年による中学一年男子のリンチ殺人事件のように、単なる遊び仲間が危険な一線を越え、重大な犯罪に発展するケースが増えている。

その背景として人間同士の繋がりが希薄になったと指摘する専門家が多く、スマートフォンの無料通信アプリ・LINEの利用増大を理由に挙げる。メッセージを一方的に送りつけ、素早い返信を強要する。会ったこともない人と何度もやり取りし、危ない動画を配信したり呼び出して会うこともある。

大半は家族関係に不満を抱き、遊び仲間を疑似家族として期待し、未成熟なリーダーが結束を乱そうとする者を恐れて制裁するというのがほとんどの事件の経緯である。ゲーム脳やネットの弊害など様々な要因があるが、子供たちが〝洗脳〟され、何を仕出かすか分からなくなっているとは言い過ぎであろうか。

犯罪はもともと理不尽なものだが、私が取材する基準の一つは被害者の苦しみや心の痛みを感じ、「この犯罪は絶対に許せない。いかなる障害や攻撃があっても書くべきだ」と思えることである。ある日突然、隣室で暮らす少女が、街を歩いていた若者が「誰でもいいから人を殺してみたかった」と無差別殺人を始めることを許す訳には行かない。

その思いこそが一橋ノンフィクションの出発点と言える。

ウラ取りは大胆な想像力と覚悟

《真実を徹底追及》《真相を解明！》といった言葉を雑誌、書籍の表紙や帯の宣伝文でよく見かける。言うのは簡単だが、実際に取材して書くのは至難の業だ。

そもそも真実とは何か。これは見る人の立場や考え方によって異なるし、視点を変えれば印象もかなり違う。

小説や映画で人気の忠臣蔵も赤穂浪士側、吉良家側で正義や評価は正反対だろうし、そこに吉良と縁戚の上杉家廃絶を狙う幕府の思惑などの背景が絡めば、いかなる理由で何が起きたのかさえ定かでなくなってくる。

真実を見極めるのは難しい。が、だからこそ面白い。

四十年近く前の駆け出し記者時代、ある小学校の教室で洒落た女児のノートが紛失し、素行が悪いと噂された男児が盗んだに違いないと、三十人の同級生全員が疑いを抱く騒動があった。当初は黙り込んでいた男児も追及を受け「僕が盗んだ」と自供したが、親友の女児が悪戯半分で隠し、後で言い出せなくなったのが真相だった。

このように九十九パーセントの人間がクロと言っても、シロのケースがある。それどころか、本人が「私がやりました」と自供しても、無実だった犯罪もあった。

自白を強要され後に無罪が確定した一連の冤罪事件がそのケースだが、身近な例では通勤ラッシュの電車内での痴漢事件などが典型的な話だろう。

被害女性に「この人、痴漢です」と手を摑まれ突き出された男は、いくら否認してもまず信用されない。女性が恥ずかしさに耐えて訴えているから、百パーセント間違いないとなる。

痴漢冤罪経験者の話では、取調室で刑事から「正直に申告すれば、調書だけ取って帰宅できる。否認するなら逮捕して留置場に泊まってもらう。家庭や職場にも連絡する」と言われ、やってなくても認めた方が軽くて済む気になったという。

結局、自宅や会社にバレて厳しい立場に追い込まれたし、一度認めると後でどんなに否認しても、誰も信じてくれない。余談だが、私はこの話を聞いた後、電車内ではいつも扉の横に立ち、扉に向かって両手を掲げて本を読むことにしている。

真相を突き止めるには緻密で粘り強い取材、冷静な判断力が必要だが、自由に想像力を働かせることも欠かしてはならない。なぜ犯人はこの家に目をつけたのか。犯行現場にハンカチを残していった理由は……など、事件現場や関係者への聞き込み取材で得た情報を一つずつ、納得ゆく答えを摑むまで追跡する。そこで大切なのは、犯人や被害者の心境に立った豊かな想像力であろう。

安易な刑事ドラマでよく「借金を返さない奴をカッとなって殺した」などの犯行動機

が語られるが、そんなことをすれば貸したカネが戻らずに大損になるので、まずやらない。暴力団系金融業者によると借金を返さない男は臓器密売業者に、女は風俗店に売り飛ばしわずかでもカネを回収する方がマシで、貸した相手に殺される心配はあっても殺さないという。一つでも不可解、不自然な話を放置すれば、真相解明などできるわけがないのである。

ありそうな嘘をつく「情報通」

さて、真相解明の第一歩は誰が真実を知っているかをいち早く割り出し、会って話を聞くことである。だが、その人物が果たして本当のことを話すか分からないし、仮に詳しい事情を知っていても、何らかの理由で被疑者や被害者、警察から口止めされている可能性もある。

事件を取材する際は三つの攻防戦がある、とされる。相手は被疑者や被害者ら事件関係者、警察、そして野次馬を含む「情報通」と言われる人々だ。昨今はさほど熾烈《しれつ》ではなくなったが、取材を競うライバル記者との攻防も厳しいものがある。

逮捕されたくない被疑者はもとより、被害者の親族らも身内の恥を晒したくないなどの理由で嘘をつくことがある。警察も捜査の邪魔をされたくないとか犯人逮捕後の公判維持の観点から、真実を隠蔽することが多い。

新米事件記者だった頃、関西の警察幹部は平気で嘘をついた。死体の腹部に深々と出刃包丁が刺さっているのに、「病死の疑いも捨て切れない」と平然と語る捜査員がいたし、別に事実を隠す意図はないのだろうが、縄張り（警察が現場検証時に指紋や足跡、証拠品保全のため現場周辺にロープを張り第三者を立入禁止にする措置）をどんどん広げ、ついには一町内全部を封鎖するという〝掟破りの荒業《あらわざ》〟を繰り出したこともある。

こうした相手の思惑は最初から織り込み済みゆえまだいいが、困るのはいかにもありそうな嘘を巧妙に語り、巷の噂話をベラベラと言い募る「情報通」の存在だ。

最近は地域の繋がりが薄く、近隣住民が被害者、特に若い男女の近況や周辺事情を熟知していることは稀《まれ》だ。かく言う私も、隣家の娘が何の仕事に就き、誰と交際しているか全く知らない。隣は何をする人ぞ、である。

警察がいくら町内を封鎖しても電話で取材すれば済む話だが、付近住民は詳しい事情を知らなくても関心だけは高いから、新聞記事やテレビのワイドショーで得た話を「自分だけがよく知っている情報」として証言する。中には自分がついた嘘が町内を一回りして戻ったのを聞いて「やはり本当だった」と思い込み、さらに尾ひれを付けて喋りまくる輩《やから》が存在するから要注意なのだ。

締切時間に追われる時は親族や会社の同僚、中学・高校の同級生を皮切りに幼なじみ、恋人、不倫相手、サークル活動のメンバーなど「被害者の真の姿を知る人」を探し出して取材する方を優先する。現代はそこにブログ仲間などネット上の人間関係も忘れてはならない。

それでも〝とっておきの話〟が出てこない場合、美容院やペットショップ、ゲームセンター、バイト先など被害者の年齢や性別、性格、趣味・嗜好に合わせ、出入りしていそうな場所を次々と当たらなければならない。

今の世はスマホで交流している相手の方が被害者の内情や交遊関係を知っている可能性が高いかも知れない。その過程で被害者が書き残した日記やメール、ツイッターがあれば入手し、そこに登場する人物に可能な限り接触して被害者の素顔を把握すべきであろう。

ここでも頭の中で自分の同僚や同級生のことを考え、想像力を働かせながら取材すれば自ずと道筋が見えてくる。

「今の若い者は……」とか「昔は良かった」というセリフは、自分がジジイであることを証明しているようであり、口が裂けても言いたくなかったが、ここでは敢えて言うことにしよう。

今の若い記者たちは真面目で熱心なところはいいが、他人を疑わないというか、余りに馬鹿正直過ぎるきらいがある。

捜査員と記者の関係は常に出し抜き合いであり、同時にギブアンドテイクでもある。

事件の証拠をこつこつと集めて犯人を逮捕したい捜査員と、少しでも早く事件の真相を明らかにしたい記者の利害は対立し、相容れないことは当然である。刑事が捜査情報を漏らすことは公務員の守秘義務違反だが、それ以前に自らの捜査がやりにくくなるため、彼らがベラベラと喋ることはない。

もし捜査員が耳元で極秘情報を囁けば、それは何らかの思惑や目的があると考えた方がいい。幹部なら報道で市民からの新たな情報提供を期待するとか、警察上層部に捜査していることをアピールする狙いがある。捜査員の場合は大半が情報交換への誘い。警察の縄張り主義で苦しんでいるのは捜査員も同じで、自分の担当する捜査以外の情報を知らされていないことが多いからだ。

それを「オレは捜査員に食い込んでいる」などと錯覚すると、大変な過ちを犯すことになる。自分がどれほど取材相手の捜査員と信頼関係を築いてきたかを考えれば、答えは明白だろう。

一五年二月。東京都八王子市のスーパーで一九九五年夏に女子高生ら三人が射殺された強盗殺人事件に関連し、マスコミは一斉に捜査が急展開しそうなニュースを報じた。

女子高生を縛った粘着テープに付着していた指紋を新しい方法で採取することに成功し、十年前に死亡した日本人男性の指紋と酷似（八個の特徴点が一致）したというから、事実なら事件解決に繋がる有力情報に違いない。

この指紋のことを以前に拙著で書いたことがあり、マスコミ関係者から問い合わせの電話やメールが殺到した。中には捜査幹部もいて、仕事にならず、「いい加減にしてくれ。私は犯人でも刑事でもない」と悲鳴を上げたほどだ。

ところが、指紋が酷似した男は早い段階で、捜査本部の事情聴取を受けて犯行を否認。勤務先の記録などから事件当日のアリバイがほぼ確認され、男の病死後に親族から採取したDNA型鑑定も一致しなかったのだ。

そんな〝ほぼシロ〟の人物、しかも十年前に病死した男を容疑者として示すようなリークは明白なミスリードであり、完全なルール違反と言わざるを得まい。捜査本部でよく見られる「新しい捜査一課長就任を祝してのパフォーマンス」にしても明らかにやり過ぎだし、まんまと乗せられたマスコミも情けない。

信頼できる人間は信じ切る

今から四半世紀以上前、捜査員宅を夜間取材に訪れる夜回り取材で、他社のベテラン記者が先に来ていたため様子を窺ったことがある。雪がチラつく寒い夜に長時間外で待つのは辛かったが、そのベテラン記者は暖房の効いた車内で待っていた。その怠惰な姿を見て「こんな奴に負けてたまるか」と気持ちを高ぶらせた記憶がある。

捜査員が帰宅する直前、その記者は外に出て門の近くに立ち、近くにあった雪の塊を頭や肩に振りかけ、さも長時間雪の中に立っていたかのようなポーズを取った。「捜査員はこのペテン師の術中に嵌まるのか」と余計な心配をして見ていると、捜査員は記者の肩に載った雪を指差し、何も言わずに笑いながら家に入っていった。

後に別の警察幹部から「捜査員と記者は化かし合い。捜査員は記者の行為を見抜いているし、記者もそれは分かっている。全部引っくるめた上の信頼関係なんだよ」と言われ唖然《あぜん》としたが、今は少し分かる気がする。何度もの騙し合いを経て、相手の表情や何気ない言動でその人の真意が分かるようになって、初めて信頼関係が築かれたことになる。要は相手をとことん信じ切れるか。こいつに騙されたら仕方ないやと思えるか——なのだ。

その直後、大阪南部の下水処理場内の浄化槽から男性の遺体片が大量に見つかり、「すわバラバラ殺人か」と大騒ぎになった。新聞の夕刊締め切り直前だったが、交通渋滞もあって現場到着は締め切り二分前。現場に向かう車内で、ポケットベルが何度も鳴り響き、上司が言うのは「殺しか否か、ハッキリせい。殺しなら一面と社会面でドッといくで」と決まり文句だった。自動車電話でも取材したが、警察も現場に着いたばかりで浄化槽に水没したバラバラ遺体が殺人かどうかは、すぐに分かるはずもない。当時、携帯電話はなく車載電話は取材に使っているため、上司はイライラしてポケベルを鳴らしまくり、返事がないので怒鳴り散らす。まさに修羅場だった。

現場に着くと処理場正門付近にロープが張られ、立ち番の警察官がいて中に入れない。死体が見つかった現場ははるか遠く、双眼鏡で覗いても何も見えない。相変わらずポケットベルは鳴りっ放しで、仕方なく電話をかけると案の定、「お前、何考えとるんや。締め切り一分前やど。原稿できとるから、殺しか否かだけ言え」と上司の怒鳴り声が響いた。だが、どうしようもない。

その時、一人の親しい捜査関係者が門から出てきた。この好機を逃せばパー。その人の名前を大声で呼ぶと、指で数字の一、二、三を示して相手の反応を窺った。一が殺し、二が病死など事件性のない場合、三は事件性の有無が微妙な変死で、その捜査関係者は二を指した後、三を示した。つまり、事件性の薄い変死ということだ。

その人と日頃から冗談半分で決めていたブロックサインだった。それに本当にややこしい殺しなら、たとえ親しくても、この段階では決して教えないだろうと判断した。

上司に「殺しじゃない。事件性の薄い変死です」と連絡すると、「なにぃ、既に一面と社会面で大展開しているんや。本当に殺しじゃないんか」と怒り狂った。「根拠を示せ」と言われたが、まさかブロックサインとは言えないから「信頼できる捜査関係者の情報」としか言わなかった。自分の保身しか考えていない上司は「お前、責任取れるんか」としつこく言うので、嫌気が差し「そこまで言うなら『殺し』で行けばいい。私は変死と報告した。情報源を信頼できなければ、この仕事は終わりだ。責任取りますよ。

もし殺しじゃなかったら、あなたの責任ですから」と言うと、ムッとして黙り込んでしまった。

結果的に、我が社の紙面は変死扱いでベタ（一段記事）だった。他社はほとんど一面から大展開しており、その日の夕方に徘徊老人が誤って転落死したという真相が判明するまで、私は針の筵に座らされた気分だった。だが、結果的に私が正解で、他社は翌日の朝刊で事実上の訂正記事を出した。

ところが、私は社内で「誤報を回避した救世主」などと評価されるどころか冷たい目で見られるようになり、やがて会社を去ることになったのだ。

この話には、実は後日談がある。老人の足跡を追うと、大阪北部の病院から抜け出し、百数十キロも徘徊して処理場に辿り着いたことが分かった。そして、その病院にはドーナツ状の長い回廊があり、二十日鼠のようにひたすらグルグルと回り続ける認知症の老人たちがいたのだ。

その「徘徊老人たちの悲劇」を記事にして初めて、とことん真実を追いかける記者魂を貫いた気がした。

知らないところで事件が起きる

「ウラを取る」とは裏付けを取る、事実を確認する意味の言葉だが、「裏」には目に見えぬ闇の部分とか予想外という意味もあり、「ウラを取る」ことは予想もしない労苦を乗り越え、闇を暴く覚悟が必要なのである。

二〇〇六年十二月、東京・渋谷の自宅マンションで夫を殺害し遺体をバラバラにして捨てた〝セレブ妻〟は「夫のDVに耐えかねての犯行である」と主張した。確かに彼女がDVに悩み、負傷したり民間シェルターに逃げ込んだという事実はあった。

彼女は取調室や法廷で〝悲劇のヒロイン〟を演じ、傍聴人の涙を誘った。本人とは何の関係もない傍聴人たちの間に、彼女を応援しようという「ファンクラブ」ができたほどだった。

しかし、彼女自身も夫に暴力を振るっていたし、逃亡先では夫のクレジットカードを使って大量の買い物をしたり、何があっても必ず自分の意志で帰宅するなど不可解な点が多々あった。

結局、判決は夫に愛人ができて〝セレブ妻〟の座を奪われることに恐れと怒りを抱いた末の犯行と断じ、懲役十五年の刑が確定した。そして、それ以後二度と彼女は法廷に姿を見せることはなかった。

ネット社会の到来で、目に見えない世界で愛憎が膨らみ、我々の知らないところで事件が起きるようになった。

ますます真実を見極める力が必要とされる時代が来ているのだ。

嘘つき逃げる奴より悪い確信犯

二〇一五年のゴールデンウィークは好天に恵まれたのに、仕事場にこもって原稿を書いていた。決して勤勉というわけではなく、尻に火が付かないとやらない怠惰さゆえの体たらくである。

一息つき新聞に目を通すと、《北アルプス白馬岳で二〇〇六年、女性四人が吹雪に巻かれ凍死した事故で業務上過失致死罪に問われた山岳ガイドに対し、長野地裁松本支部が禁錮三年・執行猶予五年の有罪判決を出した》との記事が目に留まった。判決は《天候回復の兆しがなく、客の装備も不十分なのに登山を続けた》とガイドの過失を厳しく断じた。

最近は「百名山」ブームもあり、ガイドに金を払って登山ツアーに参加する中高齢者が多く、登山技術や知識のない初心者が平然と軽装で穂高連峰などの岩稜を歩く姿が目につく。ガイドは公益社団法人・日本山岳ガイド協会認定の資格所有者が大半だが、国家資格ではないから山登りのベテランが無資格で引率する例も少なくない。

ただガイドの技量を問題視する前に、登山客の常識やマナーを向上させることが先決だろう。登山は自由に楽しむものだし、「地元の山岳会に入り体力と技術を身に付けてから山に行け」などと言うつもりはない。

だが、せめて自然を慈しむ心と、山や天候に関する基礎知識ぐらいは持つべきだ。自分が登る山の名も知らず、勝手に草花を摘み、水場で小用を足す。ケルンを崩し、崖下に石を投げる。冬山用に小屋に保管した食料を荒す。悪戯のつもりだろうが、後に続く登山者たちの生命にかかわる大問題なのだ。

大学時代、山岳部の端くれだった私はOBに頼まれ、社会人十数人を引き連れて雲取山に登った。技術的に難しい山ではないし経験者ばかりとの触れ込みだったが、年齢も体力も目的もバラバラ。「足が痛い」の「喉が渇いた」のと散々文句を言われ、健脚者は皆を置き去りにして先に進み、カップルの参加者は黙って二人で姿を消すなど気ままに行動したため、収拾が付かなくなった。

何とか無事に下山したが、この苦労体験からガイドに本当に必要なのは雇い主に登山中止を命じる権限だと思い知った。いきなり山岳事故について長々と綴ったのは、実は、学生時代に苦い思い出があったからにほかならない。

救助隊を罵倒する遭難者の家族

後立山《うしろたてやま》連峰を部員八人と縦走中、「若い男女三人が遭難したので救助に協力して」と大学先輩の山小屋関係者から要請があり、救助隊と現場に急行したことがある。

天候悪化で発見できず二重遭難の危険から山小屋で待機していると、駆けつけた家族が「早く救助に行け」や「ヘリを飛ばせ」と苛立ちの声をぶつけ出した。数日後に救助して下山した時も、泣きながら遭難者にまとわりつき、汗まみれ泥まみれで戻ってきた救助隊をまるで邪魔者扱いして、感謝の言葉さえなかった。

県警や消防の山岳救助は原則的に、ヘリ飛行代も含め無料である。我々にしても自分たちの山行をフイにしたうえに身体を張って協力しても、山小屋で温かい豚汁や握り飯を御馳走になるぐらいで無料奉仕なのだ。謝礼など求める気はないが、感謝の言葉ぐらい掛けられてもバチは当たるまい。

だが警察からお灸を据えられ、勝手に頼んだ民間ヘリ会社から百万円単位の費用を請求された途端、遭難者も家族も顔色を変え、「助けを呼んだ覚えはない」とか「自力で下山できた」と騒ぎ出したというから呆れる。

もし、その場にいたら思わず胸ぐらを掴んで、殴らないまでも「ふざけるな」と怒鳴っていたに違いない。実は、こうした理不尽な仕打ちに対する憤りが、私をジャーナリストへと導いた理由の一つでもあった。

岐阜県は一四年十二月、北アルプス登山者に届け出を義務付け、不提出の場合は五万円以下の過料を科す登山条例を施行。長野県も同様な内容の登山安全条例を翌一五年の十二月より施行した。

これに対して、「登山の自由を損ねる」と批判する人々がいる。確かに登山届を出したからといって、登山者が慎重に行動し遭難が減るとは思えない。効用は遭難者の身元や連絡先が分かり迅速な捜索や救助活動を可能にする程度だが、岐阜県だけで年間百件以上の山岳遭難が起き、救助隊やヘリの出動回数が急増している現状がある。

県予算の負担増、県民の迷惑を考えた時、救助費用の実費ぐらいは自己負担すべきではないかと思う。救急車の有料化問題と同様に、我々は自らの利益を求め、権利ばかりを主張する自己中心的な考えを改め、皆に助けられている事実を知るべきだ。

劇場化会見が情報連鎖を生む

今までに怒鳴りたいほど憤った出来事が、もう一つある。

駆け出し記者だった一九八〇年代後半、瀬戸内海に浮かぶ小島の砂利採取利権を巡る汚職が発覚し、国会議員が収賄罪で在宅起訴される事件があった。

その島に他社に先駆けて取材に入ったが、タクシーもバスもない島で車や自転車を借りたくても周囲は贈賄業者に関係する住民ばかり。数少ない証言者を求めて、人目がなくなる夜間に島中を歩き回ったが、これが往復平均十数キロと遠かったうえに山あり谷ありで体力的に相当きつい取材となった。

それでも何とか証拠や情報を集めて、件の国会議員への取材にこぎ着けたが、本人は逃げ回った末に、病気の入院治療を理由に関西の公立病院に逃げ込み、全く姿を現さなくなってしまった。

当時、疑惑を報じられた政治家や財界人が病院に〝避難〟するのが流行で、私はいつか警戒網を突破し直撃インタビューしたいと思っていた。そして先輩記者から「島で散々うまい魚を食べたんだろう」と難しい取材を押しつけられ、今度は病院への潜入を試みた。

高層階の隅にある特別室に入院していることは突き止めたが、病室前には二十四時間、ガードマンや議員秘書が立っていて近寄れず、部屋の扉が廊下を曲がった奥にあり、開閉時に中を覗くこともできない。看護師や掃除係に化けて入室を試みたり隣の病室に見舞客を装って入り込み突入の機会を窺ったり、遠方の高層マンションから超望遠レンズで病室の窓を狙ったり……と人権重視、プライバシーに配慮する今の取材姿勢なら絶対にあり得ない方法で、各社は取材を断行した。最後まで取材を諦めない「関西ジャーナリズム」全盛期の出来事だけに、ここでは書けない方法で潜入する猛者《もさ》まで現れた。

数日後、ある社が病院の外でホバリングさせたヘリからブラインド越しに、元気に談笑する議員の写真撮影に成功した。病院関係者への裏付け取材で議員が大した病状でないことが確認できたため、他社の記者とその上司たちは取材から引くに引けなくなってしまった。

取材完遂を迫られた私も、一つ下の階にある同タイプの病室を調べてベッドの斜め上に通風口があることに気づくと、身軽な後輩にその階のトイレから天井裏に潜り込ませ通風口まで辿り着けることを確認した。これで国会議員のベッド上まで接近し、写真撮影もインタビューもできると考え、その夜、後に〝天井裏の怪人作戦〟と名付けた愚策を意気揚々と実行に移した。

ところが、同じ後輩を特別室のある階のトイレから天井裏に上がらせ、這って通風口に向かわせたが、その手前でコンクリートの壁が行く手を塞いでいることが分かり、起死回生と言うべき極秘作戦は失敗に終わったのだ。

まだ若かった私は、病院や海外に逃げられる権力者や金持ちだけが取材を免れ、国民の前で本性や醜態を晒さずに済む理不尽さに憤りを覚え、土壇場で逃がした悔しさでしばらく眠れぬ日々が続いた。

私は仕事柄、何度か標的を追い切れずに苦い思いをしたり、悔し涙に暮れたりしたこともあったが、大声を上げて嘆き悲しみ、自分と社会に対して怒り叱咤したのはこの時だけである。

なぜ今、こんな古い失敗談を持ち出したのかと言うと、昨今の不祥事や犯罪を見ていると当事者や加害者が記者会見や取り調べに対する供述、法廷での証言などで自らの考えや気持ちを堂々と、あるいは得意気に披露し、いかに厳しく追及されても「私のどこが悪いんだ」と言わんばかりの傲慢さや過剰な演技で乗り切るケースが増えてきているからだ。

その典型的な例として、「劇場化した会見」がある。

専門誌『広報会議』が二〇一四年末に選んだ「印象に残った不祥事ランキング」で、一位は理化学研究所の元研究員、小保方晴子氏によるSTAP細胞をめぐる論文不正問題であった。二位は野々村竜太郎・元兵庫県議の政務活動費詐取容疑、三位が佐村河内守氏のゴーストライター（楽曲代作）疑惑で、どれも演出過多の会見が話題となった不祥事ばかりである。

「涙目の小保方嬢が必死に訴える姿は健気に映ったが、どんなに矛盾を指摘されても自分の研究成果を絶対に曲げない図太さと、男に媚を売る嫌らしさを感じる」

「野々村氏の号泣にはショックを受けたが、あまりに滑稽で子供たちが真似するため困っている」

「佐村河内氏がサングラスを外し髪を切って登場した会見は絶対に忘れられない。愚かにも〝ただのおっさん〟であることを、自ら証明してしまった感がある」

これらはテレビで会見を見た人々がネットに寄せた感想の一部だが、極めて率直、かつ辛辣な見方と言っていいだろう。

こうした不祥事を最初に知った媒体としては、同誌の調査でテレビニュースが七十五・八パーセントと圧倒的に多く、新聞・雑誌は七・六パーセントしかなかった。しかもネットの普及で会見は動画サイトが丸ごとネット配信、注目を集めた会見はSNSで拡散し、さらに関心が高まる「情報連鎖」が生まれている。

偉い人たちが一列に並び深々と頭を下げて謝罪し、渦中の人物がしどろもどろになりながら必死に釈明する。時には逆ギレ、号泣、薄笑い、土下座のパフォーマンスが生で見られる「劇場化した会見」は、格好のエンターテインメントとして人々に届けられているのだ。

これは、文字を使って真実を明らかにするモノ書きにとって脅威である。生の映像以上にインパクトの強い表現方法があるのかという課題もさることながら、当事者が会見で迫真の演技を行い、あるいは黒幕的人物に演出され、偽りの姿や情報を発信した時、それを覆すだけの事実を摑むことは至難の業だからだ。

自己チュー女の殺人願望

「ワシは人を騙す悪党のように思われとるけど、ほんまは皆様にひとときの夢を見させとるだけや。一時的には感謝されることもある。世の中にはもっとエグい奴がようけぇおるやないか」

目の前に座る七十代半ばの小柄な男はそう言うと、私の目を見つめて「イッヒッヒッ」と嫌らしく笑った。

二〇一五年四月下旬。関西のある街で、仲間から「神爺《かみじい》」と呼ばれる名人の詐欺師に会った。彼はオウム真理教の麻原彰晃元死刑囚に、人を騙してカネ儲けする手口を仕込んだという指南役であった。

カルト教団の原型を怪しい教祖と一緒に築き上げた話は驚きの連続であり、興味は尽きなかった。ただ、詐欺師の話は確かに面白いが、どこまでが本当で、どこからが嘘なのかが分かりにくいから、取材者泣かせである。

詐欺師は世界中の情報に通じ、人々の関心が集まる所や儲け話がありそうな場所には必ず現れる。

地球環境問題が注目されれば、怪しげなエコ商品を素早く売り捌《さば》いているし、中高年に海外移住ブームが起きると、現地で手続代行や不動産会社を経営する。中国とのビジネスが好調であると聞いた時には、既に中国の大連や上海で地元政府や経済界との仲介業を営んでいる。二〇一一年の東日本大震災の時には被災者を狙った偽除染やインチキ工事を、また二〇年の東京五輪開催を当て込んだ架空の投資話に乗り出すなど、まさにやりたい放題だ。

「あなただけにこっそり」や「今ならお得」「儲けが三倍になる特別奉仕品」などが詐欺の常套句だが、にっこりと笑顔で囁かれると、誰もがコロッと騙される。

近頃は、高齢者からカネを奪うことだけを目的とした振り込め詐欺など悪質な特殊詐欺が主流。そこに暴力団対策法などで力が衰えた暴力団が新たな資金源にしようと組織的に関与する〝由々しき事態〟が起きている。

何しろ、一四年に詐欺容疑で捕まった暴力団関係者は過去最高の二千三百三十七人。同年に特殊詐欺で逮捕された容疑者の三分の一は暴力団関係者というのだ。

それに対して悪徳政治家や小狡い経済人、闇社会の住人ら「欲深い権力者」（「神爺」）を手玉に取って大金をせしめるプロの詐欺師の話は含蓄、教訓に富んでいて、なかなか興味深い。

取材相手に感情移入するのはジャーナリストとして失格なのだが、名人詐欺師と丁々発止の〝騙し合いの会話〟をワクワク、ドキドキしながら行っている自分の意外な姿に驚いている。

「人を騙そうと考えとるうちは青二才や。自ら自分の話を信じ、自分は本物と思い込むのがプロやで」

と「神爺」は言う。

詐欺師の話ゆえどこまで本当かは分からないが、この考えは前出の自信過剰な確信犯の言動に通じるものがある。

イスラム過激派の何たるかも知らずにＩＳの支配地域を訪れる。噴火寸前の箱根大涌谷を見たくて立入禁止区域に潜り込む。過去の凶悪犯に憧れ、その言動を真似て無差別殺人を繰り返す……。

それで重大犯罪を起こしたり生命の危機に陥って、苦悩し泣き喚いて後悔するなら、単なる〝バカ野郎〟で済むのだが、自己中心的で思い込みが強い輩は「自分が好きで興味があることをやってやっただけ。いったい何が悪いんだ」と平気な顔をしているから、詐欺師よりずっと始末が悪いのだ。

一五年一月に老婦人を殺害した容疑で逮捕された名古屋大理学部の女子学生は「幼い頃から人を殺したかった」と自供している。「薬品コレクター」を自任するだけあって仙台市の私立高校在学中も友人二人に硫酸タリウム入りジュースを飲ませ、薬効を観察していたとして再逮捕された。

学者揃いの裕福な家庭で優秀な成績を隠れ蓑《みの》に野放図に育った女子学生は、自己中心的で他人の気持ちを考えない〝化け物〟に変身した。そして独り暮らしを始めた解放感から「殺人願望」が膨らみ爆発した、と愛知県警は見る。

彼女が手本にしたとされる長崎、静岡県で殺人事件を起こした女子高生も、真面目で成績優秀な者ばかり。自己中心的で思い込みが強い人間が凶悪犯罪を起こす時代が到来したと言える。

そんな人間をカモにするのが詐欺師だから世の中、悪はつきまじなのだ。

皆と違う声を五感でキャッチ!

「最近の若い者はダメだね。どうなっているの?」

この言葉を口にしたらお終いだと常々思ってきた。だが、今また、敢えて声を大にして言いたい。

「今の人々はいったい、何を考えているんだ!」

安保関連法案が成立した時、日本政府が紛争国に人道支援や資金援助はもとより自衛隊派遣も辞さないのは国際社会の一員として当然である、という街の声が多かったのには驚いた。

国際協調精神にケチをつける気はないが、愛息を戦地に送り出す不安に怯え、心配する母親を罵倒して嗤《わら》い、テレビカメラに向かい「非国民」と言い放つ都民の姿に衝撃を受けた。

別に反戦平和とか強権政治打破などと声高に叫ぶつもりはない。しかし、皆と同じようにすることが最善とされた戦後教育の影響なのか、自分さえ良ければ関係ないという自己中心的な三無主義が蔓延したのかは分からないが、なぜか妙にモノ分かりがよく、特に〝お上《かみ》〟の言うことは疑わず、逆らわない人が増えたように感じるのは私だけだろうか。

消費税の大幅増税も、少子高齢化社会の到来で増大する医療・介護費用を補うためと説明されると簡単に納得してしまう。本来、権力の暴走をチェックする役割を担うマスコミも「公正中立な報道」の大義名分に縛られ、起きたことを淡々と報じるだけ。少しでも批判や疑問を口にしたキャスターやコメンテイターは次々と降板させられているのが現状である。

二〇一六年一月、長野県軽井沢町で夜行スキーバスが国道十八号から転落、大学生ら十五人が死亡するという痛ましい事故発生の報が飛び込んできた。

料金が安く、寝ていれば目的地に着く夜行バスは人気が高く利用者が増えているが、件のバスは運転手の健康状態をチェックしておらず、高速道路を利用する走行計画を勝手に変更し、つづら折りの峠道を猛スピードで走るなど、かなり杜撰な運行だったことが明らかになっている。

犠牲者は大学生で就職が内定した四年生や、学問やクラブ活動で活躍が期待された新入生が多く、家族の悲しみや怒りは筆舌に尽くし難いものだろう。

年に十回は夜行バスを使う愛好者の話では、事故以外にも車内で盗難や痴漢、喧嘩が起き、警官到着まで長時間待たされるなど、日常的に〝リスキーな移動〟が多く、起こるべくして起きた事故というからなおさらである。

ところが、テレビのニュースを見る限り、犠牲者の親の多くは極めて冷静で淡々と子供に懸けた夢や思い出話を語り、事故の再発防止を訴える姿が目立った。ショックが大きく何が起きたか分からないのかも知れないが、遺体安置所の静かで落ち着いた情景に違和感を覚えた。

被害者の肉親に取材する機会は多いが、ショックや悲しさの余り情緒不安定となり、号泣や嘔吐《おうと》・失神、中には私に殴りかかった家族もいるほどだ。それだけに冷静でモノ分かりが良過ぎる遺族の姿は驚きだったし、それ以上に何も感じず、いつも通り〝悲嘆に暮れる遺族の姿〟を伝えるマスコミの「感性なき取材姿勢」には呆れてモノが言えなかった。

本物を感じる取材が重要だ

人には視覚、聴覚、嗅覚、味覚、触覚の五感があり、我々は五感を通して脳にさまざまな情報を伝えて、それで自分の敵か味方かを判断する。

人間にとって最も重要な役割は素早く「敵」を認識し、危機を回避することだという。一方、「味方」情報も五感から脳に入る。美しい自然などを見ると、脳は感動や快感を得て活性化される。

ここまでは人間も動物も一緒だが、情報を検証し解釈や応用を加え、それに基づき行動するのは人間しかできない。人間の脳には、感じる「情」、考える「知」、意思決定する「意」の三つの力がある。例えば、自然が豊かで美しいと感じたら、「そうした一時は大切」と考え、「今度は友人も連れて来よう」と意思決定する。

逆に不快感を味わうと、脳はその情報を処理しようと考えを巡らせるうちに不快感が増幅し、悩み始める。その不快感を解消するためには、外に飛び出し人間に直接会って話を聞き、本物の風景を見るしかないのだ。

最新のデジタル技術を使った高画質・高音質の大画面で緑豊かな森林や大海原を見ると確かに美しいと思うが、何と言っても本物の森林や大海原で吸うオゾンたっぷりの空気には敵わない。これは大自然を視覚や聴覚だけでなく、五感で味わっているからだ。

バーチャル化が進んだ現代社会では、五感を使う場面がどんどん減っている。スマホやパソコンは最新情報を素早く入手できるかも知れないが、視覚など五感の一部しか使わないため、感動したり心に刻まれることはまずない。

最近、「一年が経つのが速いな」という若者が増えてきたようだが、脳科学者によれば、それは情報処理量は多くても「心（記憶）に残ること」が少なくなったからなのだという。五感を使えば心に残るというから、現代人はあまり五感を使っていないことになるのだろう。

事件発生から二十年が経った世田谷一家惨殺事件は、犯人が現場に指紋や大量の物証を残したため早期解決を期待されたが、逆に捜査の幅や奥行きを失わせた。捜査員自身が「前歴者の指紋照合や関係者からの指紋採取に追われ、現場付近の聞き込みや事件関係者の捜査が疎かになった」と反省しており、間違いない。

不十分な捜査とは分量の問題だけではなく、やり方＝質の問題でもある。「不審者を目撃していないか」といった通り一遍の曖昧な質問をしていては〝いい情報〟は得られないだろう。

また犯人の指紋と右手負傷に拘り、不審人物が浮上しても、指紋が一致しなかったり手をケガしていなければ、ろくに周辺捜査せずシロと見なしてきたのだ。

一九八四、八五年のグリコ森永事件でも、容疑者グループが浮上しても、その中に捜査員が事件現場付近で目撃した「キツネ目の男」の存在が確認されない限り捜査が打ち切りとなり、それが後に未解決事件に終わった原因の一つと指摘された。

六八年に三億円強奪事件を起こした偽白バイ警官のモンタージュ写真もその一つだ。銀行員の曖昧な証言から作られた精度の低い代物だったが、それに拘って捜査は後々まで迷走してしまったのだ。

世田谷一家惨殺事件では、犯行翌年の〇一年から〇四年まで周辺住民四十三人から聞き込み捜査したように偽造した捜査報告書三十五通を作成し、自分や妻の指紋を押捺《おうなつ》し添付したとして〇六年五月、成城署の元警部補が書類送検されている。

元警部補は「思うように住民に会えなかった。指紋集めばかりさせられ嫌気が差した」と供述して警察上層部を唖然とさせたが、さらにその言い訳の後半を警察が「住民の協力が得られなかった」とすげ替えた蛮行には呆れてモノが言えない。

容疑者に辿り着いたブツ捜査

同事件で特捜本部は一五年末、犯人が現場に脱ぎ捨てたトレーナーなど遺留品（ブツ）捜査の見直しを重点項目に挙げた。特にトレーナーは胴体部分が灰色、腕と首回りが紫色で、中国製のLサイズ。人気タレントの木村拓哉がドラマで着た「ラグランシャツ」と同タイプで二〇〇〇年八月から十二月まで東京都や静岡県など十四都道府県の四十一店舗で百三十着販売されていた。

特捜本部はそれまで発売元の売上伝票を分析したり、似たトレーナーを着た人物の目撃情報を得て各地に捜査員を派遣し、購入者一人一人を追跡。十二着分の購入者を特定したが、その中に不審人物は存在しなかった。

「残り百十八着の所在を丹念に潰して行けば、必ず犯人に結びつく」と捜査幹部は力説するが、十五年で十二着のペースを考えると、すべて確認できるまであと何年かかるか分からない。警視庁は一五年九月、四十一店名をホームページで公開、英語や韓国語、中国語でも読めるようにしたが、いささか遅きに失した感は否めない。

事件現場に残された物証は大量生産、販売された製品が多く、ブツ捜査で犯人に辿り着くことはまず難しい。それは、三十年以上前に起きたグリコ森永事件の捜査で学んできたはずだし、世田谷事件特捜本部はその教訓を生かせず、未だブツ捜査にこだわる愚を犯している。と言うよりも、ほかにやるべき捜査がなかったといった方がいいのかも知れない。

私は「執念」とか「根性」という言葉で捜査員の努力を表現することが好きではない。だが、グリコ森永事件の捜査員たちは「執念」を燃やし、犯人「かい人21面相」が各現場で残したさまざまな遺留品を徹底的に調べ、そのほとんどの製造元や販売経路、そして犯人が購入した先まで割り出している。しかしながら、それでも犯人逮捕はおろか、肉薄するところまで至っていないのだ。

一例を挙げれば、江崎勝久・江崎グリコ社長が監禁先の水防倉庫で着せられていたズボンは、広島県府中市の衣料品会社「クロダルマ」が八〇年から月三百〜四百本を製造し、全品をスーパー「イズミヤ」で販売したことが分かっている。

また着用させられたトレーナーは、東京のメーカー「小杉産業」が八三年春物商品として全国のデパート三十一店に卸した後、「イズミヤ」などのスーパーに流れていた。

そこで捜査員が「イズミヤ」各店のレシート控えを一枚ずつ集めて調べた結果、このズボンとトレーナーが水防倉庫近くの「イズミヤ楠葉店」一階の四番レジで、八四年三月二十日の午後一時から三時の間に一緒に売られたことを突き止めた。また、江崎が同じ水防倉庫で着せられた半袖シャツや下着類も、同日午後零時半から一時の間に、同店二階のレジで売られていたことが判明した。

犯人は江崎を誘拐した二日後の昼一時間前後にわたり何と同店で犯行に使われた品々を買い揃えていたことになり、捜査員を大量投入して勇んで聞き込み捜査を行ったが、従業員は購入客を覚えていなかった。

今のように店内外の随所に防犯カメラが設置されていれば、事件は意外と早く解決したかも知れない。

一方、犯人が脅迫状を打ったタイプライターは、約一万五千台中二千台まで絞り込んだが、それ以上は進展しなかった。これに対して文字盤に使われた活字が、試し刷りされた茨城県の工場で保管されていることが判明。文字盤の種類を割り出し売上伝票などを丹念に捜査した結果、東京・神田の事務機器販売会社で八三年一月、「山下」と名乗る男が購入したことを突き止めた。

しかし、その会社の販売員は捜査員が訪れる半年前に、「山下」の連絡先を書いたメモを捨ててしまっており、「三十代の男」としか覚えていなかった。

これは、遺留品の捜査では、仮に流通ルートを解明して最後の一つを割り出したとしても、犯人に辿り着けるとは限らないことを示している。

《わしら　ブッから　アシつく　よおな　じゅんび　せえへん》

「かい人21面相」は兵庫県警への挑戦状でそう嘲笑したが、「山下」は後に別の有力な容疑者グループの一員として姿を現わしている。ブツ捜査で容疑者に辿り着いたことになり、ブツ捜査で犯人逮捕はないという教訓は変わらなかったものの、執念の捜査次第で前途は開けることを証明した。

時代が違うとはいえ、百三十着のキムタクシャツを突き止められない世田谷事件の捜査には、発想の転換と執念が欠けていたと指摘されても、反論できまい。

ネット時代は発想の転換で

同じ遺留品でも犯人が予め用意したモノではなく、予期せぬ状態で現場に残したり、気づかぬうちに付着したモノは信憑性が高く、犯人に辿り着ける可能性が高い。

グリコ森永事件では、パトカーに追われて逃げ回った犯人が滋賀県草津市に乗り捨てた盗難車の中に改造無線機やカジュアルバッグ、サファリハットなど十四種二十五点の遺留品があり、〝物証の宝庫〟とされた。

中でもELと呼ばれる一ミリにも満たない電子部品の削りカスが、大津市の大手電子部品メーカーの工場でしか付着しない微物と判明。そこから産業廃棄物処理回収業者の存在が浮上し、後に有力容疑者グループに結びついたのだ。

私は捜査情報や聞き込み取材情報を基に、その産業廃棄物処理回収業者を割り出し、北陸の地でインタビューした。捜査情報を摑んで記事にするだけでなく、自ら現地に足を運び、自分の目で現場や関係者を確認し、相手の話を耳で聞く。鼻で異臭を嗅ぎ分け、時には舌で味わってみる。そして当事者に直撃する。これこそが五感を生かした取材であろう。

世田谷事件でも、犯人が着ていたジャンパーのポケットに付着した土砂粒が韓国京畿道水原市付近のものと判明。私は水原市出身の元韓国軍人、李仁恩を実行犯として追及し、ソウルまで追いかけ直撃インタビューを行っている。

李は、犯人が残したヒップバッグから検出された特殊なガラスビーズを使う印刷会社に出入りするなど、現場で採取された微物と共通点があることが決め手になっている。何も、現場の足跡から判明した韓国限定販売品のテニスシューズと同じ靴を李が履いていたなどといった〝目に見える合致点〟だけで、李を真犯人として追及しているわけではないのだ。

私は新聞記者から週刊誌、月刊誌記者を経て、現在に至っている。雑誌ジャーナリズムは当初、豊富な人員による取材網と機動力を持つ新聞社系の独壇場であった。社員数が少なく、取材のノウハウもなければ自前の販売網も持たない出版社系は太刀打ちできないとされる中を現在のような隆盛を築いた源は、発想の転換である。

『週刊新潮』創刊二年後に起きた全日空機伊豆沖墜落事故では、同誌は乗客名簿ではなくキャンセル者の名簿を入手した。そして命拾いした方々の数奇な人間ドラマを「私は死神から逃れた」との〝伝説の名記事〟にまとめ上げた。

編集部員たちは「事件の細かい経緯などはいらん。人間模様を書け」と叩き込まれ、「カネと色と権力。この三つに興味のない人間はいない」と言われて現場を走り回ったという。

実際、この記事が基で、後に事故機に乗っていなかった人間たちの数奇な運命を描いたドラマが明らかになり、小説化されたり、映画・テレビ化された。

高度経済成長とともに発展した雑誌は今、存続の危機を迎えている。出版不況やネット時代到来で、私はモノ書きの一人として「五感を駆使した取材をして原稿を書くしかない」と決意を新たにしている。

人権意識やプライバシー保護は確かに大切なものではあるが、まずは現場できちんと取材しなければ始まらない。

第7章
アスリートと芸能人を支配する闇

闇社会の〝魔の手〟は
密かにスポーツ選手や
芸能人まで伸びていた。
あの熱い闘いも、
艶のある仕草も
カネとクスリに
塗れていたのだ。

クスリも賭博も組分裂の副作用

「下手打ってくれたわな、全く。のこのこと相手の職場に借金取りに出掛けたら、どうなるか分かりそうなもんやないか。ド素人みたいな真似しよってからに……」

そう憤るのは、関西地方で野球賭博の仲介役を務める自称・投資コンサルタント氏。暴力団には属していないが、その支配下にあるハンデ師から買ったデータを基に顧客を集めて野球賭博をさせ、荒稼ぎしている男だ。

「詐欺かて、強請やタカリかて、相手からカネを奪う時が一番難しいんや。大負けしてビビりまくっとる野球選手からカネ引っ張る方法なぞ、何ぼでもあるやんか」

男が「大負けした野球選手」と呼ぶのは読売巨人軍の福田聡志《さとし》投手（三十二歳）。二〇一五年十月五日、球団が野球賭博に関与したとNPB（日本野球機構）に告発した現役選手だ。NPB調査委は同二十一日、巨人軍の笠原将生《しょうき》（二十四歳）、松本竜也《りゅうや》（二十二歳）両投手も野球賭博行為をしていたと明らかにし、球団も認めた。三投手は野球協約違反で無期または一年間の失格処分となり球団を退いた。

野球賭博は野球の試合の勝敗にカネを賭けるギャンブルで、掛け金は一口一万円。競馬などと違い、チーム状態や先発投手の実力差を読めば勝敗予想は容易である。それでは面白くないため、ハンデ師がチーム別に独自のハンデを付けて、試合当日にメールで送ってくる。毎週一回の精算で負けが込むと、取り戻そうとして、さらに勝負に出て傷口を広げることが多い。

例えば巨人対阪神戦でハンデは巨人が二・五とすると、巨人が勝つ方に十万円賭けても二点差以内の巨人勝利だと客は負けとなり掛け金は全額没収となる。三点差で勝てば客は〇・五勝ちで五万円しか入らず、四点差以上で勝たないと客は儲からないわけだ。

しかも胴元が一割の手数料を取るうえ、一日最低三試合は賭けなければならないなど、厳しい条件が付く。

この問題は九月末、大学院生を名乗るC被告（後に賭博開帳図利罪で起訴）が「福田に金を返してもらいに来た」と川崎市のジャイアンツ球場を訪れたことから発覚した。

福田は昨年、笠原の紹介でCと知り合い、同年八月に高校野球の勝敗に一点一万円を賭ける遊びに手を染め、瞬く間にプロ野球や大リーグへと拡大。中には巨人軍の試合もあった（本人は一軍登板がなかったので八百長はない）という。博打は好きだが弱いのか負けた分をCから借金した額は百数十万円に上った。

Cは「あくまで遊び。カネはプロ野球で取り戻せばいい」と甘言を弄し、週一回の精算時にも特に金を請求しなかったため、特別待遇と勘違いした福田は深みに嵌まってしまった。子供の誕生を機に反省したといい、九月初旬からCのメールに応じなくなると、貸金取り立てが始まったわけだ。

球界屈指の大物選手がズラリ

必ずしも、福田が勘違いしたとは言い切れないところもある。

前出の仲介役は、こう明かす。

「野球賭博で最も大事なんはハンデの付け方やろ。そのために各球団に情報提供者を作る必要があったんや。特に人気球団の巨人には複数いたはずで、福田はそれを期待されていたんやないか。内通の役目があればこそ少々負けが込んでも請求されなかったわけや」

その福田からなぜ、Cは取り立てを始めたか。

「一つは福田が成績不振を理由に放出され、情報源として使えなくなりそうだったからだ。そして、二つ目は福田の借金が膨らみ、このままでは破綻すること。三つ目はCの背後にいる暴力団に何らかの動きがあり、早急に資金を回収する必要に迫られたためではないか」（野球賭博に詳しい企業舎弟）

福田は二〇〇六年に希望枠で入団し、契約金一億円プラス出来高千五百万円。推定年俸は一三年が四千万円、一四年は二千四百万円で、この十年間で三億円近く稼いできたのに、百数十万円の借金が返済できなかった。

「事業に失敗し数千万円の借金を抱えていたとか、野球賭博の前に裏カジノに嵌まり身動き取れなかった、さらにパチンコ、麻雀などギャンブル好きが祟り借金だらけなど、カネにまつわる噂が多かった」（球団関係者）

そして何と言っても、福田やCの周辺に暴力団の影がチラついていたことが挙げられよう。熊崎勝彦コミッショナーは「現時点で反社会的勢力との関わりは報告されていない」と語ったが、トンでもない話なのだ。

かつてパ・リーグの球団に所属した四十代の元外野手は球界と暴力団の〝橋渡し役〟として知られ、野球賭博や裏カジノを仕切る山口組六代目の出身母体・弘道会系有力組織である稲葉地一家の最高幹部と親しい人物だ。その人物と福田周辺の間に重大な接点があった。

Cは名古屋のプロ野球大物OBと数年前までビジネスパートナーとして行動をともにしていたとされる。この人物は幅広い球界人脈を誇り、巨人の現役・OBにも繋がっている。特に今季一軍での実績がある有望株と親しい。また笠原と松本が拠点とする飲食店や巨人OBが経営する焼き肉店には複数の現役選手やOBが出入りし、Cと繋がりを持っており、事態を重視した球団は出入りする選手から事情聴取している。

このほか未だに巨人軍内に影響力を持つ元巨人投手、西方の球団で活躍する大物選手の名前が浮上、この大物選手は前出のプロ野球OBにも繋がっている。

巨人以外ではほかに関西球団の主力バッター、球界屈指の長距離砲など現役スタープレイヤーから、最多勝投手の常連だったOBの名まで上がり、各球団はフロントに天下りさせた警察OBルートを通じ、暴力団との繋がりがある選手の洗い出しを急いでいる。「球界は名前の出ている福田らを処分し蓋をしたいのだろうが、とてもそれで済む状況ではない」（警視庁幹部）

野球賭博で思い出すのは二〇一〇年五月に発覚した大関・琴光喜の事件だろう。その取材過程で驚いたのは角界のルーズな体質と、力士の異常な博打好きであった。野球賭博で騒がれている最中であっても、親方衆は堂々と麻雀卓を囲み、近くのテーブルには一万円札が山積みになっていたし、仕度部屋では盛んに花札が行われていたのには驚いた。

力士たちは携帯電話のメールでやり取りしていて有力な物証となったが、そこには何と八百長を示唆したものまでが含まれ、大騒動に発展した。

もう一点は大相撲の土俵下の〝砂かぶり〟と呼ばれる三百の維持員席問題である。この席は大相撲の後援団体で百三十万円以上の寄付をした個人や法人を維持員と認定し、六年間無料で割り当てられるものだ。

ところが、〇九年の名古屋場所で維持員席に司忍（本名・篠田建市）六代目組長の妻と弘道会幹部が座っている姿をNHKの大相撲中継が放映。収監中の六代目を励ますことになり、激怒した当時の安藤隆春・警察庁長官が弘道会殲滅を宣言したのだ。

野球賭博市場は意外と大きい。〝最後の総会屋〟と言われた故・小川薫氏が一人で三十数億円負けたこともあり、市場の全容は数千億円と言われる。

余談だが、スポーツ選手は博打好きかノー天気なのか、たとえ野球賭博が騒がれていても、選手たちは「オフにはバットを握らぬ日はあってもクラブを握らぬ日はない」と言うほどゴルフを楽しみ、当然賭けゴルフとなる。昼食を奢る程度のサラリーマンとは違ってケタ外れ。例えばホールマッチをやると、勝てば○1つ、パーで勝てば○2つ、バーディーなら○3つといった具合で賭けを行い、十八ホール終わって幾ら溜まったかで争うのだが、○1つが最低一万円、引き分けが続けば二、三倍となる仕組みになっている。

五倍建てのホールをバーディーで勝てば、それだけで十五万円。参加者一人一人とやるから三人で回れば三十万円。しかも、最終ホールで一発逆転を狙いプッシュでくる。勝てば負けはチャラ、負ければ二倍で大変なことになるが、選手は平気なのだ。

特に巨人の選手は別格で、他球団の選手とはレートが一桁違うらしい。それどころか、キャンプ中のノック練習でのエラー数で賭けている奴もいるというから、呆れてモノが言えない。ヤクザだけが悪いわけではないと痛感せざるを得ない。野球でも大相撲でも同じだが、舞台裏を知ると一生懸命応援するのが馬鹿馬鹿しく思えてくる。

紳助・ASKAの陰に弘道会

山口組分裂と警察当局の動きを警戒し、ピリピリしているのは芸能界も同じだ。

山口組と芸能界と言って真っ先に思い出すのは、三代目・田岡一雄組長が神戸芸能社を設立、日本を代表する歌手の美空ひばりを可愛がり、高倉健、勝新太郎ら大物俳優を堂々と引き連れ、跋扈《ばっこ》していた姿である。

昭和四十年代くらいまでは暴力団が芸能や格闘技などの興行を手掛けてきた。今も暴力団、特に山口組系組織の芸能界への影響は少なくないが、圧倒的に弘道会が強い。窓口は司忍六代目組長の側近で出身母体・司興業の森健次組長だ。即ち、芸能界への浸透も徐々に山健組系から弘道会系に移り、今や完全に牛耳られてしまった感がある。

その変貌を象徴していたのが、二〇一二年十月の田岡組長の長男満氏の葬儀だ。満は神戸芸能社を引き継いだものの組に入らず堅気を貫いた人物で、〇四年の還暦パーティーは大物演歌歌手らが多数駆けつけたが、暴排条例施行後の葬儀はひっそりと静かな様子だった。

もう一つは人気絶頂だった吉本興業の芸人・島田紳助の、突然の芸能界引退である。彼は一一年八月、吉本興業から山口組極心連合会の橋本弘文会長との親密さを示すメールを突きつけられ、二日後に引退会見を開いた。両者の接点は十数年前、紳助が司会を務めていたテレビ番組での発言を巡って右翼団体の抗議を受け、その対処を橋本に依頼したことだった。引退後には写真誌に紳助と橋本、高山清司若頭の3トップ写真をスッパ抜かれ、弘道会の浸透ぶりを見せつける形となった。

橋本は山健組組長代行を務めた人物だが、〇〇年に出所した井上邦雄・神戸山口組長が当時の組長と養子縁組して山健組を継いだため、独立して執行部に入ったのだ。

因みに、紳助の右翼団体とのトラブルを直接解決した当時の本部長は、後に絶縁処分となったものの、今回の分裂後に司興業側に接触しヤクザに復帰している。

また吉本興業関連では中田カウスと創業家当主・林マサ氏の対立騒動があり、双方が暴露合戦を展開する中で、カウスは山口組五代目組長の名前まで口にした。

一三年から始まったＣＨＡＧＥ ａｎｄ ＡＳＫＡのＡＳＫＡによる薬物事件は、一年半掛けた捜査で「新宿の薬局」と呼ばれた住吉会幸平一家の下部組織・大昇会にメスが入り、暴力団関係者ら七十二人が逮捕された。

「実は、この事件の背後にも弘道会の存在があり、本当は弘道会系組織がＡＳＫＡに薬物を運んでいたことが分かっている。ところが山口組は表面上、薬物売買は御法度だから、途中から密かに住吉会系に移行させたんだ」

そう語るのは警視庁幹部。芸能界を揺るがすさまざまな問題の陰で、実は、山口組分裂を引き起こした弘道会と山健組の水面下での激しい暗闘が続いていたのだ。

「平成の〝関が原の戦い〟や」

山口組分裂は、暴対法改正などで各団体がシノギ（資金獲得活動）に苦しみ組織が立ち行かなくなる中、弘道会中心の六代目山口組執行部へのカネ・権力の一極集中路線に反発した山健組など老舗十三団体約三千人の組員が一五年八月二十七日、新たに神戸山口組を設立、組長に井上邦雄・山健組長が就任した騒動だ。当初は最大二十七団体が名を連ねる計画だったが、六代目山口組の激しい切り崩し工作で半減したという。

六代目山口組は翌二十八日、直ちに井上ら離脱した組長五人をヤクザ界から永久追放する絶縁処分に、同八人を復帰の余地を残す破門処分とした。山口組系組長は憤る。

「警察やマスコミは山口組分裂と騒ぐが、これは謀叛《むほん》や。絶対に許すわけにはいかん」

何しろ一五年は山口組が結成され百周年、司忍六代目組長就任から十年の節目の年。しかも司組長の継承式が行われた記念日の八月二十七日に組を分断。山口組を名乗り山菱の代紋を掲げる組織が、ヤクザ界に二つ存在する前代未聞の事態を生み出したのだ。

山口組分裂と言えば、一九八五〜八七年の山一抗争が知られる。カリスマだった田岡一雄三代目組長の死で跡目争いが起き、八四年の竹中正久四代目組長就任に反発した幹部が大量脱退して一和会を結成した。一和会は組員数で山口組を上回り、竹中がヒットマンの凶弾に倒れるなど三百件の抗争事件が発生して二十五人が死亡、市民ら七十人が負傷した。

「山一の時は三代目が亡くなり盃が宙に浮いとって、四代目の盃を貫いたくないモンが出ていったから確かに分裂や。今回は六代目から受けた盃をきちんと返しもせず、一方的に放棄するというヤクザ界のタブーを犯しており、大義などない。一昔前ならドンパチ（抗争事件）どころか、離脱組長らは無傷では済まされん状況なんやで……」

とは前出の山口組系組長。別の元幹部もこう続ける。

「神戸山口組の挨拶状は完全な独立声明文だし、六代目組長を糾弾する〝宣戦布告文〟以外の何物でもないわ」

《現山口組六代目親分に於かれては　表面のみの「温故知新」であり　中身にあっては利己主義甚だしく　歴代親分　特に三代目親分の意を冒瀆する行為多々あり　此の儘見て見ぬふりで見過ごしにする事は伝統ある山口組を自滅に導く行為以外考えられず》（原文ママ）と綴られた文面は、確かに〝宣戦布告〟そのものだ。

そのコピーを、歴史好きの大阪府警幹部に見せると、苦笑いしながらこう語った。

「戦国大名・上杉景勝の家宰、直江山城守兼続が徳川家康の横暴ぶりを糾弾した直江状の文面を彷彿とさせる厳しい内容で、愛知の司組長は差し詰め家康の役回り。神戸山口組の会合に住吉会ナンバー3の加藤英幸・幸平一家総長が出席して注目されたが、あの一家は元気な若い衆が多く、住吉会本部の穏健路線に不満を抱いて会を割る可能性が高いやろ」

さらに、この府警幹部はこう続ける。

「ほかにも山梨にある稲川会の組織や、広島など山陽道にある組織は神戸と誼《よしみ》を通じているとされる。また九州誠道会の後身・浪川睦会の会長は井上組長と兄弟分だから、神戸に加わるはず。こうした布石や周到な準備に加え、山口組の高山若頭が収監されて不在の隙を突いて決起しており、まるで平成の〝関が原の戦い〟やで」

これに対して、六代目山口組は稲川会や住吉会の最高幹部と会談し共闘関係を確認したり、離脱した若い組員に誤りを説き、組への復帰を許す六代目組長のメッセージを流したりしただけで、表面上は静観を守っているという。

「昔はヤクザ一人殺して数年で出て来れたが、今は拳銃発射しただけで十年、人に当たれば二十年、相手が死んだら無期懲役や。抗争事件を起こし特定抗争団体に指定されたら、警察に徹底的に捜査され組織犯罪処罰法でトップまで逮捕状が出る。割に合わんから、水面下での切り崩し工作とシノギの奪い合いが中心になるんや」

山口組に残留した組長の一人は、そう明かす。

弘道会、山健組をはじめ双方に属する組幹部の中には山一抗争を現場で戦った猛者が多く、代紋を捨てて組を割った一和会の悲惨な末路を目の当たりにしているだけに、シノギだけは死守しようという気持ちが強い。それゆえ、いつかシノギ争奪をめぐって抗争事件が勃発すると考えた警察当局は、縄張りが建物ごとに細かく分かれる東京の新宿・六本木や、両勢力が拮抗する秋田や岐阜を中心にパトカーを配置するなど警戒を強めている。

山口組執行部がかつて四代目組長を出した武闘派の名門・竹中組を復活させれば、神戸山口組も高山の手で解散に追い込まれた山健組きっての武闘派・三島組を復活させ強硬派の若手を愛知県に送り込んだのも、抗争事件を睨んでの布石と見ていいだろう。

一五年八月に神戸市東灘区の民間産業廃棄物処理場で、ポリタンクから気化した猛毒のフッ化水素酸ガスが漏れ、作業員ら十四人が軽症を負う事故が発生。ポリタンクが山口組総本部からゴミとして出されていたため、兵庫県警は「何者かが総本部内でテロを画策したのでは」と廃棄物処理法違反容疑で家宅捜索する騒ぎがあった。

また「餃子の王将」社長射殺事件で名前が出た関西の暗殺請負派遣業者の元には、複数の組関係者から「外国人ヒットマンを調達して欲しい」との要請が来ていたという。

引き金は大阪のカジノ構想？

今の世は何でもカネ次第であり、持ち金がなければ医療や介護さえいいサービスは受けられない。また組織と名が付けば、永田町でも霞が関でも一般の企業でも人事が最重要関心事で、それは闇社会も同じである。今回の分裂騒動もカネと人事が原因との見方が強い。

まず総本部に納める会費が高く、月百万〜百二十万円とされる。それ以外に高山が実質支配する企業から毎月五十万円以上のミネラルウォーターや石鹸など日用雑貨を購入しなければならず、それらの倉庫代や運搬費用も合わせると各団体ともシノギが厳しい中で、かなりの金銭的負担となっているのが現状だ。

また、直系組長は司に合計で中元五千万円、歳暮と誕生祝いに各一億円を献上することを求められ、それらは司の私的資金とされるだけに不満が募っているという。

新組織は月会費が役付三十万円、中堅二十万円、若中十万円と四分の一から十分の一と安く、中元や歳暮、誕生祝いも禁止。日用雑貨など強制買い付けもなくなったことが、分裂理由がカネだった何よりの証拠だろう。

次は、古参組長らを冷遇した執行部人事への不満だ。

現体制は六代目組長と若頭の上席二つを弘道会が独占する一方で、弘道会路線に批判的な古参組長を容赦なく切り捨てた。特に若頭補佐で七代目組長候補だった井上に二年続けて上がりポストの舎弟（顧問）に就くように要求。一五年一月にはついに引退を迫り、井上が拒否すると総本部謹慎処分とした。

当時総本部長の入江禎・宅見組長も舎弟頭に就任するなど離脱した直系組長は軒並み執行部から外れ、逆に竹内照明・弘道会三代目会長を若頭補佐に抜擢するなど、山口組組長の座は弘道会が世襲するかの動きを示したことが分裂劇の背後に潜んでいると言われる。

ただ勝ち組による資金やポストの独占は、闇社会に限らずサラリーマン社会でも往々にして見られる。山口組でも山健組出身の渡辺芳則・五代目組長時代は、山健組出身者が有力ポストを占め、「山健にあらざれば山口にあらず」と言われるほど権勢を誇った。

「山口組の会費が高額や言うけど山健組や宅見組はもっと高い会費を集めとるし、日用雑貨も組員数で月五万〜二十万円が精々。皆、山口組を悪く言うためのデマなんや。人事かてどの企業でも見られる新陳代謝の範囲や思うし、山口組総本部の名古屋移転説に至っては、そんな動きは全くない。シャブの取り扱いをめぐる弘道会と山健組の対立説と共に、警察当局による情報操作やろ」

そう話すのは山口組に残留した組長。こう言い切る。

「カネと人事は確かに重要項目やが、そんなことでこの厳しい時代に逆盃という大罪を犯すはずはないで」

その不可解な謎を解く鍵は、実は、宅見組にあった。

宅見組初代組長の宅見勝・五代目若頭は九七年八月、神戸市のホテルで山口組系中野会のヒットマンに射殺され、その跡を継いだのが入江組長だ。暗殺劇の背後には山健組出身の五代目組長の存在があったといわれ、中野会が解散し、五代目も亡くなったとはいえ、その後継団体に与《くみ》するのは不可解であろう。しかも、六代目体制下で総本部長を務め、金庫番の組長を統括するほどの信頼関係があった入江がなぜ、離脱派に加わったのか。

「大阪ミナミの繁華街の一角に、ある総合レジャー施設を建設しようという計画があり、市有地が絡んどるから橋下徹大阪市長（当時）の肝入り事業でもあった。その不動産整理や建設工事などを裏で主に進めていたのが宅見組で、ある人物から引き継いだ重要案件やったんや」

と語るのは関西の闇金融業者。こうも言う。

「実は、ミナミを中心とした一帯は五代目組長と親しい山健組系組長が仕切っていたんやが、弘道会系組織に牛耳られてもうた。その連中が執行部の黙認をいいことに次第に宅見組の物件にも手を伸ばしてきたんで、事業がうまくいかんようになった。入江組長が上層部も絡んだ乗っ取りやと激怒したのが分裂劇のきっかけやないか」

この事業にはもっと大がかりな背景がある。ある大物政治家が絡んだ大阪カジノ構想があり、その膨大な利権をめぐり弘道会はじめ数多くの魑魅魍魎《ちみもうりょう》が跋扈していたのだ。

カンボジアの大物が絡む陰謀

実は、この分裂劇にはもう一人の黒幕がいたとされる。五代目体制で若頭補佐を、六代目で舎弟を務め、数々の抗争事件や山口組東京進出の立役者として知られたG元組長である。

彼は〇八年十月、大物歌手Hら有名芸能人やスポーツ選手らを招いて誕生パーティーを兼ねたゴルフコンペを催し、週刊誌にスッパ抜かれ芸能人が活動自粛に追い込まれたことなどを咎められ、高山若頭の手で除籍処分を受けた。また、彼の処分を重過ぎると批判した直系組長ら二人が絶縁処分、六人が除籍処分を受ける粛清劇に発展した。

Gはその後、カンボジアで食品加工業や農園、養鶏場経営などの事業に成功し、引退後の生活を楽しんだが、その下には日本を追われた暴力団関係者や企業舎弟のほか半グレや中国系犯罪シンジケートの面々らが出入りし、日本の闇社会の国際ネットワークの拠点の一つになっていると言われており、警察当局も密かに監視を強めている。

「分裂騒ぎが起きる前、Gの下に山健組長と浪川睦会会長が訪れ、活動面や資金面で分裂後の支援を要請して了承を得たとの情報があるんだ。本来ならG自身が司組長と抗争事件を起こしてもおかしくない人物だったし、彼が東京などで獲得した縄張りや利権の多くは弘道会が手中にしており、怨み骨髄の相手と言っていいからね。それに今でも弘道会に十分に対抗できる人脈や経済力を持っていると言っていいから、頼もしい助っ人というよりむしろ大黒柱と呼んだ方がいいかも知れない」

とはGをマークする公安関係者。こうも語る。

「彼が不気味なのは、華僑人脈を通じて中国人ヒットマンとも連携を取っており、いつでも要人暗殺の依頼が出せることなんだ」

しかも、そこに入江まで接近しつつあるという。実は、宅見組が大阪ミナミの物件を引き継いだ相手はGとされており、六代目体制の金庫番を仕切っていた入江は弘道会が持つ東京、大阪の利権に関する資料の一部を握っていると言われている。

「弘道会による宅見組への切り崩し工作が急きょ中止になったのは、入江組長が持つ司組長への上納金関係資料が警察や国税当局の手に渡ると脱税容疑で司組長が逮捕されるのではないかと心配しているからと言われているが、それ以上に恐れるのは東京、大阪の利権データなんだ。入江組長はその資料を基にG元組長と連携し、ドンパチではない方法での利権奪取を狙っているのではないか」

神戸山口組は、六代目山口組の締め付け工作の緩さを巧みに利用して自由に上京し、関係団体を訪ねて支援を要請したり密談を交わすなどしており、Gを含め今後の動向が注目される。

警察利用した巧妙なシノギ潰し

両組織の抗争はついに拳銃発砲による死者が出るなど、激化の一途を辿っている。だが同時に水面下の引き抜き合戦、他組織との密談交渉など静かな対立も続いている。

そうした狡猾な作戦の一つが、神戸山口組が行っている、家宅捜索を受けた際にわざと山口組のシノギに関する証拠類が発見されたかのように装って警察に情報提供し、捜査で相手側に打撃を加えようという作戦だ。特に離脱派が持ち出した六代目組長を脱税容疑に追い込む経理資料や建設工事に関する資料は効果的だ。

野球賭博もその一つで、一五年十月大阪府警は米大リーグ・レンジャーズのダルビッシュ有投手の実弟、ダルビッシュ翔容疑者を賭博開帳図利などの容疑で逮捕した。手口は巨人三投手と同じだが、ダル弟は胴元への中継役を務め背後の半グレ集団や暴力団の資金源であるうえ、プロ野球OBルートに繋がり、全容解明への期待が高まっている。

ブラックビジネスで一儲けを企む面々は、こう毒づく。

「儲かっているのは相場の四、五倍の値段が付いた拳銃など武器密売ぐらい。早く両派の対立を止めてもらわないと、それを名目に警察の取り締まりばかりが強化され、野球賭博もシャブも我々の商売はさっぱりだ」

「マイナンバー詐欺に新型振り込め詐欺、震災復興に東京五輪関連事業……カネになりそうな話がゴロゴロしているのに、今のままじゃうかつに手を出せないじゃないか。ボヤボヤしていると半グレ集団や中国系犯罪組織に全部持っていかれてしまうぞ。早く何とかしてくれ！」

暴力団に属さない悪徳業者や詐欺師ら闇社会の面々が行う地下ビジネスは最近、ずっと潤ってきた。

放射能漏れの福島第一原発に闇金融の多重債務者らを作業員として送り込み相場の十倍の仲介手数料を荒稼ぎしたり、被災地のガレキを使って不法な産業廃棄物処理をしたり、さらには生活保護費のピンはねなどの貧困ビジネスや、高齢者らを狙った年金・介護保険詐欺などのように社会の動きに素早く対応し、法の網をかい潜ってしっかりと儲けてきた。

武器だけでなく防弾チョッキや防犯カメラなど、山口組分裂で発生必至と見られる抗争事件への〝備え特需〟も、少なからぬ影響を与えた。しかし、そうした膠着《こうちゃく》状態に嫌気が差したのか、六代目山口組からまたぞろ多数の離脱者が出てきそうな動きがあり、しかも彼らは神戸山口組にも入らず、独自路線を行くというから今後の動向から目を離せない。

ブラックビジネスもヒットマンの世界でも、半グレ集団と外国人犯罪グループ頼みの現状では、山口組分裂に端を発した闇社会の変動がいったい、どうなるかは想像もつかない。

そうした分裂問題の副作用は予測不能だが、確実に世の中の仕組みを弱体化させ、経済状況をじわじわと悪化させていくことだけは間違いない。

保釈後の清原が苦しむ禁断症状

ファンとかタニマチという存在は、アスリートにとって実に有り難いものである。

覚せい剤取締法違反で逮捕、二〇一六年三月十七日に保釈された元プロ野球選手、清原和博被告（後に懲役二年六か月執行猶予四年）。薬物疑惑が報じられた後、仕事が激減して日々の生活にも困っていた彼が、一日五万四千円の入院費、指紋認証がないと入れない千葉県の総合病院特別個室に収容されるとは何と恵まれた境遇か。仲違いした支援者に土下座し資金提供を受けたというが、その〝特別待遇〟が果たして良かったのか。

「今まで多くの芸能人やスポーツ選手にクスリを売ってきたが、清原ほど大胆というか、どうしようもないフト客（多額の金を支払う上客）はおらんわな」

そう語るのは暴力団関係者。さらにこうぼやく。

「最後は売人が皆、怖がって逃げたほどで、あんな〝怪物〟が現れるのは世の中、おかしくなった証拠だよ」

麻薬密売人の元締めに世を憂えて欲しくないが、清原はそれほど破天荒だったらしい。

「著名人は普通、代理人にクスリを買わせるなど自分の存在を隠したがるが、清原は堂々と自分で買っていた。売人が携帯サイトに《上質アイス都内手渡し》と告知したら清原自身が連絡してきて、指定された都内のホテルで本人が待っていた。あまりに開けっ広げなんで〝おとり捜査〟ではないかとビビったが、彼は『一発打っていいか』とその場で腕に注射し、『最高や』と悦に入っていたと聞いている。いくら何でも無防備過ぎるわ」

と前出の暴力団関係者。麻薬の密売人もこう言う。

「清原は現役時代から常連だったソープランドの秘密部屋に入り浸り、ワシらに『これからソープに行く。男は十倍、女は三十倍感じるんで極上のクスリを頼むで』と注文したり『六本木のバーで友人とシャブパーティーを開くからキロ単位で欲しい』と数千万円入ったカバンを差し出すなどやりたい放題だった。著名人は相場の二倍で買ってくれるし、売人間で争奪戦が起きるほどの上客だが、これじゃバレバレで初犯でも実刑は免れん。入手経路を徹底的に叩かれたら、組まで潰されてしまう。約二年前から売人間で『清原はもうヤバイ。こっちが危ないぞ』という声が出始め、皆、彼に近寄らんようになったんだ」

清原は四台の携帯電話を駆使し、山口組から稲川会、住吉会まで暴力団の系列を超えて覚せい剤を購入し、面識ない中国系売人にまで注文した。それで逆に警戒され、売人から総スカンを食って入手できなくなり、また覚せい剤の使用をネタに脅迫され、そのストレスも加わって薬物依存症が強まるなど泥沼に嵌まっていったと見られている。

切羽詰まった清原は金銭トラブルで離れていた元タニマチに頭を下げ、新たな売人とクスリ購入代金を用立ててもらった。そして清原は毎週、群馬の売人の元に通ったのだ。

過剰摂取で三回死にかけた!

清原はいつから、クスリに手を出していたのか。

清原とは一九九八年から二〇〇一年まで巨人のチームメイトだった野村貴仁・元投手がテレビや雑誌に実名で登場し、「現役時代、俺は清原に頼まれ、シャブを調達し、奴に渡した」と爆弾発言し、注目を集めた。清原は捜査員に「あいつは俺の話をデッチ上げ、大儲けしとる。許せん」と漏らし激怒したが、野村氏は引退後の〇六年十月、覚せい剤取締法違反で逮捕され有罪判決を受けており、全くのデタラメとも言い切れない。

清原の麻薬疑惑を調べた警視庁幹部は、こう語る。

「巨人時代の清原は覚せい剤を常用するアイドル出身の飲食店経営者と交際し、行動を共にしていた野球OBと三人でクスリ漬けだったと見ている。週刊誌報道で疑惑が表面化し一時自粛していたが、妻子と別れた寂しさを埋めるため、再び手を出したのではないか」

これについて異を唱える球界関係者もいる。

「九〇年代初め、西武の選手だった清原が自宅マンションで大麻パーティーを開いた。

そこに誘い込まれた一般女性の父親が、娘の体調が悪化したと球団に怒鳴り込んだ。表沙汰にならなかったが、球団は清原を追放した。それが清原の巨人電撃移籍の真相なんだ」

これが事実なら、薬物使用歴はかなり長くなる。

「表面は番長風強面《こわもて》だが素は神経質で小心だから、二千本安打を放ちながら無冠の帝王で終わった野球人生や、信頼できる友人がいない孤独感、妻子と別離した寂しさで苦しみ、ますますクスリにのめり込んだらしい」（清原をよく知る元巨人軍関係者）

実際、清原が一五年十一月から百九十回以上更新し続けたブログを警視庁が分析したところ、例えば離婚後に別々に暮らす息子二人と食事した後に《今、一人ぼっちで部屋にいる。今年はあと一回だけ。さみしい》と綴っていた。また、認知症の母親に「あんた、私の子か?」と言われ、涙したことなども打ち明けている。

この精神的苦痛以上に、長年の薬物使用による体調悪化が清原を破滅に追い込みつつあったと言える。突然、奇声を発したり激怒し乱暴を働いたとか、呂律《ろれつ》が回らなくなり会話ができないという問題行動以外に、実際にもっと深刻な症状が現れてきていたのだ。

一一年六月、都内のホテルで薬物を過剰摂取した清原は口から泡を吹いて昏倒。救急搬送先の病院で一時、死線を彷徨《さまよ》ったが電気ショック治療で一命を取り留めた。一三年には覚せい剤の急性中毒で都内の病院に緊急搬送され、やはり電気ショック療法で助かっている。一四年二月も緊急入院するなど入退院を繰り返していた。

東京・港区の自宅マンションはとうに手放し、都内の高級ウィークリーマンションを数か月ごとに転々としており、捜査員が踏み込んだ時も食卓や床に覚せい剤の袋などが散乱し、本人も左手に注射器とストローを持ち、呆然と立ち尽くしていた。清原はテレビ出演の仕事がある時はわざわざ広島の医療機関を訪ねたり都内のサウナで度々〝シャブ抜き処置〟を受けていたが、仕事が終わるとより激しくクスリを求めたため、逆効果だったという。

「室内にいる時や夜間に清原がサングラスを掛けていたのは、顔を隠すためではなく、薬物の過剰摂取で数日間、瞳孔が開きっ放しになるからだ。保釈後に謝罪会見をできなかったのは禁断症状が酷いからだろう」（元タレント仲間）

いよいよ都内の売人からシャブが手に入らなくなった清原は、自ら車を飛ばし群馬に向かった。売人の一人は群馬県桐生市でイタリア料理店を経営していた男で、後に覚せい剤取締法違反で逮捕されたが暴力団にも属さぬ小物で、どちらかと言えば「清原の大ファンが彼のため協力者からクスリを買い、売人の役を務めていた感じだ」（捜査員）という。だから男は清原との関係を周囲に自慢し、県内の自宅に清原を招き妻の手料理を振る舞うなど「家族ぐるみの付き合いをしてきた」（売人仲間）というから驚く。

もう一人の売人が、群馬で「シャブ婆」と異名を取る六十代前半の茶髪の女だ。県警によると、かつては複数の暴力団幹部と愛人関係を結び、覚せい剤の卸し屋として荒稼ぎしていた。〇四年に覚せい剤取締法違反で逮捕された後は、群馬県太田市にある「シャブ御殿」と呼ばれる豪邸に引っ込み、直接の売買には顔を出さず、息子や配下の者が売り捌《さば》いていると言われる。昔は自宅で「安くて上質なクスリ」を分けていたので、売人や上客が車で押しかけ列をなし、『シャブのドライブスルー』とも呼ばれていた。

現在は北関東にある山口組系下部組織から覚せい剤を仕入れていると見られ、この豪邸近くで一五年秋、清原らしい人物の目撃情報もある。清原が逮捕前日に県内のインターチェンジ付近で接触した男は「シャブ婆」の息子と見られる。「シャブ婆」宅には清原と一緒に撮った写真とサイン入りバットが置いてある。

地方都市は防犯カメラが少なく、クスリの取引場所には事欠かないが、「シャブ婆」のように県警はおろか警視庁もマークする有名売人に関わったことで、犯行発覚は時間の問題であった。現に売人との仲介役が警視庁に通報したことで清原は逮捕されてしまった。ただ、体調面から見れば、清原は逮捕されて良かったのかも知れない。

大物歌手や芸人が行動自粛へ

清原逮捕はスポーツ・芸能界に飛び火し、六本木や新宿などの薬物使用が噂される飲食店からタレント、芸人が姿を消し、有名俳優やスポーツ選手が住む都内の豪邸もひっそりしてインターフォンにも応答しなくなった。所属タレントを集め研修会を開く芸能事務所もあり、「これじゃ、自ら疑わしいと証明しているようなものだ」と芸能記者は苦笑する。

「捜査の過程で、清原とも親しい大物ミュージシャンのNやM、人気グループのA、中堅芸人のGらの名が浮上したことは事実。Nは覚せい剤事件の度に『次は彼だ』と目されるほど、ライブ会場ではかなりヤバイ行動で知られる。複数の看板番組を持ち清原との共演歴もある有名タレントもかなりの情緒不安定で疑われている」

裏情報に詳しいイベント企画会社社長は、そう語る。

最近、復活してきた女性歌手は「昔から注射器でガンガン打つことで知られ、あのジャンキーがクスリを止められるわけがない」（芸能プロダクション社員）と言われている。ハスキー声の男性歌手は「ホームレス姿で大阪・西成のドヤ街に潜伏し、三日三晩クスリを打ちまくって帰京する生活を送っとるんや」（大阪の暴力団幹部）との情報もある。

また、豪快でハイテンションのイメージが定着した女優は「いつ逮捕されても驚かない」とされる人物だという。清純キャラからセクシー路線に転じた人気女優は「周囲に反社会勢力に属する人物がおり、クスリを含め支配下にあると見ていい。酒井法子のようにまさかという人物が薬物に嵌るのが、こうした事件の怖いところなんだ」（大阪府警捜査員）。

芸能界の薬物汚染問題としては一九八〇年代に美川憲一やカルメン・マキ、萩原健一、勝新太郎らが大麻・覚せい剤取締法違反で逮捕された。九〇年代はフォーリーブスの江木俊夫、槇原敬之、二〇〇〇年代は加勢大周やいしだ壱成らの名前が取り沙汰された。

歌手の清水健太郎は一九八三年から大麻・覚せい剤の所持、使用で五回の逮捕歴があり有罪判決を受けている。田代まさしも〇二年に覚せい剤の所持・使用で執行猶予付き有罪判決、〇五年に有罪判決、一〇年と一九年にも逮捕されている。

薬物依存更生支援施設での治療・更生経験のある田代は「自分も止めた方がいいと分かっているのに、一度味わった気持ち良さや幸福感が胸に刻まれ、ヤバイと思っても手を出してしまう」と覚せい剤中毒経験を生々しく語る。

一四年五月に覚せい剤で逮捕され、懲役三年、執行猶予四年の有罪判決を受けたASKAは頭痛を訴えて病院に搬送されたが、奇声を発し意味不明のブログを立ち上げて強制入院。AV女優の小向美奈子は薬物絡みで三回逮捕され服役している。元体操五輪代表の岡崎聡子は一四年九月、覚せい剤で六回目の判決を受けるなど、薬物汚染者の再犯率は極めて高い。

〇九年に逮捕された俳優の押尾学とタレントの酒井法子も執行猶予付き有罪判決を受けた。押尾は芸能界復帰を果たせておらず、酒井は芸能活動を再開したものの膨大な違約金が残り、四苦八苦している。

一五年もC－C－BやZOOの元メンバーが覚せい剤使用で、十月にはコカイン所持で元アイドル高部あいが逮捕されるなど、芸能人の薬物汚染は後を絶たない。

ところで、覚せい剤密輸は粉末で土産品に隠したり、容器に詰めて運び屋が飲み込んで上陸する従来の方法から、液体状にして酒やラー油に混ぜて運び、後で沸騰させ粉末に戻す手口が増加。実際、一五年末にメキシコから横浜に届いたテキーラ一千本の中に百六十キロ（百十二億円相当）の覚せい剤が溶けていた。世界最大の覚せい剤製造国であるメキシコは、中国から東南アジアを経由して入る覚せい剤と並び、闇社会の貴重な資金源となっている。

野球賭博五人目は有望投手？

巨人は一六年三月八日、高木京介投手（二十六歳）が野球賭博に関与していたと発表。彼を一年間の失格処分（契約は解除）とする一方、白石興二郎オーナー、渡邉恒雄最高顧問が引責辞任した。週刊誌の取材で発覚。高木は当初、「笠原将生元投手（既に解雇、懲役一年二か月執行猶予四年）に名前を貸していただけだ」と否定したが、一四年に数回、計八、九試合を対象に、一試合十万～十五万円ずつ賭博を行っていたことを認めた。

巨人では一五年十月、福田聡志投手ら三人の野球賭博関与が表面化したが、キーマンの飲食店経営者が韓国に逃亡して話が聞けず（後に検挙され賭博開帳図利罪で有罪判決）、球団の調査で灰色の若手有望投手Mが浮上し、汚染の実態はさらに広がりそうな気配が漂っている。

野球賭博では、一〇年の相撲界で問題となり、元大関・琴光喜と大嶽親方が解雇され、三十人以上の力士が処分された。だが、最も深刻なのは札束を手に花札賭博や賭け麻雀に興じる相撲界の賭博体質であろう。

芸能界でも野球賭博は蔓延していた。相撲界の疑惑が発覚する前、人気と実力を兼ね備えた女性歌手の実弟が、山口組幹部とともに和歌山県警に野球賭博の容疑で逮捕されている。

巨人では複数の選手が自チームの勝敗を対象に金銭のやり取りをしていたことが判明。球団によると試合前のベンチ前で円陣を組んだ際、声出し役の選手が「頑張ろう」と活を入れる。チームが勝った場合、声出し役が各選手から「ご祝儀」として五千円受け取り、負けた場合は逆に千円ずつ支払う仕組み。野手、投手各一人が声出し役を務め、一日八万円余を手にする時もあった。

一二年五月から自然発生的に始まったというが、ここでも選手の賭博体質が原点にあり、ノック練習にも金を賭けるなど阪神、西武をはじめ他球団に拡大した。怖いのはどの事件の背後にも、闇社会が控えていることである。

そして今、再び闇社会の魔の手が清原に迫っているというのだ。

危険ドラッグ禍制す未必の殺意

季節外れの台風や大量の雹《ひょう》、集中豪雨に竜巻……と二〇一四年の梅雨は異常気象続きであった。そのせいではなかろうが、全国各地で〝異常な交通事故〟が頻発した。

北海道小樽市で七月十三日夕、海水浴から歩いて帰宅中の女性四人が車にひき逃げされ、三人が頭を強打して死亡、一人が重傷を負った。運転していた男は札幌市の飲食店員（三十一歳）で、同日未明から知人が経営する海の家で、十二時間余もビールや焼酎を飲み、コンビニにタバコを買いに行く途中だった。男は全くブレーキを踏んでおらず、そのまま買い物に向かっている。自動車運転死傷処罰法違反で逮捕された男の呼気からは酒気帯び運転の基準値の三倍以上のアルコールを検出。泥酔に近い状態で携帯電話を操作しながら運転していたというから、悪質な確信犯と言われても仕方ない。

同じ日、埼玉県で車を運転しミニバイクの女性をはね飛ばし、約一・三キロ引きずって死亡させて逃げた同県川口市職員の男（二十六歳）が父親に付き添われ出頭し、ひき逃げ容疑で逮捕された。呼気からアルコールが検出され、「事故後に父の経営するスナックで酒を飲んだ」と偽装工作したが、後に「父親の店で飲酒後、車で帰宅中だった」と自供、周囲を唖然とさせた。

〇六年八月、飲酒運転した福岡市職員の車に衝突され、弾《はじ》き飛ばされて水没した車内で幼児三人が死亡した事故以降、飲酒運転者はもとより同乗者、酒提供者への厳罰化が功を奏し、毎年一万数千人いた飲酒運転摘発者が一三年には四千人台まで減少した。しかし、残りは常習者なのか、それ以上はなかなか減らないのが実情だ。

日本酒党でアルコール依存と診断された私の知人は、何度も断酒を試みて失敗。「このままだと余命半年」と医師に宣告され何とか成功したが、退院後に祝杯を上げ水泡に帰し最後は肝硬変で死んだ。性格温厚で頭脳明晰な男でも、酒の毒性と依存性には勝てない。まして酒に呑まれて暴力を振るい、車を暴走させ死傷者を出すなど周囲に迷惑をかける輩は言語道断。飲酒しなければ起きなかった故意犯の仕業で、厳罰に処すべきだろう。さらに許せないのが麻薬や覚せい剤、そして脱法改め危険ドラッグを吸引しての事故である。

自販機で購入できる怖い薬物

東京都豊島区のJR池袋駅西口の繁華街で一四年六月二十四日夜八時頃、乗用車が逆走し歩道に乗り上げ、次々と歩行者をはねたうえ郵便ポストをなぎ倒して四十メートル暴走し、電話ボックスに突っ込んで止まった。中国人女性一人が死亡し、男女六人が重軽傷を負った。

警視庁は、意識がもうろうとした状態でよだれを垂らして運転席にいた埼玉県内の男（三十七歳）を自動車運転死傷処罰法違反で逮捕したが、男は「直前に駅北口前にある店でハーブを一袋五千円で買って吸い、車を運転した。途中から全く記憶がない」と自供した。

警視庁は車や男の自宅を捜索、小袋に入った植物片など百数十点を押収して鑑定した結果、幻覚や興奮作用があるとして薬事法で医療目的以外の所持が禁じられた千三百七十七種類の指定薬物は含まれておらず、脱法改め危険ハーブと断定した。男は「ハーブはインターネットで知り、十回ほど吸った」と供述している。

危険ドラッグとはいったい、どんなものか。

それはタバコのように点火して吸引すると、大麻や覚せい剤と同様に幻覚症状や陶酔感、興奮作用が生じる化学物質を人為的に添加した薬物を指す。

脳の中枢神経に作用する大麻に似た合成カンナビノイド系と、脳のドーパミン神経系を刺激する覚せい剤に似たカチノン系が主流だが、薬事法や麻薬取締法で規制されていない物質を使用した違法と合法の境目にある薬物の総称でもある。そのうち乾燥ハーブなど植物片に混ぜて化学物質を染み込ませたものが、「危険（脱法）ハーブ」と呼ばれている。

製品は粉末や錠剤、液体タイプがあり、お香やアロマ製品、防虫シートと称してネットや全国二百五十余（逮捕当時）の専門店で堂々と販売され、薬事法の指定薬物どころか医薬品としての規制も免れているケースが多い。都内の歓楽街には自販機まで設置され簡単に購入できるが、ハーブという言葉のイメージに騙されてはならない。即効性があり呼吸困難や痙攣、意識障害を引き起こす強い毒性と依存症になる危険性も強い「恐ろしい薬物」なのだ。

実際、池袋の惨事後、各地で危険ハーブ吸引が原因と見られる交通事故が相次いだ。

東京都北区の国道交差点で七月五日夜、さいたま市の会社員（三十八歳）運転の車が信号待ち状態から急発進しバイクやタクシーに衝突、三人が負傷した。男は意識が混濁して暴れたうえ車内で危険ハーブ吸引パイプが見つかり、危険運転致死傷罪で起訴された。

七日夕には山梨県昭和町の県道で危険ハーブを吸った男が運転する車が歩道に突っ込む事故があり、けが人はなかったが、現場は小学校の通学路でちょうど下校時刻と重なり、あわや大惨事に繋がるところであった。

翌八日は仙台市宮城野区で無免許の上、同種の薬物を吸った男の車がトラックに衝突。十日は東京都立川市で軽乗用車を運転して電柱に激突、死亡した男の財布から危険ハーブの袋が見つかっている。十一日朝は東京都新宿区で信号待ちのタクシーに追突した車の男が「ハーブを吸って運転した」と自供し、車内から植物片が発見された。同区では十五日朝も、ワゴン車を運転し車三台と衝突した男が同様の供述をしている。

「違法ではないと気軽にハーブを買いに来て、タバコ感覚で帰りの車で吸引したり、依存性が強いため購入後に試したいとの願望を抑え切れなくなったのではないか」

と警視庁幹部は分析するが、危険ドラッグ問題は交通事故だけに止まらなかった。

神奈川県警が七月十六日、薬事法違反容疑で逮捕した前県議の男（四十一歳）は六月下旬、横浜市のラブホテルに女性を連れ込み、危険ドラッグを吸いコトに及ぼうとして暴れ出し女性に通報された。自宅にあった植物片から指定薬物が検出され、御用となった。

逮捕前に本人は慌てて県議を辞職し入院したが、病室でも粉末の薬物を所持。「タバコの先に付け吸った。指定薬物が検出され驚いている」と〝勘違い供述〟し、「脱法ハーブ対策の推進強化を求める意見書」を提出した議員として県議会の顔に泥を塗った。

もっとも、この種の醜聞は昔からあり、一三年にラブホテルで女性に危険ドラッグを使って死なせ、放置して逃げた男が大阪府警に逮捕されたし、一二年には山梨県立中央病院の男性医師と看護師が危険ドラッグを吸引して意識を失い、救急搬送される事態が起きている。また愛知県警では、現職警官が薬物所持で逮捕された。

症状は製作者も分からない

ところで、この薬物はいつから国内に蔓延したのか。

厚生労働省によれば、二〇〇四年頃から国内に出回ったが、有毒性や依存性が立証されておらず、〇六年の薬事法改正までは法規制の対象外だったという。社会に広まり始めたのは〇八年頃からだが、新しい概念ゆえ満足な統計さえないのが実情なのだ。そこで警察の一一〇番通報などの公的記録から分析した。こうしたデータはあまりないので詳述しよう。

まず、危険ドラッグ使用後に交通事故を起こし、危険運転致死容疑で検挙された人数は〇九〜一一年が〇人に対し、一二年が十九人、一三年が四十人と急増している。

具体的事例を見ると、一二年五月、危険ハーブを吸引した塗装工の男が大阪市福島区のアーケード商店街を車で暴走し、ひき逃げや当て逃げを繰り返し、主婦ら二人に重軽傷を負わせた事故が報告されている。また、十月には愛知県春日井市で同種のハーブを吸った会社員の車にはねられた女子高生が死亡し、初の死者が出ている。

一三年四月は東京都中野区で危険ハーブを吸った会社員の車が車五台と衝突し五人が負傷。一四年二月は福岡市中央区で同じハーブを吸った暴走車輛が十台と衝突、十五人が重軽傷を負うなど、事故の規模もエスカレートしてきた。

これが麻薬取締法、薬事法違反など危険ドラッグ関連の摘発件数になると、一三年は百七十六人が検挙され、〇九年の十一人の十六倍に増えていることが分かる。この数字の多くは事故や指定薬物の売買だが、中には大事件に繋がりそうな犯罪も含まれていた。

例えば、一二年九月には北海道旭川市でハーブ代欲しさに父親を包丁で刺した長男が逮捕され、東海道新幹線新大阪駅では薬物を吸った男が線路に入り、ダイヤをマヒさせて身柄を拘束された。十月には東京都練馬区の小学校に危険ハーブを吸った男が乱入、児童を追いかけ回し、無差別殺人騒動を引き起こし逮捕されている。

興味深いデータがもう一つある。

危険ドラッグ使用後に救急搬送された患者数を厚労省が一三年に全国の救急医療六十施設で調査したもの。〇六〜〇九年が〇人、一〇年が一人だったのに対して、一一年は四十八人、一二年は四百六十九人と前年比十倍増。二十〜三十代が全体の八割、二十歳未満が一割を占め、意識障害や嘔吐から腎・肝機能障害と重い症状も目立ち、死者も多かった。

一四年の記録はないが、この薬物絡みの一一〇番通報は六月までの上半期で二百六十四件もあった。一四年五月二十五日夜、東京都中野区の路上で危険ハーブを吸った三十歳の男が口から血を流し「殺してくれ」と叫んで暴れているのを新宿署員が保護したが死亡。六月六日未明には危険ドラッグを吸った三十歳の男が新宿区のバーでシャンデリアにぶら下がるなど奇行を繰り返し、店員が交番に連行し署員が家族に引き渡したが、翌朝、近くのビル屋上で大声で叫んだ後、飛び降り自殺した。

厚労省の推計で一四年現在、国内の危険ドラッグ使用経験者は四十万人とされ、若者の間に乱用が広がりつつある。警視庁幹部は苦しい胸中を、こう打ち明ける。

「脱法だから違法でなく、ハーブだから安全とのイメージがあり、末端価格が一グラム七万円の覚せい剤に対し五千円と安く、高校生や大手企業社員まで嵌っている。警察や行政は度々法改正し規制を強化してきたが、続々と登場する新種の薬物に鑑定が追いつかず、摘発が進まないイタチごっこの現状も蔓延を許す原因なんです」

警察は押収した薬物に違法成分が含まれていないかを調べるが、試薬を使って簡単に鑑定できる覚せい剤や大麻と違い、簡易鑑定法が確立されていない危険ドラッグは二、三か月掛かることが多く、現在は二千件以上も鑑定結果待ちの状態が続いている。また新たに覚せい剤や麻薬に似た作用をもたらす物質が確認された場合でも、厚労省は有識者会議に諮り、さらに三十日以上の意見公募手続きを経て指定薬物と定めるため、その間に業者側は販売を止め化学構造を少し変えただけの新商品を売り出すことから、規制や摘発は常に後手に回っている。

このため一三年三月から、成分が似た薬物を一括して規制する包括指定を導入し、新物質が指定薬物か否かに関わらず中枢神経に影響を与える物質を無承認無許可医薬品として摘発に乗り出したが、有効策にはなっていない。

「業者が法規制に掛からないように勝手に作った新しいハーブがどんな症状を示すか、製作者も分からない点が怖い。想像を絶する事故・事件が起きる危険性がある」

この警察幹部の〝不気味な予言〟を待つまでもなく、もはやハーブの成分を論じている場合ではあるまい。

自動車運転死傷処罰法は、合法・違法に関係なく薬物の影響で正常な運転が困難な状態で車を運転することを禁じ、死亡させた場合は一年以上の有期刑を科している。これだけ危険ドラッグの怖さが世に広まったのだから、それを承知で吸引し運転した者は、たとえば未必の故意の殺意を認定し、死亡事故なら殺人罪、負傷者が出れば殺人未遂罪を適用するなどの厳罰策を取るのはいかがだろうか。

そうでもしないと、危険ハーブを吸引した暴走は絶対になくならないし、街を歩いていただけで死ななければならなかった被害者の無念は決して晴れないだろう。

中国で製造し半グレが加工

太い角材に五寸クギを打ち込み、反対側に数ミリ飛び出した先端を親指と人差指で摘んで一気に引き抜く。そんなあり得ない力業を撮影した画像を見せられたことがある。パワーアップ効果を売りにした危険ドラッグのPRビデオで、上映した仲介業者は「これは本物。極端な興奮状態になれば奇跡は起こる」と力説した。画像の真偽は不明だが、警察幹部から「ドラッグを吸い暴走し電柱に激突した男は、その後も狂ったようにアクセルを踏み続けていた」と聞き、あり得る話だと思っている。

さて、この種の薬物は暴力団の資金源になっていると思われがちだが、単価が安いため暴力団はほとんど無関係である。末端の販売店はもとは裏ＤＶＤや偽ブランド品を扱ってきた零細業者で、危険ドラッグを卸す加工・仲介業者も暴力団系の企業舎弟ではなく、半グレ集団か独立系事件師グループの面々なのだ。

実は、危険ドラッグの大半は中国の化学薬品メーカーが製造しているのだ。仕切っているのはチャイニーズマフィアで、日本や欧米の薬事行政を監視、法規制を巧みに逃れようと化学構造を一部変えた新しい物質を次々と製造し、薬効など全く確認することもなく、各国の仲介組織に発送する。

日本で荷を受けるのは、チャイニーズマフィアと関係が深い半グレ集団か事件師グループで、塊や粉末で輸入された薬物を精製水などに溶かし、ハーブに染み込ませ、危険ドラッグ「リーフ」として商品化する。液状商品「リキッド」や粉末状商品「パウダー」も製造し、中間業者を経て販売店に卸している。

各組織間の取引は、振り込め詐欺でも悪用された日本郵便のゆうパックやレターパックの郵便局留めを利用するという。

こうした危険ドラッグの製造、仲介、加工組織の全容を解明し各組織を分断して各々に「割の悪いビジネス」と思わせることが、この薬物問題解決の早道だ。提供者への厳罰は飲酒運転抑止に一定の効果があった。危険ドラッグの規制も摘発も、そこに集中させるべきであろう。

第8章

少子高齢化社会は病んでいる

認知症や老老介護、
いじめに児童虐待……
少子高齢化の問題点が
指摘されて久しい。
だが特効薬はなく、
社会はますます
病み衰えている。

今の世を蝕む児童虐待と認知症

十一万九千六百十七人と七百五人。そして、七万三千七百六十五件と六百六十七件。これらはいったい、何を意味する数字なのかお分かりだろうか。

前者が二〇一三年度に病気などの理由がなく長期欠席（不登校）した小中学生の数と、一年以上居場所が分からない小中学生の数。後者は全国の児童相談所（児相）が一三年度に対応した児童虐待数と、虐待のうち一〇年からの三年間に親が育児放棄し自宅や路上に置き去りにした子の数である（文部科学省、厚生労働省調査）。児童虐待は二十三年連続増加（一四年現在。一九年に二十八年連続を記録）し、過去最高を更新中という。

この所在不明の子供の範囲を十八歳未満まで広げると千五百人余に膨らむし、住民票はあるのに所在が摑めない乳幼児を含めれば四千人超に上るというから驚く。

理由なき暴力母を労る娘

児童虐待で思い出すのは横浜市の山林で一三年に白骨死体で見つかったあいりちゃん（六歳）事件だ。暴行罪などに問われた母親（三十二歳）に対し横浜地裁は一四年九月、懲役二年の実刑判決を言い渡した。

判決によれば母親は一二年夏の夜、同市南区のアパートで足を踏まれたことに立腹、あいりちゃんの顔を平手で数回叩き、浴室でシャワーを浴びせて暴行した。そして同棲中の男（三十歳）＝懲役八年が確定＝に蹴られ死亡した愛娘の遺体を埋めるのを手伝った。

母親は元夫の暴力から逃れ茨城県の実家に戻ったが居着かず、生後十か月だったあいりちゃんは祖父の手で育てられた。保育園で平仮名を習い、何通も《じいじへ》の手紙を書くなど懐いたが、「ママと暮らしたい」と言うようになり一一年六月、母親と共に神奈川県秦野市に移住した。

ところが、一年後に同棲を始めた男は、小学校入学を楽しみにしていたあいりちゃんに殴る蹴るの暴行を繰り返し、育児疲れと新たな妊娠から体調を崩していた母親も娘の頭を浴槽に沈めるなどした。そんな中でノートに綴ったあいりちゃんの言葉は、涙なくしては読むことができない。

《ままのことを　だれかたすけてくれないかな。だってまま、からだわるいのに、がんばってるんだもん。ままかわいそうだよ……》（筆者抜粋）

学校も通えず、理由なき暴力を受けても母親を労《いたわ》る。その優しい心の持ち主が人知れず山林に埋められていいのか。複数の男性宅を渡り歩いたため行政も警察も母子の生活実態を把握できずにいたことが悔まれる。

二〇一四年は児童虐待、それも凄まじい事件が多かった。

五月三十日、神奈川県厚木市のアパートの一室で男児の白骨死体が発見された。同室に住むトラック運転手（三十六歳）の長男（五歳）で、県警は父親が食事や水を与えず衰弱死させたとして保護責任者遺棄致死容疑で逮捕したが、その供述内容が何とも凄まじかった。

男児が死亡したのは何と〇六年十月から三か月の間だったという。その二年前、この男に家庭内暴力を受けていた母親が家出し、男児は男（父親）と二人暮らしとなった。男は消費者金融に多額の借金をし、電気や水道を止められた。男は長男が外に出ぬように窓などを粘着テープで目張りし、ドアに鍵をかけて外出した。男児は死ぬまでの二年間、電灯もテレビもつかない密室で過ごしたため、言葉の発達は遅れ、歩行も十分にできず、おむつさえ取れなかった。

当初はほぼ毎日帰宅し、コンビニのパンなどを与えていた父親だが、〇五年頃に別の女性と交際を始めて帰宅する日が週に一、二日に減った。長男はあばら骨が浮き出るほど痩せ細っていたが、父親は医者にも診《み》せず、怖くなって一週間留守にして帰宅したところ、身体が冷たくなっていたという。

か細い声で父親に「パパ」と呼んでいたのが最後の言葉だった。しかも、それから約七年半、息子の遺体をそのまま放置していたのだから、悪魔の所業と言うしかない。横浜地検が未必の故意の殺意を適用し、男を殺人罪で起訴したのは当然である。

翌六月の二十六日、警視庁は東京都足立区に住む三十歳と二十七歳の夫婦を詐欺容疑で逮捕した。次男（四歳）が一三年三月に病死したのを隠し、逮捕されるまで児童手当や生活保護費など四十三万円を同区から騙し取った疑いだが、「次男は山梨県の河口湖周辺に埋めた」と自供したのに発見されておらず、死因が特定されていない。

児相は夫婦に育児放棄のおそれがあるため一二年三月から約四か月に一回家庭訪問を行ったが、一三年春以降常に父親が玄関先で応対し、次男の姿を確認できていない。一四年五月に半ば強引に家に上がり込み、六人の子が布団をかけて寝ている姿を見たが、父親が妻の体調不良を理由に廊下にしか入れず、確認が不十分だった。

後の捜査で夫婦はこの時、インターネットで購入した体長一メートルのマネキン人形に布団を被せて偽装していたことが判明。五人の子は児相が保護したが、次女が極度に痩せており、栄養失調（育児放棄）と見て病院に収容した。

このほか、群馬県警は八月、同県内の自宅玄関で三歳の三男の胸を突き飛ばして頭を強打させ、死亡させた母親（三十二歳）を暴行容疑で逮捕した。

夫と四人の子持ちで育児ノイローゼと思えたが、三男が〇歳だった一一年七月にも頭部に内出血がある状態で病院に搬送され、虐待の疑いがあると通報されていた。しかも、一〇年二月には当時生後一か月だった次男を床に投げつけ、頭部に重傷を負わせ（後に死亡した）傷害容疑で逮捕されており、児童虐待の常習者であったのだ。

このように実子への虐待だけでも多いのに、養子縁組や他人の子供を預かる託児所などを含めると、被害者が多過ぎて、実態を把握できないのが現状である。

この児童虐待の問題を語る時、必ず登場するのが地域住民、児相、行政、学校、医療機関、そして警察などの連携強化と、迅速かつ積極的な対応だ。

厚木市の例では三歳半健診が未受診のうえ、小学校も未就学なのに相互連絡が不十分で悲劇を防ぐことができなかった。また足立区の例も、両親が児相の出頭要請を拒否し家庭訪問にも非協力的だったから、どこかで強行策を取る決断をすべきであったろう。

オフレコ取材で飛び出す役人らの本音は、なかなか厳しいものがある。

「本来は家庭の問題で役所が介入すべきじゃない。下手に踏み込めばプライバシー侵害と叱られ、慎重に動けば役所仕事だと揶揄《やゆ》される。子供を保護し施設に入れると今度は『親を甘やかすな』と批判される」（市職員）

「事件を解決し、社会の治安を守ることが我々の仕事。民事不介入で事件性がないと動けない。すべて頼られても困る。殺すなら生むなと言いたい」（警察幹部）

何をするにもカネが掛かり、どれも税金を充てるため市民から「税金の無駄使いだ」と憤りの声も上がる。

この世で、同性の嫉妬や嫌悪感ほど怖いものはない。サラリーマンが働かずにフラフラしている奴を見れば、「怠け者」と決めつけて馬鹿にするし、主婦らは結婚や子育てできないという女性を「甘えてんじゃないよ。皆苦労してやってきたんだから」と厳しく非難する。

もっとも、給食費も払わず子供に何杯もお代わりさせて食費を浮かし、「まずい」だの「栄養価の高いもの食べさせて。息子が痩せたじゃない」と抗議に押しかけるモンスタークレーマーもいる。それも本当に生活が苦しいならまだしも、ブランド物に身を包み、高級車でのドライブが趣味で、「ワールドカップを楽しむの」と言ってすぐ海外に飛び立つ。

それに比べれば井戸端会議の非難など可愛いものだ。

児童虐待は、発見が解決ではない。深く傷ついた子供たちの心を支え、癒《いや》し、前進させる長い闘いである。

だが今、世の中が自分中心で回っていると思い込んでいる〝勘違い人間〟が多い。彼らは他人を思いやる気持ちがないし、自分の思い通りに行かないとすぐキレる。

児童虐待とともに高齢者虐待が典型的な例である。

老老介護は閉じ込めなのか

一万三百二十二人と二百五十八人。そして一万七百四十二件と一万五千三百五十七件。

冒頭と同じような書き方をしたこれらの数字は、何を意味するのか。

前者は認知症が原因で行方が分からなくなったとして一三年に警察に届け出があった行方不明者数と、一四年四月末時点で所在が確認できていない人数。後者は認知症などを患った七十歳以上の高齢者が被害に遭った消費者トラブルの件数と、一二年度に確認された高齢者への虐待件数だ（警察庁、国民生活センター、厚労省調査）。

今回、問題にしたいのは認知症などを患って徘徊し、行方不明になってしまう高齢者についてである。

一四年五月十一日、群馬県館林市で約七年前に保護された身元不明の女性についてNHKが報道したところ、視聴者情報をきっかけに翌日、身元が分かって家族との再会を果たした。そこまでは良かったが、後に県警が全国の警察に出した照会書に名前の誤記入などのミスがあったことが発覚。県警は女性の家族に謝罪している。

さらに認知症を患った人が電車にはねられるなどした鉄道事故が、一二年度までの八年間に少なくとも百四十九件あり、百十五人が死亡していたことが判明した。事故後複数の鉄道会社がダイヤの乱れで生じた多額の損害賠償を遺族側に請求していたことも分かった。

しかも、認知症患者が徘徊中に列車にはねられた事故の損害賠償を求めた控訴審判決で、名古屋高裁は四月二十四日、自らも《要介護1》と認定された当時八十五歳の妻に対して、男性を介護・監督する義務があったとして、何と約三百五十九万円の支払いを命じたのだ。

判決は「社会的弱者も安全に鉄道を利用できるようにするのが責務」とし、駅員が警戒強化していれば事故を防ぐことができたとして賠償額を一審判決の半分に減らした点は救いである。が、判決は結果的に「認知症介護は患者を閉じ込めるしかない」ことを示しており、老老介護が当たり前という現状で、家族は途方に暮れるほかなかった。

これは第6章でも触れた話だが、大阪市南部の下水処理場でバラバラ死体が発見され、殺人事件かと大騒ぎになったことがある。現場での捜査と鑑識活動の結果、認知症を患った高齢の男性が、誤って浄化槽に転落した事故と断定されたが、肝心の身元が分からない。

私は遺留品の手拭い一本から身元を割り出したが、実際は大阪府北部の病院を抜け出た高齢者が一円も持たず、百数十キロも歩いていたのだ。

病院事務長によると、彼らは止めない限り歩き続ける習性があるといい、それだけ体力と執念があれば百数十キロ踏破など容易であると知った。

一四年五月二十八日には、京都市内で保護された盛岡市在住の認知症の女性（七十二歳）を、京都府警の警察官二人が〝業務外の異例の措置〟で約六時間かけてＪＲ盛岡駅まで送り、無事に盛岡市職員に引き渡している。

直線距離で約七百キロも離れた盛岡市からどうやって移動してきたのか不思議だが、

盛岡、京都両市が職員の同伴移動に難色を示し、女性に引き取れる親族もいないことから調整が難航する中で、署員の機転と奉仕精神で帰郷を果たしたという〝心温まる話〟は嬉しい限りだ。

大阪府警は九月十八日から、身元が分からないまま施設で保護されている人の顔写真や特徴を記した「身元不明迷い人台帳」を府内全六十五警察署に常備。厚労省も身内を探す家族らが各地の身元不明者の情報を調べられる特設サイトを開設した。こうした行方不明者の詳しい情報を共有し、照会できるシステム作りは急務である。

ただ、それ以上に大切なのが、徘徊者に対し周囲の者が勇気を持って躊躇せず声を掛けること。それは前述の児童虐待で苦しむ親子にも共通する方法と言える。取り憑かれたように歩く認知症徘徊者を立ち止まらせるのは至難の業で、それができるのは思いやりだけなのだ。

生活は苦しいが幸せな日々

私は「弱者」という言葉が嫌いである。何より上から目線で見下した言い方だし、人間は一度、そうしたイメージを持たれると、ずっと同じ目線で見られるようになる。

また、幼い子供や高齢者を慈しみ、労る気持ちは大切だが、現代は逆に弱いものいじめが全盛である。

七月に埼玉県で起きた盲導犬襲撃事件。目の不自由な人のパートナーで、むやみに吠えたりはしない犬と知っていてフォークを突き立てたなら、卑劣な弱者いじめだ。ストレス発散か、コンプレックスがなせる業かは知らないが、土佐犬やドーベルマンなら襲っていないだろう。

九月に埼玉県で全盲の女子高生が右膝の裏を蹴られ重傷を負った事件も同じだ。白い杖に接触した男が怒って蹴ったようだが、思いやりの気持ちなど微塵もない。

とある日の午前二時過ぎ、東京・新宿歌舞伎町の雑居ビルにある二十四時間対応の認可外託児所に派手な化粧とコスプレのまま母親（二十五歳）が戻り、二歳の長女に添い寝して、そのまま眠ってしまった。

午前五時に始発電車で郊外の安アパートに帰るのが、この母子の日課なのだ。

夫の浪費と浮気癖に耐えられずに離婚した。両親は既に他界し、すぐには働けないと生活保護受給手続きに市役所に出向いたが、男性職員に「子供が小さくても若くて健康だから、働く所はあるでしょ」と突き放され断念した。

それ以来、国の福祉政策の恩恵は全く受けていない。

パチンコ店でバイトしたが生活費には足りず、やっと見つけたのが新宿のキャバクラ店だった。月収は指名客数で変動し、四十万円を超す時もあるが、大抵は十数万円から二十数万円しかない。子供の急病で遅刻・欠勤すると罰金を取られる。客と飲食することで何とか空腹を満たしても、十万円の保育料とアパートの家賃を払えば赤字になることも多い。

盆も正月もクリスマスもなく、子供の服も買えない有り様だ。遊ぶ相手のいない娘は言葉の発達が遅く、伝い歩きがやっとだが、とにかく母親が大好きで仲良しだ。

全国百二十四万世帯ある母子家庭。八割の母親が働くが平均年収二百二十三万円で、ギリギリの生活を送る。仕事と家事に追われる日々だが心は折れず幸せだという。

アベノミクスの経済成長戦略もいいが、母子が楽しく暮らし、老人が安心して徘徊できる街になれば、少子高齢化社会にも一筋の光が見えてくる。

＊

全国の児童相談所が一五年度に対応した児童虐待数は前年度より一万五千件近く増えて十万三千二百六十件で過去最多を更新。二十五年連続増加し、初めて十万件を超えた。

また、日本福祉大学の湯原悦子准教授（二〇一八年に教授就任）が一六年に報告した調査によると、一九九八年〜二〇一五年の十八年間に全国で発生した介護殺人や心中は計七百十六件もあり、夫婦間の殺人三百三十三件と、子が親を殺害した三百三十一件が大半を占めた。

また、加害者の七十二パーセントに当たる五百十二件が男性で、ストレスや孤立が原因だという。

総活躍社会笑う心中と老人殺し

一面に砂利が敷きつめられた河原に、利根川に向かって突進した軽乗用車の轍がくっきりと残されていた。

埼玉県深谷市を流れる利根川で二〇一五年十一月二十二日朝、「人が流されている」と一一〇番通報があり、消防署員が川底で女性（八十一歳）の遺体を発見。近くで倒れていた女性（四十七歳）は一命を取り留めたが、三百メートル上流で男性（七十四歳）の遺体も見つかった。近くに住む夫婦と三女で、娘が「三人で死のうと車で川に入った」と無理心中を認めたため、さいたま地検は十二月十二日、殺人罪などで起訴した。

「母が十年前に認知症となり、仕事に就かず介護に専念しましたが疲れました。新聞配達で家計を支えた父が十日前に病気で仕事ができなくなり、お金がなく生活が苦しかった。父も『一緒に死んでくれるか』と言うので、車で川に入ったのですが、なかなか沈まないため、皆で水の中を歩きました」

深谷署の調べに、娘は涙ながらにそう自供した。

この辺は川幅が百メートル余、水深約一メートルで車はほぼ川の中央で半分ほど沈んで止まっていた。車から父親の遺体まで約一・七キロ、母親まで約二キロあり、満天の星だったとはいえ、真っ暗な川の中を三人は何を思いながら進んでいったのだろうか。

近所で「あっちゃん」の愛称で呼ばれる娘は「姉二人が早く結婚したため、嫁にも行かず仕事にも就かず、ずっと両親の面倒を見てきた今時珍しい〝親孝行の神様〟」(付近住民)と評判だった。母親が徘徊で周囲を騒がせたり、寝たきりとなり時々大声を上げ暴れた時も、近所を詫びに回る娘を見て、住民は同情し激励したという。

「真面目で責任感が強い父親は『妻に迷惑を掛けた。最後まで俺が面倒を見る』と施設に預けたり、公的支援を頼んだりしなかった。それが自らの病気で心が折れ、死にたくなったのでは」(同)と肩を落とす人が多い。十一月にやっと母親の介護サービスと生活保護を申請、受理されただけに「もう少しの辛抱だった」と残念がる。

この父親と同じく「俺が責任持って面倒を見る」とのセリフを吐き、介護保険料は払ってきたのに一切の公的サービスを受けなかった老男性が、知人の父親である。

彼も認知症の妻がいるのに介護認定さえ受けず、結局本人が急病で入院したため、妻は家に独り放置され、危うく死にかけるところだった。信念は立派だが、冒頭の親子と同様に死んでしまっては意味があるまい。

高齢者五人に一人が認知症

最近、老人介護問題が身近であったせいか、やたらに認知症とか介護といった言葉が目に留まり、耳に残る。テレビでもそうした番組をつい見てしまう。

警察庁によると、一四年に認知症が原因で行方不明になったとして家族から警察に届けられた人数は、前年より四百六十一人多い一万七百八十三人に上り、二年連続で一万人を超えた。このうち所在が確認できたのは九十八・四パーセントの一万六百十五人で、残る百六十八人が現在も消息不明のままである。

認知症は、脳の神経細胞が死んだり働きが悪くなることで、物忘れや妄想、徘徊などの症状が出る病気だ。

厚生労働省によると、一二年の認知症高齢者は四百六十二万人おり、二五年には最大で七百三十万人にまで増加し、六十五歳以上の五人に一人に上ると推計されている。もはや他人事ではないのだ。

「これだけ長寿国なら、認知症患者が増えるのは当然」

知り合いの内科医はそう笑うが、確かに厚労省が発表した一四年の日本人の平均寿命は女性が八十六・八三歳、男性が八十・五〇歳で、いずれも過去最高を更新している。女性は三年連続で長寿世界一、男性も三位に上がっている。因みに一九年は男性八十一・四一歳、女性は八十七・四五歳と、さらに長寿記録を伸ばしている。

何しろ百歳以上の高齢者が全国で六万千五百六十八人もいて、前年から二千七百四十八人増加しており、何と四十五年連続で過去最多を更新中なのだ。これも二〇年九月には八万四百五十人に増えているというから喜ばしい。

同省は「医療技術の進歩や食生活の向上、高齢者の健康意識の高まりが好影響を及ぼした。国民皆保険制度の効果も忘れてはならない」と自画自賛する。現に介護を必要としたり重病に罹った期間を除き自立して過ごせる期間を示す健康寿命は、一三年で男性が七十一・一一歳、女性が七十五・五六歳で男女とも世界一位である。

だが、この事実を手放しで喜べないのは、前述の認知症や介護に加え、寝たきり、孤独死など高齢化に伴うさまざまな困難について、現代人の多くが十分に予期し、老後のシビアな生活に恐怖感を抱いているからだ。

現実に家庭内に介護を必要とする人間が出ると、家族の肉体的精神的疲労が増すが、経済的にもきつくなる。安倍政権は一五年から介護利用料を一割負担から原則二割負担に引き上げたが、今後さらに上がると見られる。

団塊世代が七十五歳を超える十年後は、介護サービスの利用者は二百万人増えて七百万人近くになるため、介護保険料は全国平均で三千円余上がり、月額八千円以上になることが予想される。介護保険制度がスタートした当初は月額二千九百円だったから三倍近くに値上げし、自治体によっては一万円を超えるところも出てくる。

これだけ介護保険料が高くなると、月約六万五千円の国民年金収入だけの世帯はとても払い切れず、介護サービスを受けたくても負担が重過ぎて受けられなくなる。

前述した知人の両親の件で介護サービスを研究し老人ホーム探しを手伝った経験で言えば、十分な貯蓄や資産を所有していない限り、一般家庭の高齢者ではなかなか老人ホームに入れないのが実情のようである。

月額十万円前後と比較的費用が安く〝最期の時〟まで面倒を見てもらえる特別養護老人ホームは人気が高く、常に満員状態でベッドが空く順番をめぐって数百人、数年待ちがザラだという。しかも、これにはカラクリがあって、実際はベッドは空いていても、待遇の悪さから職員が集まらず、入居者を募集できない施設も多いのだ。

長期入院も可能だったかつての老人病院は今、厚労省による再編もあり、原則として最長三か月間しか入院できない場合も多く、強引に退院・転院させられる事例が相次いでいる。

かと言って民間の老人ホームは費用が高過ぎて入れない。最近は、かつて数百万円だった入所一時金がゼロとか、月額十五万円からという安価な施設もあるが、結局各種費用を支払うと月二十万円を超えてしまうのだ。後は劣悪な施設や人員体制を覚悟して無許可介護ハウスに行くか、在宅介護の道を選ぶしかないのである。

高齢者犯罪と福祉葬が激増

年金受給額が年々減らされ、介護サービスは受けられないとなると、高齢者自身はもとより、それを支える中高年層にもさまざまな問題が生じてくる。

まず、ストレス系犯罪が増加する。最近、病院や市役所などで突然ブチ切れ、「待ち時間が長過ぎる」とか、「職員の態度や言葉遣いがなっとらん」と難癖を付け、暴言を吐く〝暴走老人〟が増えている。また、タクシー内や駅のホームで暴行事件を起こす高齢者も多く、一四年に刑務所に入った二万千八百六十六人のうち、六十五歳以上は二千二百八十三人で、初めて一割を超えた。

高齢服役者は出所しても仕事や住居がないため、犯罪を繰り返す再犯率が高い。その結果、服役期間が長期化し、刑務所が実質的に福祉施設と化しているという実態が、一五年版『犯罪白書』で浮き彫りになった。しかも性犯罪やストーカーなど、これまでは少なかった犯罪が急増しているという情けなくも悲しい現実がある。

次に、身寄りがなかったり家族と離れて独り暮らしをする高齢者の増加がある。「少子高齢化社会の進行」と言えばそれまでだ。高齢者と同居しない家族を「冷たい奴ら」と批判するのは簡単だし、そう言われても仕方ない家族が存在するのも事実だ。

普段は見向きもせず電話一本掛けてこないのに、父親が死んで遺産相続の話が出た時は直ぐに飛んでくる息子夫婦や、嫌がる母親を強引に老人ホームに押し込みながら年に一回見舞いに訪れればいい方だが、来た時は「部屋が汚い」「臭い」など苦情タラタラで、「金を払っているでしょ」が口癖の娘には呆れてモノが言えない。

ただ、多額のローンを組んで遠隔地にマイホームを建て、満員電車に長時間揺られて出勤し、決して高くない給与で連日、サービス残業するサラリーマンの姿を見ていると、単純に批判することはできないだろう。

お金と時間に余裕がある高齢者は趣味を楽しみ、健康のためスポーツジムに通う。介護予防と称し、パチンコやマージャンを取り入れるデイサービス施設もある。

その一方で、頼れる身寄りも蓄えもない高齢者は、都会のアパートで孤独死したり道端で行き倒れて変死することが多いのが現状だ。

そんな人々の遺体搬送から安置、火葬、遺骨保管、納骨、死亡届提出まで行う専門の業者がいて、遺体の引き取り手がなく直接、火葬場に送らざるを得ない直葬や生活保護受給者の葬儀に悩む自治体や病院、警察から頼りにされているという。

費用は税込みで十七〜二十二万円、身元不明の遺体は「A様」と記号で表記され、業者の担当者一人しか立ち会わない寂しい葬儀だ。が、専門業者一社当たり年六百件から一千件は扱うといい、なかなかの盛況だ。

中には、ゆうパックで遺骨を送るサービスさえある。

厚労省によると、生活保護法に基づく葬祭扶助制度の利用者数は増え続け、一三年度は全国で月平均約三千二百世帯、都内でも約六百世帯が利用したという。

資金の出所は税金だから同情ばかりはしていられないが、この現実と当時の安倍政権が掲げていた「一億総活躍社会」の間には、かなりのギャップがあると言わざるを得ないだろう。

介護離職ゼロを目指し特養老人ホーム建設を急ぐのも結構だが、介護の問題を解決するには家族と自分の命を絶つことしかなかった冒頭の親娘の現実を知り、そこまで追い詰められた人々を救い出すことが急務だろう。

一億総玉砕、一億総中流……など「一億総ナントカ」の表現は昔から非常に怪しげだったし、そこに「活躍」というさらに抽象的で曖昧な言葉を被せた〝胡散臭いキャッチフレーズ〟など口にしたくもないが、どうしても使うなら「一億総救出社会」とするしかないだろう。

独居老人狙う詐欺が頻発

独居老人増加に伴うもう一つの問題点は、犯罪被害の増大だろう。昨今の振り込め詐欺グループはターゲットを完全に高齢者に絞り込み、その性格や考え方、生活習慣から資産運用方法まで十分に調査・研究してから犯行に及んでおり、高齢者は犯罪者に狙われるというより、暴力団の資金源になっているのが実情だ。

息子を名乗る人物から「会社のカネを落とした」と電話を受けた親が数百万円を騙し取られたというニュースを聞く度に、「親子の愛情は廃れていない。それにしても年寄りは大金を持っているな」と感心するが、実は、被害者の多くは認知症気味だったり、性格や親子関係に問題を抱えていて、詐欺グループはそれらを調べたうえで狙っていたことが、警察の捜査で分かったのだ。

高齢者を狙う振り込め以外の詐欺では、昔からリフォーム工事や高級羽毛布団などの訪問販売が目立つ。

国民生活センターによると、一四年度のリフォーム工事の相談は六千八百六十件で、七割余が高齢者。最近は入居が難しくなっている老人ホームへの入居権なるモノを巡る詐欺が急増、同センターへの一四年度の相談も六百八件と四年間で八十七倍に膨れ上がった。

詐欺事件を担当する警視庁幹部は、そう明かす。

「被害者の老人が営業マンの悪口を言わない例が多い。『出張で土産を買ってきた』と情に訴え、『感じのいい人で変な業者じゃない』と思わせるのが手口なんだ」

一九八〇年代前半に隆盛を極めた豊田商事事件でも確かに、四十代までのセールスウーマンが高齢者宅に上がり込み、掃除や洗濯などの家事を行い、爪切りや耳掻きをしながら身の上話を聞いたり、入浴から下の世話までして高額の契約を取って話題になった。「いい年をして」と呆れ、「色狂い」呼ばわりする息子らを取材し、「放っていたお前らが悪い」と憤りを覚えた記憶がある。高齢者に優しく接するのは、詐欺の伝統的手法なのだ。

高齢者を狙うのは詐欺師だけではない。投資信託のように手数料が高いのに高齢者が仕組みを理解できない金融商品を、銀行や証券会社などが強引に売りつけるケースが相次いでいる。

認知症と診断された女性が信託銀行で四年間に四十回も金融商品を売買され、投資額約一億円の半分以上が損失となる中で、千五百万円の手数料を稼がれた例もある。

独居老人を殺害して現金を奪う外国人犯罪者の入国情報もあるというから、高齢者は生きた心地がしまい。

それなら施設に入れば安心かと言うと、それも違う。

神奈川県川崎市の介護付き有料老人ホームで一四年十一月から十二月、八十～九十代の入所者三人が次々とベランダから転落死したことが明るみに出た。三件とも同じ二十三歳の男性職員が夜勤で、彼に窃盗事件の逮捕歴があったため警察当局に注目されるところとなり、最終的には入所者を突き落としたとして捕まった。

厚労省も十一月、施設を運営する会社の親会社に業務改善勧告を出し、川崎市も運営会社に市への介護報酬請求を三か月間停止する行政処分を下した。

東京都は両社が都内で運営する四十施設を調査。市区町村に報告する義務がある事故が五年間で七百十四件発生し、四百三十九件が未報告であることが分かった。

徘徊が二百八十二件、骨折や打撲百六十五件、異物誤飲七十七件などで、事故後の死亡が六十一件、自殺や自殺未遂が十一件、虐待が三件に上っていた。

この施設ほど酷くないが、人手不足で入居者の世話や施設の清掃、夜間のナースコール対応などが不十分な施設が多い。イライラした職員が虐待することもあり、一三年度に各自治体が虐待と認定した事案が二百二十一件、相談を受けたのは九百六十二件に上った。

逆に施設の職員たちが入居者に怒鳴られ、手を嚙まれたり蹴られたり暴行を受けている実態があることも分かってきた。

介護現場の人手不足は深刻だが、待遇改善の見込みはない。人々が活躍できる社会は本当に来るのだろうか。

＊

冒頭の無理心中を起こして両親を死なせた三女の判決公判が一六年六月二十三日、さいたま地裁で開かれ、松原里美裁判長は「長年助け合ってきた両親を思いやり、一緒に死のうと決意した経緯・動機を酌量しても生命軽視は許されない」と懲役四年（求刑同八年）を言い渡した。

裁判長が裁判員の「父母の顔を忘れず生きて」というメッセージを伝えると、三女は何度も頷き、深々と頭を下げた。

新幹線放火と列車自殺の点と線

「身体から魂がスーと抜け出すのは、ああいう状態を指すんだ。顔つきが一変した……」

旧知のベテラン刑事は、そう言って顔を歪めた。

「ビルの屋上で男が飛び降り自殺しようとしている」との通報で現場に駆けつけ、自殺を思い止まるように説得したが失敗。男は目の前で飛び降りて即死した。

「男は必死の形相で何か叫んでいた。言葉は意味不明だったが、『死にたくない、助けて欲しい』という思いは伝わった。懸命に手を差し伸ばしたが、フッと生への欲求や執念が消えると、もうどうにもならないんだ」

自殺者は「影が薄い」と言うが「皆最後まで生きたかったはず」と刑事は断言する。

「二十数年前の若い頃の話で自分が助けたいとの意気込みが空回りし、いろいろと話して説得したがダメだった。もっと相手の話に耳を傾けるべきだった、と今なら分かる」

この刑事の経験談は、《自殺志願者は誰かが止めてくれるのを強く望んでおり、「死にたい」との訴えを脅しとか甘えと考えて、はぐらかしてはいけない。相手の話を聞き信頼をかち得ることが何より大切だ》ということを教えている。

「自分の親父と同い歳のおっさんが『心配かけてすまんな。話を聞いてくれて本当に有り難う』とニッコリ笑って飛び降りた時は、無力感に苛まれて苦しかった」

絶望感が子供の心を壊す

最近よく似た話を聞いたと思ったら、二〇一五年七月五日、列車に飛び込み自殺した岩手県の中学生の話だった。岩手県矢巾《やはば》町の町立中学二年の男子生徒（十三歳）が同夜、JR東北線矢幅駅で列車に飛び込み、死亡した事案である。

その男子生徒が生前、担任の女性教諭との間で交わしていた『生活記録ノート』では、《ずっと暴力、づっとずっとずっと悪口、やめてといってもやめない……》や《ボクはげんかいになりました》、《もう耐えられません》などと三か月にわたっていじめの被害を訴え、自分の苦しさを語り、SOSのサインを発していた。

特に自殺直前の数日間の記述は《氏（死）んでいいですか?》、《もう市（死）ぬ場所はきまってるんです》という悲鳴、つまり「自殺を止めて欲しい。助けて」と叫び声を上げている。「死」の文字を使わないのは「生きたい」というメッセージにほかならない。

これに対し担任教諭は《みんな同じ。環境が変わって慣れていないからね》とか《明日からの研修たのしみましょうね》と何とも見当違いの答えを返している。校長や保護者にも連絡せず、鈍感過ぎる対応と言わざるを得まい。

担任教諭は県警の事情聴取に対して、「トラブルは互いに指導して終わったものという意識を持っていた」と答えているが、ノートの文面のどこをどう読めば、トラブルが解決したと読み取れるというのであろうか。

さらに批判を浴びたのが学校側の無責任な対応である。

校長は七日の会見で「生活記録ノートを共有している事実はない」と責任回避の発言に終始し、同夜の保護者説明会でも「いじめがあった認識はない」と強弁した。その校長が「いじめがあったという前提で調査している」と認め、頭を下げたのは十三日になってからだ。男子生徒が一年の時から六件のいじめを受けたことが自殺の一因という調査結果を学校が発表したのは、三週間後の二十六日だった。

それまで学校がいじめを全く知らなかったとは到底、考えられない。第一、自殺する二週間前に同校で行われたアンケート調査で、この生徒はいじめの悩みを打ち明けていたのだ。

また、自殺後の七日に行った緊急アンケート調査で、多くの生徒が「頭を叩いたり髪の毛を摑んで机に打ちつけるのを目撃した」と回答している。約一年前から他の生徒にもいじめがあったことが分かり、学校の無策ぶりが明らかになった。

両親の離婚で一度は母や妹と都内に移住したが、「父や祖母が心配だから」と言って岩手県に戻ってきた優しい男子生徒はなぜ、死ななければならなかったのか。

島根県から神奈川県川崎市に移住した中学一年男子生徒（十三歳）が河川敷で遊び仲間の少年三人にいじめを受け、リンチの末に殺害された事件から五か月足らずのうちに、また若く尊い命が奪われる悲劇が起きてしまった。

教育専門家はいじめを受けた子に「何でもいいから周囲の大人に自分の辛さを訴えて」と教えるが、大人の方がきちんと対応できていない事案が続発した。「どうせ誰に訴えても何も変わらない」という孤独感や大人への絶望感がどんどん子供の心を壊していく。

一方、いじめる側の少年たちの心にも深くて重いフラストレーションがある。そんな連中に「いじめはダメ」と言っても効果はない。酒やタバコと同じで、頭で分かっていても止められない。自己チュー的考えとそれを抑えられないストレスからの逃避があるのだ。いじめ問題は都会でも地方都市でも存在する。どこでも共通するのは学校と先生の及び腰の対応だ。悪いことは悪いと教え、二度としないよう諭すから教諭であり、悪行を厳しく罰し、正義を学ばせ、社会で自立できるように育成するのが学校なのではないか。

一四年夏、長崎県佐世保市で高校一年女生徒を殺害した元同級生の少女は小学校時代、給食に洗剤を混入し級友の体調を悪化させた犯行が発覚しながら、ウヤムヤに処理されたことで殺人への欲求を募らせた。同年暮れ、知り合いの老婦人を殺害した名古屋大一年の女子学生も高校時代、同級生に毒物入り飲料を飲ませ失明寸前の重症を負わせながら、学校や警察の及び腰に助けられ逮捕されず、殺人願望を成就させた。外聞を憚り責任を回避し、手抜き調査で曖昧に終わらせる。その安易な姿勢が「負の連鎖」を生んでいる。

「年金事務所で首吊ってやる」

苦悩する心の叫びに周囲が耳を傾けない姿は、未成年だけでなく高齢者にも見られる。一五年六月三十日昼前、神奈川県小田原市を走行中の東京発新大阪行き東海道新幹線「のぞみ225号」の先頭車両で、七十一歳の男がガソリンをかぶって焼身自殺し、巻き添えで乗客の女性が死亡、二十六人が重軽傷を負い、列車四十三本が運休する事件が起きた。

これまで安全とされてきた新幹線。一日四十二万人が利用し、一時間に最大十五本が発車する東海道新幹線で果たして空港並みの手荷物検査が可能か、といった安全対策と利便性の両立問題など多くの議論が起こった。

我々は未成年を含む若者を危険視し、高齢者を弱者と扱いがちだが、必ずしもそうではないらしい。警察庁によると全国の警察が一五年上半期に摘発した刑法犯のうち、六十五歳以上の高齢者は二万三千六百五十六人で、十四～十九歳の一万九千六百七十人を上回った。年齢層別統計を始めた一九八九年以降初めてで、高齢者の犯罪は確かに増えている。

最近の新聞報道でも、横浜市のJR京浜東北線の車内で七十一歳の男が包丁を突きつけて脅す事件があった。病院で待ち時間が長いと怒鳴ったり暴れたりするのも高齢男性が多いし、八十歳近いシルバーストーカーもいる。少年らが深夜まで遊ぶゲーム機の音がうるさいと殴り込み、世間の称賛を浴びた〝スーパー爺さん〟もいた。

焼身自殺した男も岩手県出身。十二人兄弟姉妹の下から三番目で実家は農家である。地元の中学を卒業後、集団就職で上京し製紙会社に勤め三十代で結婚したが、幼い長女を亡くし離婚した頃からおかしくなった。杉並区荻窪の繁華街で「流しの歌手」をやったり、勤務した鉄工所が倒産したため五十歳を過ぎてから幼稚園送迎バス運転手、解体作業員、空き缶回収の清掃員など職を転々とした。

一年前に派遣切りで清掃会社を辞めた後、収入は月約十二万円の年金だけ。十六年前から一人で暮らす同区の木造2K風呂なしアパートの家賃約四万円や住民税、光熱費などを支払うと三万円前後しか残らず、「三十五年も払ったのに、年金が少なくて生活できん。年寄りは早く死ねということか」と周囲に不満を漏らしていた。

最近は家主に懇願して値引きしてもらった家賃まで滞納し、消費者金融で多額の借金をする一方で、近所のスーパーで買ってきた安酒をグビッと呷り、「縄を用意して年金事務所で首を吊ってやる」とか「国会前で焼身自殺した方が目立つかな」と呟き、酒に酔って自宅のガラス窓を叩き割るなど荒れた様子だったという。

「男は生活苦から自暴自棄となり、最後に自分の存在を証明しようと、大勢の人が乗る新幹線を選んだのではないか。精神的に孤立し、経済的な困窮からくる不満を増幅させて歯止めが利かなくなったとも言える」

神奈川県警幹部はそう解説するが、冗談じゃない。どんな理由であれ何の関係もない五十二歳の女性が亡くなっており、身勝手な放火殺人を断じて許すわけにはいかない。

男は犯行前日、多摩川ボートレース場でレースを楽しんだ後、近くのコンビニでいつもの安酒とつまみを三千円分買った。また放火直前、車内から杉並区役所に電話し、「生活できないから最後の金を持って新幹線に乗ってます」と一方的に話して切ったという。

このSOSは救いようがない。なぜなら、自己チュー的考えと、それを抑えられないストレスからの逃避、つまり、前述したいじめ側の論理が感じられるからだ。

彼ら「暴走する老人」の共通点として、周囲に家族や友人ら親しい者の存在を感じられないことがある。

孤立した老人は、より先鋭化した形でしか自己の存在をアピールできないと思い込んでいる。それが焼身自殺とすれば、あまりに悲し過ぎる。自分と同じような〝弱者〟を救済する活動に目を向けて欲しかった。

全国介護者支援協議会によれば、年金受給額が月十二万円の独居老人は中の上で、恵まれている方だという。国民年金だけの受給者は約一千万人おり、大半が年金しか収入がない。国民年金の平均受給額は月五万円（満額でも月六万五千円）で、三万円未満という人も全体の一割以上いる。低額の年金だけで暮らす貧しい高齢者を近頃は「下流老人」と呼ぶといい、近年急速に増えている。中には生活保護を希望する老人も多く、今や生活保護世帯のほぼ半数が六十五歳以上の高齢世帯だという。

高齢者の刑法犯増加は前述した通りだが、摘発された老人の六割に当たる一万四千百八十六人が万引容疑だった。かつて高齢者の万引は認知症が主な原因だったが、今は生活に窮した高齢者が百円惣菜を万引するケースが多く、財布の中身を調べたら数十円しか入っていなかったという〝笑うに笑えぬ話〟もある。

アベノミクスによる円安で食料品が十円上がっただけで、生活習慣を大きく変えなければならず、「何がアベノミクスだ」と怒り心頭に発し、第二、第三の焼身自殺男が現れても一向に不思議ではないのである。

更生できない医療少年院

長崎県佐世保市の高校一年女子生徒殺害事件で長崎家裁は一五年七月十三日、十六歳

の少女に対し第三種（医療）少年院に送致する保護処分を決定した。長崎地検は「刑事処分が相当」との意見を付けて検察官送致を求めたが、平井健一郎裁判長は「刑罰による（再犯の）抑止効果がない。長期間の矯正教育と医療支援で矯正効果が期待できる」と判断した。

これは一四年七月二十六日夜、少女が自宅マンションに女子生徒を招き、後頭部をハンマーで何度も殴打し、首をタオルで絞めるなどして殺害。女子生徒の財布から現金を盗み、遺体の一部を刃物で切断した事件である。

少女は小学五年でネコの死体を見つけて興味を持ち、自らネコを殺して殺人欲求を膨らませた。同年三月に就寝中の父親を金属バットで殴打して殺害しようとしたが失敗。過去の殺人事件を調べて十六歳になると刑事罰を受ける可能性が高くなることを知り、殺人と死体解剖の欲求を満たすため十六歳の誕生日直前に何の恨みもない同級生を襲撃した。

決定理由として、平井裁判長は少女の精神障害こそ認めなかったが、他者への共感性が欠如した重度の発達障害「自閉症スペクトラム障害（ＡＳＤ）」であり、他者に攻撃的な傾向がある素行障害も併発したと認定。「快楽殺人であり、残虐さや非人間性に戦慄を禁じ得ない。未だに殺人欲求を抱き続けている」としながら、「刑務所では症状悪化の可能性がある」としたのだ。が、私はこの司法判断に異を唱え、警鐘を鳴らしたい。

第一の理由は、動機は刑事罰を受ける可能性のある十六歳までに人を殺したいとの身勝手な欲求を満たすためで、同級生を襲撃した冷酷非道な犯行は厳罰に処すべきものだ。

第二は、昨今の少年犯罪は戦闘ゲームなどの激しい殺戮シーン、テロリストによる残虐な処刑シーンに刺激を受けた低年齢者による凶暴化が著しく、歯止めがかからない現状がある。さらに少年法の細部まで熟知した少年犯罪が多く、巧妙かつ狡猾な手口が増えている。類似犯罪や再犯防止の観点からも厳罰に処すべきである。三点目は第三種少年院（十二歳以上二十六歳未満の心身に障害がある者が収容される矯正施設で東京都と京都府にある）の矯正教育と医療支援で果たして、少女を完治、更生させられるかという問題だ。

精神科医やベテラン法務教官ら専門家スタッフが特別チームを編成し徹底的に治療や更生に取り組み、高い治療効果が期待できるという。だが、そうした「国家プロジェクト」（法務省幹部）がうまく行かないことは第3章に記した酒鬼薔薇聖斗の例で明らかだ。

実際、酒鬼薔薇は一五年六月、被害者遺族や支援者の猛反対を無視して手記を強行出版した。これは最早、彼の暴走を止める手だてがないことを意味するし、それを再犯の兆しだと指摘する犯罪のプロファイラーもいるほどだ。

いつ、何が起こるか分からない。世の中、どこか病んでいる。そんな時代だからこそ、悪いことは悪いと言わなければいけない。老人も少年も魂がスーと抜けていくような下手なパフォーマンスはいらないのである。

一般家庭で多発の動機なき殺害

中米パナマと言えば運河に帽子……が思い浮かぶが、昨今は「パナマ文書」なる言葉が飛び交い賑やかである。

パナマの法律事務所から流出した文書で、各国首脳や多国籍企業経営者らが英領バージン諸島など租税回避地（タックスヘイブン）に子会社を設立して資産を移し、国際的な課税逃れを行っていた実態が発覚した。南洋のリゾートマンションにずらりと並ぶ私書箱がその正体で、ペーパーカンパニー以外の何物でもない。都心のビルに郵便受けや電話だけ置かれた〝幽霊会社〟と同じで、詐欺など犯罪の温床となりかねない代物だ。

租税回避地にペーパーカンパニーという手法は昔から実施され、バレバレの資産隠匿術と言っていい。お宝を隠したくなるのは人の常だが、それが課税する為政者側だと怒りが増幅するのも当然の人情だろう。岩礁を勝手に埋め立て軍事基地化する大国のトップ、超豪華出張や公用車で別荘通いする知事など〝なりふり構わぬ権力者の横暴〟が目立つ。

今回のパナマ文書のスクープは世界各地のジャーナリストの連携で生まれたもの。権力者の監視・追及こそがジャーナリズムの役目だと決意を新たにしている。

ばあばと一緒にあの世に……

ところで、この〝分かりやすい暴走行為〟は「事件」という形で、一般市民の間にも広がりつつある。現代は人間の命が簡単に失われる時代であり、それも深い恨みや絶対に耐えられないほどの厳しい生活苦もない中で日常的に起きている。特に二〇一六年五月十四日は首都圏で多くの命が奪われた。

朝九時半頃、栃木県小山市の男性（六十六歳）宅一階居間で妻（六十五歳）と長男（三十二歳）が血を流して死亡し本人も玄関先でけがしているのを、訪ねてきた妹が発見。家は施錠され、居間の床には刃物が落ちていた。

その四時間半前、神奈川県藤沢市の有料老人ホームで八十歳の女性が首を絞められ死亡した。「認知症の妻は私が世話するしかない」と語っていた夫も手首を切って、近くで倒れていた。両県警とも夫が無理心中を図ったと断定した。

ほかにも、賃貸アパートの契約更新日を迎えた老人が保証人が見つからないのを苦に、病床の妻の首に手を掛けたとか、育児に疲れた若い妻が乳児の顔にタオルを乗せた……など悲惨な事件が相次いでいる。

また、東京・町田市の都営住宅で、全盲で認知症を患う九十二歳の夫を絞殺後、自らも首を吊った八十七歳の妻の遺書三通が見つかった。子供への感謝と付近住民への謝罪のほか、夫には切々と、こう綴られていた。

《じいじ、ごめんなさい。ばあばは大変だった。堪忍。早く楽になろうね……じいじ、助けてあげられなくてごめんなさい。ばあばと一緒にあの世に行きましょう》

付近住民の話では、一六年二月に夫の視力が失われてから認知症が悪化し、深夜に騒いで妻が近所に謝りに回ることが増えたといい、近く施設に入居させる計画だった。

警視庁町田署は、二人暮らしで自らも緑内障を患う妻が老老介護に疲れて無理心中を図ったと見ている。

厚労省は、二〇二五年に六十五歳以上の高齢者の五人に一人は認知症を患うとの推計を発表した。これはどの家庭でも起こる深刻な問題を突きつけた事件なのだ。

一方、自殺も相変わらず多い。十四日も首都圏で三十人近い自殺者がいた。警察庁によると、年間二万四千人余の自殺者がいる（二〇二〇年には二万千八十一人が自殺した）というから、現実はもっと厳しい。

中でも衝撃だったのは一六年五月九日夜七時二十分頃、東京都品川区の東急大井町線荏原町駅のホームから、都内の同じ区立中学校二年の女生徒二人が制服姿で手を繋いだまま、通過中の急行電車に飛び込み即死した事案だ。

二人は十三歳の同級生で部活も一緒、自宅も近所同士の仲良しだった。一人のカバンから手書きのメモが見つかり《人間関係で悩んで死にたい》と書かれていたが、もう一人は大型連休を家族と楽しく過ごし、当日も何ら変わりがなく、自殺する気配を感じさせなかった。

「大人の心中は愛憎のもつれや病気、生活苦などの動機があるが、思春期の女性同士では一人が悩み、もう一人は悩みを打ち明けられて同情し友情のために命を絶つ〝同情自殺〟の例がある。その場合、動機はささいなことだが衝撃的かつ確実に死ねる方法を選ぶんだ」

と語るのは警視庁のベテラン刑事。こうも言う。

「子供の単独自殺は親の前で明るく振る舞うが、同情自殺は親らに暗い表情を見せ、コソコソする特徴がある」

二人が通う小中一貫校は、中学進学時に気持ちの切り替えができず、それが遠因だとする教育専門家もいる。

実は、私は約三十年前、ビルの屋上から飛び降り自殺する中学生を止めようと説得した経験がある。だが、いくら何を言っても止めず、ベテラン警官に交代した直後に飛び降りて即死された苦い思い出があった。

説得失敗よりも他人と交代したことに、今でも悔いが残る。後に前出の刑事に説得方法を尋ねたら、「子供が興味を持っていることを引き出し、それに自分も興味を示せば、生きる希望が湧いてくるかも知れない」と答えたが、その時はそんなことは考え付かなかったし、結局何もできなかったに違いない。

もっとも文科省の調査では子供を救う立場の教師が心の病で休職する例が毎年五千人前後に上り、自殺者も相当数に上るという。

三月の衆院本会議で可決・成立した自治体と学校、保護者の一層の連携強化を促した改正自殺対策基本法ではどうにもならないだろう。

人との比較と命令口調は禁句

それにしても、人命は何と軽くなってしまったのか。最近、大した理由もなく人を殺す事件が急増している。

〇八年六月の秋葉原無差別十七人殺傷事件は、犯人が自分の希薄な存在を確認し、周囲や社会に刻み込むために起こした犯罪とされる。だが、最後の無差別大量殺戮に辿り着くまで主にネットという仮想現実の世界で犯意が形成されており、現実感が乏しく、一般人は真の動機を理解できないだろう。

それでも母親との確執やエリートコースからの脱落、ネット世界での孤立などそれらしき要素があるが、昨今の事件には人を殺すだけの動機は見当たらないことが多い。

警視庁は一六年五月八日、東京都台東区の自宅マンションで、この二月に母親の首をタオルで絞めて殺害したとして、長女で高校一年の女生徒（十五歳）を逮捕した。

夫婦と娘の三人暮らし。父親は仕事人間で不在がち、母親は教育熱心で、娘は私立の小・中学校に通い、高校では海外留学も検討した。幼い頃からピアノや水泳を習うなど〝絵に描いたような教育一家〟であった。

その分、母親は日頃から娘に厳しく接し、母親の叱る声と娘の泣き声が響き、付近住民の通報で区の家庭支援センターが虐待を疑い調査に乗り出したこともある。

中学入学頃から母親の期待に応えられず成績が落ち、進学をめぐる口論もあった。学校で友人ができず孤独だった。直接の原因は「スマホが欲しい」との懇願を拒否されたことらしい。両親とだけ通話できる携帯電話は持たされていたが、友人と自由に連絡できるスマホの要求は、母親による過度の干渉に対する反発にほかならなかった。

こう書くと〝動機〟が浮かんだように思えるが、これが母親殺害に直結するのであればあまりに短絡的過ぎるだろう。

警察庁の調査では父母または祖父母殺しの事件が増えたのはここ十年で、一三年の調査で親族殺しが初めて殺人事件の五十三・五パーセントと半数を超えた。親族間の殺人では子供が実父母を殺す例が圧倒的に多く、内閣府が一三年に調べた被疑者・被害者の関係別検挙件数を見ると、全殺人八百五十八件のうち、両親が我が子に殺されていたケースが百三十九件と多かった。

しかも、極端な生活苦とか離婚や婚外子など複雑な家族関係といった家庭ばかりで事件が起きたわけではなく、一般サラリーマン家庭で多発している。

一六年で言えば、三月に兵庫県芦屋市で十五歳の男子高校生が五十二歳の母親を刃物で刺殺。両親と三人暮らしで父親は仕事で不在、母親と勉強のことで口論になったという、台東区の事件と全く同じパターンである。

同じ三月には静岡県で三十三歳の男が「訳の分からない理由」（県警幹部）で会社員の父親（六十五歳）を包丁で刺殺、母親（五十九歳）に重傷を負わせている。

四月には静岡県浜松市で会社員の長男（三十一歳）が八十三歳の祖母と、六十二歳の母親、三十二歳の姉を大型ナイフで刺殺、六十歳の父親にけがを負わせて車で逃走した。約四時間後に逮捕された長男は「職場の同僚にいじめられ辞めたかったが、家族に止められた。むしゃくしゃしていた」と、大の大人が一家四人を殺傷したとは思えない動機を自供し、捜査員を唖然とさせている。

犯罪分析が専門の警視庁プロファイラーによれば、親族間の殺人には幾つかのパターンが存在するという。

特に十～二十代の子が親を殺害する場合、大半は勉強や仕事、人間関係がうまくいかない理由を「こうなったのは親のせい」と思い込み、生活苦などが原因で「稼ぎが悪い」と口論になる配偶者殺人のような現実感あふれる動機は生まれ難いと見られている。

表面上は一般人だし動機が見えないから、犯人を見極めるのが非常に難しい。

かつて大阪府下の少年サッカークラブに所属する少年の母親が自宅で殺される事件があった。その息子と仲が良く母親の存在を疎ましく感じ、事件当夜のアリバイがないなどの理由で、二人の少年が容疑者として浮上した。私は二人に直撃取材したが、一人は怯えて泣き喚いて部屋に閉じこもり、もう一人は堂々と取材に応じたうえ、選手名簿を提供するなど取材に協力した。私は前者を追及したが、真犯人は後者だった。

自分の世界に浸り切った後者の少年は、自分が悪いことをしたという認識は全くなかったのだ。取材は失敗だった。

前出のプロファイラーは、こうアドバイスする。

「受験や就職に失敗した反抗期の子供に絶対に言ってはいけないのは、身近な人との比較と能力の全否定、世間体を気にする言葉、そして命令口調の助言です。例えば『従兄弟の○○君は現役で有名私大に入ったのに、あなたは何してるの』とか『二流企業の面接も落ちるなんて××家の恥ね』は禁句。引きこもりの息子に『たまには外の空気を吸え』と言えば、爆発するのは間違いない。勝手にゲームソフトを捨てたり、ネットを解約した時はまず、何らかの事件に発展するでしょう」

私はこの助言を正しいと思うが、甘やかしたり腫れ物に触るように扱うことは、ますます自分中心の見方しかできぬひ弱な人間を作るだけであり、賛成できない。

福岡県警が三月に殺人容疑で逮捕した予備校生の少年（十九歳）が典型的な例だ。

少年は二月、福岡市西区の路上で同じ予備校に通う同じ歳の女性をナイフや小型の斧で襲撃し、全身をメッタ刺しにして殺害した後、近くの川に飛び込んだが死に切れず、交番に出頭した。

女性は熊本県立の進学高出身で難関国立大を目指した。少年も同じ熊本県出身で、高校は違うが予備校の同じコースに在籍、数人で勉強グループを結成していた。

少年は一五年四月、予備校に入学直後に女性に好意を打ち明けたが、「勉強に専念したい」と交際を断られた。少年は「告白したのに言葉を濁され曖昧な返答しか受けられず、馬鹿にされたと思った」と言い、「恨んでいた。殺すつもりで刺した」と自供している。

「憧れが恋愛感情に変わり、告白したら曖昧な答えで一気に憎悪を燃やしたのだろう。独りよがりの典型人間で自分は好かれていると思い込むタイプ。きっぱりノーと言い続けない限り、他のいかなる理由も通用しない」

と前出のプロファイラーは言う。最近のストーカーは自分の思いを押しつけるだけで、相手に好かれようなどと思っていない。女性が一度でも隙を見せれば、殺すまで離れないことは三鷹ストーカー殺人事件で明らかだ。年頃の娘を持つ父親は、殺されない男の振り方を教えなければならない時代が来たようである。

そしてジャーナリストは権力者共々、市民の暴走も監視・追及していかねばなるまい。

―――――本書のプロフィール―――――

本書は、二〇一六年十一月に刊行された単行本に、大幅に加筆、修正を行ったものです。

編集協力／メディアプレス

小学館文庫

もう時効《じこう》だから、すべて話《はな》そうか

重大事件《じゅうだいじけん》ここだけの話《はなし》

著者　一橋文哉《いちはしふみや》

二〇二一年五月十二日　初版第一刷発行
二〇二一年十二月二十五日　第七刷発行

発行人　石川和男
発行所　株式会社　小学館
〒一〇一-八〇〇一
東京都千代田区一ツ橋二-三-一
電話　編集〇三-三二三〇-五一三二
販売〇三-五二八一-三五五五
印刷所――図書印刷株式会社

この文庫の詳しい内容はインターネットで24時間ご覧になれます。
小学館公式ホームページ　https://www.shogakukan.co.jp

ISBN978-4-09-407011-8